JN418511

뉴글로벌 시대 동북아 국제질서와 외교안보

Northeast Asian Security Order & Diplomacy under the New Globalism

윤 지 원

Yun, Jiwon

도서출판 두남

불법복사는 지적재산을 훔치는 범죄행위입니다

저작권법 제97조의 5(권리의 침해죄)에 따라 위반자는 5년 이하의 징역 또는 5천만 원 이하의 벌금에 처하거나 이를 병과할 수 있습니다.

이 책은 분단의 아픔과 대한민국의 소중한 가치를

일깨워 주신 아버님 윤두형님께 바칩니다.

서 문

21세기, 새로운 밀레니엄은 세계화(Globalization)의 희망에서 시작됐다. 탈냉전과 사회주의권의 붕괴, 통신기술의 발달과 금융시장의 세계적 개방, 유럽통합과 자유무역지대의 확대로 인해 세계는 '국경없는' 지구촌으로 변신할 것으로 기대됐다. 국경으로 대표되는 국가의 폐쇄성은 더 이상 의미가 없는 것처럼 보였다. 세계는 상상할 수 없는 수준과 영역에서 연결되기 시작했다. 인터넷과 SNS를 통해 세계인들은 실시간으로 연결됐고, 국가에 기반에 어떤 폐쇄적 조치도 무력할 것이라는 전망이 쏟아져 나왔다.

세계화의 대한 비판과 문제제기는 과도한 세계화로 인한 사회적 보호망의 상실, 민족적 문화적 정체성의 약화와 같은 사회적 차원의 문제에 집중됐다. 그러나 세계화의 파고가 거세게 스쳐 지나간 지난 25년간의 지구촌의 현실은 기대와는 거리가 멀어 보인다. 과도한 세계화가 가져올 국가적 기능의 약화가 문제되고 있지만, 다른 한편에서는 전통적 국가적 요소가 새롭게 부상하고 있는 게 현실이다. 적어도 냉전시대에 그리 논란이 되지 않았던 영토분쟁은 동북아 국가들간의 개방과 협력을 제약하는 핵심적 요소로 떠오르고 있다.

국경의 상실 혹은 약화가 세계화에 담긴 핵심 내용이라면 영토분쟁으로 대표되는 국경의 정치는 '세계화 2.0' 혹은 '새로운 세계화'의 모습이다. 민족주의 정치의 재연이라 부를 만큼 국가간 영토분쟁은 현재적이고 지속적이다. 국경의 약화를 기대했던 세계화의 풍경과 다르다. 세계화 이후 국제질서는 오히려 민족주의 정치가 더욱 부각되는 아이러니한 모습을 보여주고 있는 것이다.

이런 점에서 '새로운 세계화'(Neo-Globalism)를 탈국경적 현상과 민족주의적 영토분쟁이라는 상호 모순적 현상의 결합으로 이해할 때 더욱 풍요롭게 설명할 수 있다. 기술통신의 혁명이 아프리카와 중동에 민주화운동을 추동했다면, 그 이후 이들 사이를 분열시키고 있는 새로운 국가운동은 또 다른 민족주의 정치의 계승으로 이해할 수 있다. 리비아와 이라크, 우크라이나와 팔레스타인에서 벌어지고 있는 영토전쟁 역시 새로운 세계화의 진정한 모습이라 할 수 있다. 세계화가 자본과 노동의 확대에 그치는 것이 아니라, 테러와 폭력, 민족주의 열망과 분노까지 전 세계로 확대시키는 모순적 현상으로 전개되고 있다. 필자는 이러한 현상을 '새로운 세계화'로 새롭게 정의하고자 한다.

이러한 관점에서 동북아 국제질서를 심도 있게 다시금 살펴볼 필요가 있다.

이 책의 1부에서는 '원칙의 리더십과 한반도'라는 주제 하에 박근혜 정부의 리더십과 국가안보, 지속가능한 한반도 평화구축, 그리고 북한의 실상과 대북정책의 방향을 논의했다. 대한민국 헌정사상 첫 여성 대통령으로 선출된 박근혜 대통령은 제2의 한강의 기적을 외치며 국민행복시대 개막을 전 세계에 알렸다. 경제부흥, 복지 실현 등 여러 난제 앞에 원칙과 소신을 바탕으로 소통하는 화합의 리더십을 발휘하기 위해 부단한 노력이 진행중인 가운데 역대 정부와 마찬가지로 한반도의 평화구축은 가장 중요한 국가안보 의제다.

특히 박근혜 정부는 분단국가 현실을 극복하기 위해 '통일대박' 시대를 선언했지만 한반도의 안보위기는 더욱 악화되고 있는 실정이다. 즉 세계화의 희망적 전망과 달리, 김정은으로 이어지는 3대 세습체제를 구축한 북한은 3차 핵실험까지 감행했고 4차 핵실험 가능성이 높게 제기되고, 계속되는 미사일 실험발사와 군사도발로 인해 그 어느 때 심각한 안보위협이 되는 것이다. 게다가 집권세력 내부의 무자비한 숙청과 열악한 북한주민의 인권 등 '공포정치'로 이어지면 체제불안이 고조되면서, 급변사태가 발생할 가능성 또한 적지 않다. 전 세계적 차원에서도 테러와 마약의 확산과 같은 초국가적 안보위협이 심화되면서 이를 통제하기 위한 정보역량의 강화가 더욱 절실한 실정이다.

2부에서는 '미래지향적 국방과 해양안보'라는 주제 하에 한국군의 위상과 국방, 한국군의 해외파병과 군사협력 그리고 동북아시아의 해양 갈등과 협력에 대해 집중 조명했다. 세계화가 더 이상 개방과 평화의 가능성을 실현하는 것이 아니라면, 이에 대한 구체적 대비가 필요하기 때문이다. 동북아지역은 중국과 일본의 군비증강과 해양을 둘러싼 영유권 분쟁과 더불어 최근 이어도를 둘러싼 한일 해양 관할권 분쟁과 방공식별구역 설정을 둘러싸고 그 갈등의 폭이 다양해지고 있다. 일명 공해(high sea)에 대한 주도권 다툼이 가열되면서 국가간 우발적인 무력충돌 내지 가능성을 배제할 수 없다.

그동안 한국군은 1950년 6·25전쟁을 겪으면서 많은 변화와 발전을 경험했다. 강한 국군 건설을 위해 한국군의 탁월한 전투능력과 우수한 전력을 대내외에 발휘하고 있다. 한국군이 추구하는 전투형 부대 육성을 위해 가장 중요한 근본적인 군인정신이 무엇인지 다시금 되돌아봐야 한다. 특히 뉴글로벌 시대 지구촌 곳곳에서 발생하고 있는 분쟁의 해결과 평화유지를 위해 군의 해외파병에 대한 관심은 더욱 지속되어야 할 것으로 보인다. 곤경에 처한 국가에 희망의 전도사로서 인도적 지원을 제공하고 해외 거주 우리 국민의 안전 도모와 경제발전의 원동력이 되고 있는 것이다. 이러한 군의 평화와 희망의 소프트파워는 상대국의 국민에게 직접 다가가는 '공공외교'(Public Diplomacy)의 기반을 제공하고 있다.

더 나아가 국방안보연구에 있어 여성적 관점이 필요한 때가 되었다고 본다. 군내 남성 편향적 정책과 문화는 상존하지만 궁극적으로 국방안보를 좀 더 객관화하고 모성적 관점에서 군 문제를 해결하도록 노력해야 한다. 최근 군부대 총기사건과 구타 등 병영 내 크고 작은 문제와 군내 인권 문제의 해결을 위해 모성적 관점에서 접근해 보는 것이 보다 근본적인 해결책을 찾는 데 도움이 될 것이다.

3부에서는 '급변하는 동북아의 외교안보'라는 주제 하에 전략적 한미동맹 구축방안, 일본의 보통국가화와 안보문제 그리고 미래지향적 동북아시아와 국제협력 문제를 검토했다. 작금의 동북아 국제질서를 보면, 19세기 영국 외교사를 대표했던 파머스턴(Palmerston)

경이 남긴 "국제정치에는 영원한 우방(友邦)도 없고, 영원한 적(敵)도 없고, 오로지 영원한 것은 국가이익이다"라고 했던 말을 연상하지 않을 수 없다. 이는 동북아 세력경쟁이 신민족주의의 국내정치와 연계하여 더욱 가열되고 있기 때문인 것이다. 미중의 G2시대 개막, 미일의 군사안보 협력 강화, 중국의 신형대국관계론 구현, 일본의 거듭되는 과거사 부정과 위안부 문제 등 다층적이고 복합적으로 동북아의 신패권주의 경쟁은 더욱 더 두드러지게 표출되고 있다.

미국은 2012년 향후 10년간 1조 달러의 국방예산 감축과 국방정책의 중심을 아태지역으로 이전하는 이른바 '아시아 회귀'(Rebalancing)를 추진하면서, 한국과 일본과의 동맹을 더욱 굳건히 강화하는 등 중국을 견제하기 위한 군사외교정책을 추진중이다. 오늘날 이와 같은 미중의 협력과 경쟁 관계는 일명 '차이메리카'(Chimerica)라고 불리고 있다. 또 허츠(F Hertz) 교수가 국익의 중요한 요소를 '국가적 번영, 국가안전보장, 국가 위신'으로 규정했는데, 이는 대부분 국가들이 영토보전, 경제번영 등 국익 증진에 최우선적으로 주력하고 필요시 특정 사안에 대해 협상과 타협이 가능하기 때문일 것이다. 한편 일본의 군사국가화 경향과 중국의 주도력이 강화되는 상황에서 미래지향적인 동북아 다자협력은 당분간 쉽지 않을 것으로 보인다. 따라서 급변하는 동북아 정세를 감안할 때 한국은 중국과의 전략적 동반자 관계의 내실화를 추구하면서 한미동맹의 큰 틀에서 안보와 경제, 투 트랙을 병행하는 전략외교의 중요성이 더욱 커지고 있다는 것이다.

더욱이 박근혜 정부가 추진 중인 '유라시아 이니셔티브'(Eurasia Initiative) 정책이 실질적인 성과를 얻기 위해서는 북한의 개혁개방을 유도할 수 있는 정책적 유통성을 갖는 것이 필요하다. 무엇보다도 러시아에 대한 외교안보적 고려도 중요한 사항이다. 러시아와의 물류 및 에너지 협력 강화는 한반도 평화와 번영, 그리고 동북아 패권경제에 있어 영향력을 행사하는데 중요한 요건이 될 것이다. 경색된 남북관계와 한일관계, 미중의 패권경쟁, 중일경쟁 등 상당히 복합적이고 중층적인 갈등의 고리를 풀 수 있는 것은 결국은 동북아 다자협력의 추진인 만큼 전략적 차원에서 이해당사국간 '정경분리' 대응의 외교정책이 필요한 시점이 아닐까 싶다.

궁극적으로 그 어느 때보다도 박근혜 정부는 중국과 미국간의 '지정학적 완충지역'(geopolitical buffer zone) 특성과 대륙과 해양세력의 '중계국가'(hub-state)의 역량을 통해 국익 증진과 한반도 평화통일에 대한 미국, 일본, 중국, 러시아 등 해양과 대륙 열강의 동의를 획득할 수 있는 '창조외교'를 이끌어내야 한다. 이런 완충전략과 중계전략의 복합적 연동을 통해 민족공영과 동북아 공영을 연결시킴으로써 통일한국의 국가전략이 창조적으로 발휘될 수 있는 원동력을 다져야 할 것이다.

이 책에 실린 대부분의 글은 우리 군(軍)과의 인연과 경험들이 이어져서 만들어진 것이다. 군대 경험이 없는 여성학자로서 국방안보를 공부하는 것이 쉽지 않은 상황 하에서 국방의 의미와 가치에 대해 많은 이해와 성찰을 가능하도록 도와주신 고마운 분들을 결코 잊을 수 없다. 무엇보다도 여성학자인 필자에게 어떻게 군을 이해하고 행동해야 하는지 아버지처럼 자상하게 설명해 주신 한민구 국방장관님께 진심으로 감사드린다. 해양안보와 해양군사력의 중요한 가치를 인식하게 해 주신 황기철 해군 참모총장님과 이영주 해병대 사령관님, 군 지휘관의 사명과 임무가 무엇인지 보여주신 전 육사교장 박종선 장군님, 그리고 무엇보다 인생의 선배로서 고향 오빠처럼 소중한 조언과 따뜻한 격려를 아끼지 않았던 임관빈 전 국방부 정책실장님의 관심과 후의를 언급하지 않을 수 없다. 그밖에도 일일이 나열할 수는 없지만 여러 해 동안 유익한 충고와 궁금증을 해결해 주신 국방부와 육군, 안행부 등 관계자분들에게도 다시 한 번 감사를 드린다.

국방FM 진행자로서 국방관련 적절하게 활동을 잘 할 수 있도록 기회를 준 국방홍보원의 전임 김종찬 원장님과 오철식 원장님 그리고 현 권이섭 원장님께도 큰 고마움을 전한다. 또 한국정책방송(KTV)에서 진행할 수 있도록 애써주신 김관상 원장님에게도 큰 은혜를 입었다. 특히 필자가 올해 상반기 진행했던 KTV의 '통일콘서트 공감' 프로그램을 위해 물심양면으로 지원을 해준 손성화 팀장과 작가들의 열정과 도움을 잊을 수 없다.

아울러 여기 실린 글은 필자가 주로 2013년부터 일간지 국방일보, 서울신문, 세계일보와 주관지 교수신문, 월간지 정경뉴스와 월간자유 등에 틈틈이 기고했던 글을 수정 및 보완한 것이다. 간간히 YTN, TV 조선 등 방송 활동과 그동안 국방부와 육군, 해군 및 해병대 정책자문위원으로 활동하면서 장병과 장교 대상 안보특강과 2006년 이라크 자이툰 부대에 이어 2012년 아프가니스탄의 오쉬노 부대, 아랍에미리트의 아크부대, 바레인의 청해부대 방문 경험과 백령도, 연평도, 독도, 한미해병대 연합상륙작전 견학에 이르기까지 다양하고 소중한 안보현장 체험도 적절하게 반영되어 있다. 비록 기고글이 갖는 특성상 다소 정책적이고 시의적이지만, 한국사회와 동북아 지역이 직면한 뉴글로벌 시대에 대한 양상에 대한 합리적 이해와 군에 대한 관심과 올바른 인식을 갖게 되는데 도움이 되었으면 한다.

마지막으로 이 책을 접하는 많은 독자들의 충고와 질정을 기다리며, 책이 출판되기까지 많은 관심과 유익한 조언을 해주신 동료 교수님들에게도 감사를 드리고 싶다. 또 이번 5번째 출판을 기꺼이 수락해 주시고 지원을 아끼지 않았던 도서출판 두남의 모든 관계자분들에게 진심으로 고마움을 전한다.

2014년 8월 15일

평택대 남북문제연구소에서

저자 윤지원(구 윤영미)

차 례

1부: 원칙의 리더십과 한반도

2부: 미래지향적 국방과 해양안보

3부: 급변하는 동북아의 외교안보

1부 원칙의 리더십과 한반도

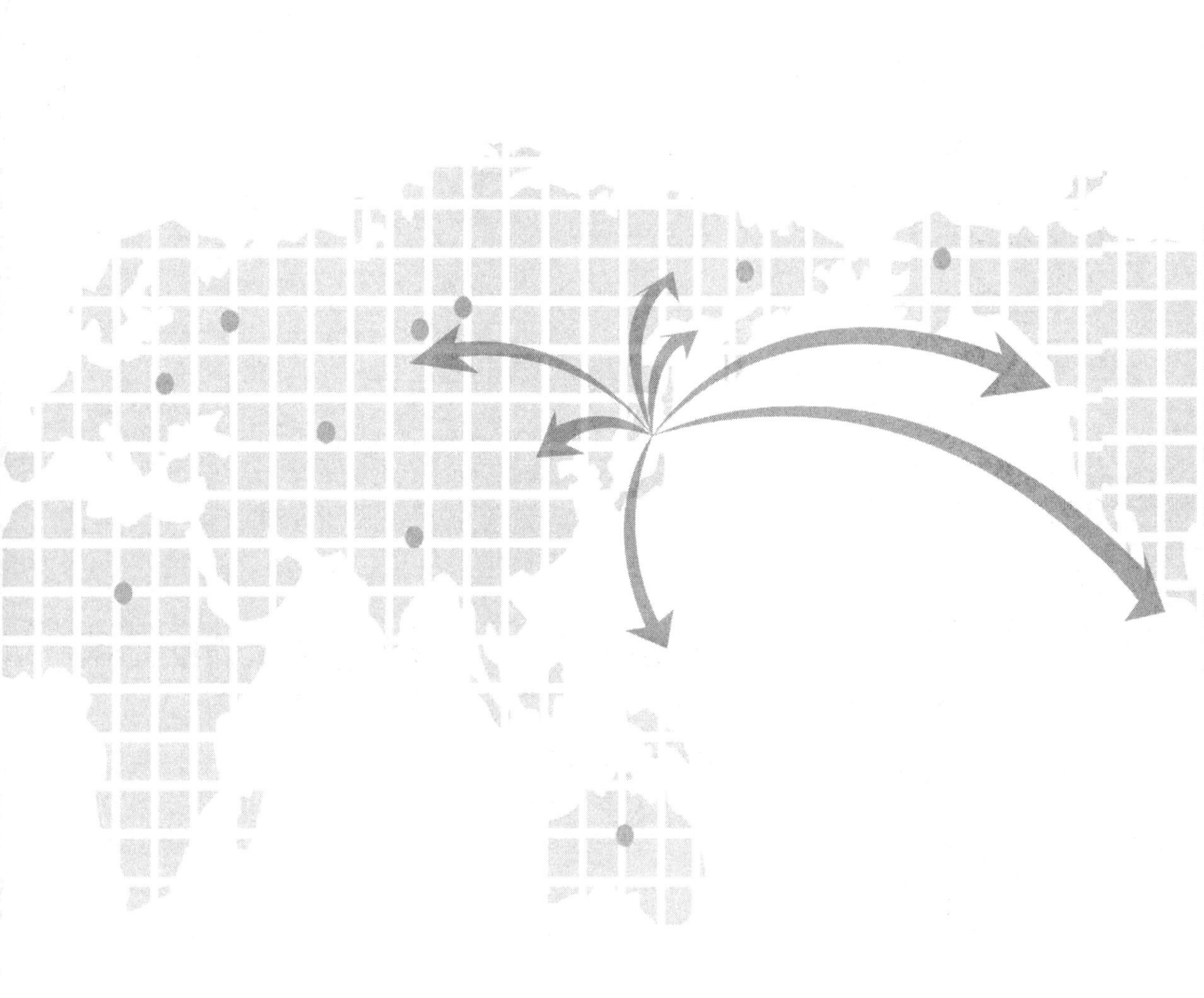

제 1 장

박근혜정부의 리더십과 국가안보

★ '현명한 여성리더십'을 갈망하며

필자가 10여 년간 유학했던 영국(UK)은 봄날이 되면 공원과 길가에 노란 수선화가 피고, 들판에서는 양떼들이 온종일 고개를 숙이고 풀을 뜯는 것이 일상이다. 비가 갠 뒤에는 자주 무지개가 뜨는 나라 영국, 가끔 그 풍경과 시절이 그리울 때가 있는데, 올해 우리나라의 첫 여성대통령 취임을 보면서 당차고 강철 같았던 여성 한 명을 떠올리게 된다. 바로 영국을 대표하는 정치적 색깔이 분명하고 대찬 마거릿 대처 전 총리다.

아마 전 세계 자유민주주의 국가들이 지향해 왔던 이상주의적인 정치체제의 로망은 '신분과 성별'로 차별을 받지 않는 사회일 것이다. 하지만 불과 200여년에 달하는 현대 민주정치 역사상 '여성' 리더십이 성공했던 사례는 그리 많지 않다. 그렇다면 영국 사상 최장기 집권의 총리로서 11년 반이나 영국을 이끈 대처 총리의 정치적 원동력은 무엇이었을까. 그녀는 귀족이거나 유명한 정치가 집안의 딸은 아니었다. 평범한 중산층 출신으로 아버지는 식료품을 파는 상점을 운영했다. 그녀 특유의 남다른 열성과 노력으로 옥스퍼드대학에 합격해 화학을 전공했고, 1953년 변호사 자격을 취득한 데 이어 1959년 하원의원으로 당선되면서 정계에 발을 들여놓게 된다. 1975년 영국 보수당 최초의 여성 총리이자 유럽의 첫 여성 총리가 되면서 영국 정치에 새로운 바람을 일으켰다.

필자가 막 영국 유학을 시작했던 1989년 말 그녀는 경제 위기를 극복하기 위해 신자유주의 정책을 과감하게 펼쳤고, 만성적이던 경제 불황을 타개하기 위해 과감하게 산업 구조조정을 단행했다. 심지어 일하지 않으면서 복지 혜택만 받고, 세금은 많고 일자리가 없는 이른바 '영국병'을 고치고 국가 경제를 회복시키면서 '대처리즘'(Thatcherism)을 탄생시켰다. 또 국제사회의 우려에도 불구하고 아르헨티나의 포클랜드 침공을 군사적으로 응징해 영토를 지켜낸 것은 힘의 정치와 국가안보를 중요시했던 '철의 여인'다운 뛰어난 지략이었으며 뚝심의 소유자임을 입증하는 하나의 사례가 아닐까 싶다.

그녀의 위대함은 바로 이것이다. 국가적으로 어려운 시기에 총리가 됐지만 난제를 현명하게 극복했고, 특히 대처의 '철의 리더십' 이면에는 여성 특유의 섬세함과 지혜로움이 있었음을 간과해서는 안 된다. 그녀에 관한 평전들을 보면 주요 정책의 수립 과정에는 늘 합의가 뒤따랐다. 많은 사람의 의견을 수렴했고, 야당이었던 노동당과 지식인, 언론인, 정책 관계자들과 만나 국민이 합의할 수 있는 원칙을 찾기 위해 정력을 쏟아 부었다. 포클랜드 전쟁 참전에 앞서서는 미국 펜타곤을 비롯한 세계의 지도자들을 만나 국제사회가 합의할 수 있는 방안을 찾기 위해 지혜를 발휘했다. 그녀는 평소 "지혜가 없는 권위는 칼날을 세우지 못한 도끼와 같다"라고 말하곤 했다고 한다.

대한민국 헌정 사상 첫 여성 대통령인 박근혜 대통령이 이끄는 '박근혜 호'가 국민행복시대의 출항을 전 세계에 알렸다. 지금 우리는 희망을 얘기한다. 그러나 북한 핵 문제와 경제 부흥, 복지 실현 등 여러 난제 앞에 놓여 있다. 그래서 국민의 합의를 원칙으로 하는 정책 추진과 함께 '소통하는 화합'의 리더십 발휘가 절실한 시점이다. 박근혜 대통령은 고질적인 한국병을 끄집어내고 해결해 보겠다는 대찬 뚝심과 지혜를 국민들에게 보여주기 바란다. 서울신문 2013. 3. 4

Focus 마거릿 대처와 포클랜드(Falkland Islands) 전쟁

■ blog.segye.com/dokdo8150/107512 ■ blog.daum.net/as10456/1428

아르헨티나의 남대서양의 소도인 포클랜드(아르헨티나명 말비나스) 제도의 영유권을 둘러싼 영국·아르헨티나의 200년간 영유권 분쟁으로 양국은 현재 자원 분쟁으로 갈등을 빚고 있다.

포클랜드 제도는 아르헨티나에서 500㎞, 영국 본토에서는 1만3,000㎞나 떨어져 있는 곳이다. 포클랜드의 동쪽 해안 일대에 약 600억 배럴의 원유가 매장돼 있는 것으로 추정된다. 분쟁의 근원은 1544년과 1592년 각각 스페인과 영국이 먼저 발견했다는 주장에서 시작됐다. 아르헨티나는 1816년 스페인으로부터 독립하면서 포클랜드 제도에 대한 영유권 계승을 주장했지만, 1833년 영국이 포클랜드 제도를 식민지화했다. 그 후 영국은 자국의 실효적 지배권을 주장하고 있다.

포클랜드 전쟁은 1982년 4월 2일 아르헨티나가 무력점령을 감행해서 전쟁이 재개됐다. 6월 14일까지 74일간 전쟁에서 아르헨티나는 패전으로 영국의 승리로 섬을 재점령했다. 아르헨티나는 영국의 우월적 지위를 인정했지만, 영유권은 인정하지 않았다. 전쟁의 승리로 영국의 대처 총리는 정치적 입지를 다지는 계기가 됐고, 1983 재집권에 성공했다. 또 강력한 리더십의 상징으로 부각됐다. 또 전쟁 이후 고실업, 저성장, 고인플레로 요약되는 영국병 치료에 본격적으로 나서 탄광노조와의 갈등에서도 승리했다. 1992년 양국은 외교관계를 정상화했다.

'철의 여인' 대처는 뇌졸중으로 2013년 4월 타계했다.

이 전쟁이 남긴 교훈은 다음과 같다. 첫째, 무기현대화에 따른 전비(戰費)의 팽창이다. 영국은 군인 약 255명의 사상자, 항공기 25대, 함정 13척을 손실했다. 전비는 약 15억 달러를 소비했다. 그러나 영국은 전쟁에서는 승리했지만 경제적으로 큰 부담을 안게 됐다. 아르헨티나는 사상자 약 649명과 항공기 94대, 함정 11척을 잃은 GNP 600억 달러라는 많은 전비 손실로 인해 심각한 경제적 위기에 직면했다. 둘째, 유엔과 미국의 무능이 드러났다. 영국과 아르헨티나는 개전 후 협상의 여지를 남겨두었지만, 유엔과 미국은 교전당사국의 이해 조정에 실패했다. 미국이 영국을 지원함으로써 남미지역에서의 반미감정이 고조됐다.

아르헨티나 정부는 포클랜드 영유권 문제를 논의하기 위한 조건 없는 대화를 제의했지만 영국은 "포클랜드의 미래는 주민 스스로 결정해야 한다"며 수용을 거부했다. 사실상 포클랜드 자치정부는 2013년 3월 영국령으로 계속 남을 것인지를 묻는 주민투표를 시행했다. 약 1천 672명을 대상으로 한 주민투표 결과 영국령 잔류 찬성률은 98.8%에 달했다.

Focus 대처리즘(Thatcherism)

■ blog.naver.com/cfeorg/140210540204

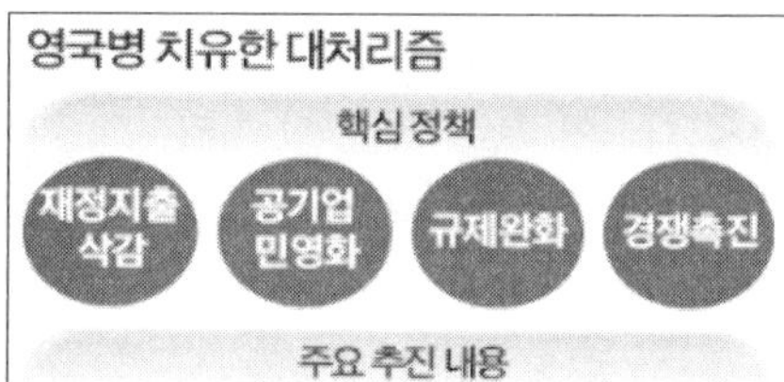

■ 한국경제 2014. 6. 9

대처리즘는 영국 경제의 재생을 시도한 대처의 사회·경제 정책을 말한다. 1979년 총선거에서 보수당의 승리로 집권한 대처수상은 노동당 정부가 고수해 왔던 각종 국유화와 복지정책 등을 포기하고 민간의 자율적인 경제활동을 중시하는 머니터리즘(monetarism)에 입각한 강력한 경제개혁을 추진했다.

대처의 정책 즉 '대처리즘'의 주요 사회·경제적인 개혁 내용은 다음과 같다. 복지를 위한 공공지출의 삭감과 세금인하, 국영기업의 민영화, 노동조합의 활동규제, 철저한 통화정책에 입각한 인플레이션 억제, 기업과 민간의 자유로운 활동 보장, 외환관리의 전폐와 빅뱅(big bang) 등을 통한 금융시장의 활성화 등이었다. 작은 정부의 실현, 산학협동 중심의 교육정책, 유럽통합 반대 등의 정책을 추진했다. 특히 영국 사회의 침체되고 무기력한 상황을 '영국병'이라고 진단하고, 이를 극복하기 위해 전 사회적인 의식개혁이 필요하다고 간주했다. 인플레이션을 극복하고 경기를 회복하는 데는 성과가 있었지만 심각해진 실업문제로 국민들의 불만이 고조되고 대처리즘을 비판하는 의견도 높아졌다.

★ 엘리자베스가 보여준 통치철학

오늘날 전 세계 국가들 중에 한반도와 국토 및 인구 규모가 가장 유사한 나라는 영국으로 알려져 있다. 이런 영국으로 하여금 '해가 지지 않는 나라, 대영제국 건설'을 가능케 했던 원동력은 무엇일까. 아마도 역사상 위대한 통치자들이 존재했기 때문일 것이다. 그중에서도 특히 롤 모델이 되고 있는 지도자는 단연 엘리자베스 1세(1533~1603)가 아닐까 싶다.

영국 의회와 국민들로부터 최고의 추앙을 받았던 여왕은 어린 시절 부모를 여의고 미혼으로 통치권자에 올랐다. 여왕으로 등극하기까지 순탄하지 못한 노정도 경험했다. 당시 유럽 국왕들과 혼사를 기피하면서 그녀가 자주 했던 말은 "자신은 영국과 결혼했다"였는데, 조국에 대한 사랑과 충정을 엿볼 수 있는 대목이다. 그녀의 진정한 위대함은 44년간의 오랜 재임 동안 영국의 정치적 안정과 경제적 번영 달성에 있을 것이다. 한마디로 영국을 세계의 중심국가로 부상시킨 것이다. 중상주의 정책을 펼쳤고, 세계 최강의 스페인 무적함대를 격파함으로써 아메리카 대륙을 비롯해 전 세계 무역루트에 접근할 수 있는 길을 열었다.

여왕이 이토록 강력한 성취를 거둘 수 있었던 요인은 바로 국내 정세 안정에 있다. 영국과 유럽 전역은 신교와 구교 간의 참혹한 종교전쟁으로 분열되어 있었다. 그러나 그녀는 신교도였지만 가톨릭 신도와 의례를 탄압하지 않았다. 오히려 국민과의 '통합과 소통'을 통해 정치적 안정을 일궈냈다. 정치적 안정 없이 어떤 성취도 불가능하기 때문이었다. 또 그녀의 뛰어난 통치스타일은 유능한 인재를 등용했을 뿐 아니라 그들에게 국정운영을 맡겼던 것에서도 잘 나타난다. 윌리엄 세실 경을 중심으로 측근들이 여왕을 보좌했고, 여왕은 그들을 신뢰하고 존중했다. 세실 경은 여왕 즉위 해부터 재임 말기(1598)까지 무려 40년간 최고행정관으로 보좌했다. 그는 종신총리에 가까운 책임과 권한을 부여받았다. 정치의 지속성과 안정성은 바로 이런 배경에서 가능했다. 그녀는 "보고 있지만 말하지 않는다"(I see, and say nothing)는 원칙을 고수했다. 자신이 직접 나서서 일일이 챙기는 것이 아니라 측근들을 통해 국정을 운영하는 방식을 선택했다. 그들의 협력과 경쟁이 국정의 활력을 만들어냈다. 게다가 여왕은 국익을 위해 '실용주의적' 외교정책을 견지했다. 강한 군대를 육성했지만 섣불리 군대를 동원하지 않았고, 국익에 도움이 된다면 이슬람국가와도 협력했다. 교황청의 금지에도 불구하고 오스만튀르크와 무역협정(1580)을 맺은 것이 그 한 예다.

무엇보다 통치자로서 여왕의 가장 큰 장점은 자신에게 엄정했고 잘못에 솔직했다는 점이다. 자신의 최측근이라도 잘못하면 처벌하는 데 반대하지 않았다. 그녀는 죽기 2년 전에 가진 의회연설에서 정부의 특혜정책으로 발생하는 문제에 대해 잘못을 인정함으로써 오히려 더 많은 지지를 확보했다. 위기를 솔직함으로 헤쳐 나간 셈이다. 필자를 포함해 누구나 직면하는 문제는 말과 행동, 의지와 능력이 늘 일치하지 않는다는 점이다. 게다가 시간은 늘 사람의 말을 희미하게 만든다. 아마 그렇기 때문에 여왕이 남긴 "셈페르 에아뎀"(Semper Eadem, 항상 같기를)이라는 모토가 시대를 초월해 왜 중요한지를 다시 한 번 생각해보게 된다. '국민행복 시대'를 선언한 박근혜 대통령 역시 초심을 잃지 않고 늘 의지와 각오가 한결같기를 기대해 본다. 서울신문 2013. 7. 1

Focus 엘리자베스 1세(Elizabeth I)

■ cafe.daum.net/kis0901/JrMv/843

엘리자베스 1세 통치 시대에 영국은 정치와 상업 및 예술 분야에서 유럽 열강의 지위로 성장했다. 1558년 11월 17일부터 1603년 3월 24일까지 44년간 잉글랜드 왕국 및 아일랜드 왕국을 통치했다. 엘리자베스는 스물다섯 살의 나이에 죽은 언니 메리의 뒤를 이어 즉위했다. 의회가 엘리자베스의 왕위 계승을 승인했을 때 그녀는 "위대하신 신의 조화입니다"라고 했다.

여왕으로 등극하기까지 겪었던 그녀의 힘든 심경을 엿볼 수 있는 말이다. 즉위한 엘리자베스 1세는 영국 국교의 입장을 명확히 하기 위해 여러 가지 개혁을 실시했다. 열강들의 위협, 급격한 인플레이션, 종교 전쟁 등으로 혼란스러웠던 16세기 초반 유럽의 후진국이었던 영국을 세계 최대의 제국으로 발전시켰다. 뛰어난 외교 수완으로 중요한 사항에 대해 애매한 태도를 취하고, 결단을 미루고 확답을 피했다. 이것이 그녀가 영국을 번영하게 한 정치 수완이었다. 평생을 독신으로 지냈기 때문에 '처녀 여왕(The Virgin Queen)'이라 불렸다.

국민 문학의 황금기였다. 윌리엄 셰익스피어의 문학과 프랜시스 베이컨의 경험론 철학 등은 대표적인 성과였다. 아메리카 대륙에 독신인 그녀의 이름을 딴 버지니아라는 이름의 식민지를 개척했다. 아시아에서는 동인도회사를 창설하여 세력을 세계로 확대했다. 잉글랜드 왕국이 대영제국으로 발전하는 데 필요한 발판을 만들었다.

★ 박근혜 정부의 국가안보와 현안 과제

■ 한국일보 2014. 8. 15

2013년 2월 25일 대통령 취임식을 시작으로 박근혜 정부가 공식 출범했다. 국민이 행복한 시대 개막을 위해 새정부의 국정과제와 외교안보 현안들이 논의되고 다뤄졌다. 튼튼한 안보와 통일시대 개막을 선언한 만큼 주요 현안으로 꼽히는 몇 가지 국방안보 이슈가 부각됐다.

'대북 억제능력' 강화와 합동성 증진

우선, 박근혜 정부가 표방한 '한반도 신뢰 프로세스'를 통한 남북관계 개선이 주목된다. 지난 몇 년간 남북관계는 경색됐다. 2010년 천안함 피격사건과 연평도 포격사건을 정점으로 북한에게 진정성 있는 태도 변화를 요구했고, 관계 개선을 위한 대화의 창은 항상 열어 놓는다는 원칙에 따라 대북정책을 추진해왔다. 박근혜 대통령 역시 이 같은 기조를 유지하면서 북한의 태도 변화를 유도하는 정책을 적극 추진하겠다는 입장을 밝혔다. 즉 '남북교류・협력 확대를 통해 점진적으로 군사적 신뢰 구축'이 대북정책의 핵심인 셈이다.

그러나 가장 큰 걸림돌은 북한의 핵과 미사일 개발이다. 김정은은 정부와 국제사회의 경고에도 불구하고 2012년 12월 12일 장거리 로켓 은하 3호 발사와 2013년 2월 12일 추가 3차 핵실험을 감행했다. 이로써 우리의 대북 정책 기조에 대한 '속도조절'이 불가피해졌다. 계속해서 북한에게 분명하고 단호한 메시지를 보내야 한다. 남북간 신뢰구축도 중요하지만 북한의 추가 무력도발을 억제하기 위한 만반의 안보태세 구축이 우선되어야 한다. 군사적 도발의 사전 차단과 유사시 사이버테러인 '디도스' 공격 등과 같은 국지도발에 대한 우리 군의 응징과 비전통적 안보위협에 대한 대응 능력을 갖추어야 한다. 강조하자면 북한 도발에 대한 '억제 능력'의 실질적 구비가 이뤄져야 한다. 전통안보 분야에서는 서북도서 일대의 방어태세를 강화하고 육·해·공 전력 증강과 합동성 강화와 답보상태에 놓인 상부지휘구조 개편이 적극 추진되어야 한다.

'포괄적 한미동맹'과 전력증강

2013년은 정전협정 60년이자, 한미동맹 60주년을 맞는 해였다. 한미동맹을 포괄적 전략동맹으로 확대하고 '한미동맹 국방비전' 공동 확립을 위해 노력해야 한다. 2015년 전시작전통제권(전작권) 전환의 연기 논의가 진행되는 만큼 다양한 전력 강화 방안도 추진되어야 한다. 한국형 미사일방어체계(KAMD)와 북한 미사일에 대한 '탐지-식별-결심-타격'으로 이어지는 킬 체인(kill chain) 구축 계획을 완성해야 한다. 2012년 한미 미사일협정 개정으로 500km에서 800km로의 미사일 사거리 연장에 따른 후속 조치가 활발하게 추진되어야 한다. 북한이 핵보유국임을 선언하고 '한반도 비핵화 선언'을 폐기하고 핵개발을 본격적으로 나선 시점에서 한미 '핵확장억제위원회'에서 선제타격 개념도 포함시켜 논의되어야 한다. 따라서 한미동맹을 근간으로 전통·비전통 안보분야에서 대북 도발억제 및 대응 태세를 더 발전시켜야한다. 비전통 안보 분야에서는 사이버 사령부 확대·개편, 한미간 사이버 협력체계의 구체화도 주요 현안과제로 논의되어야 한다.

한편 2012년 12월 강경한 대외정책을 추구하는 아베 총리를 중심으로 자민당 정권이 수립됐다. 아베 총리는 정부 내 독도 전담부서를 신설을 선언했다. 또 2013년 2월 중순 우리정부의 반대에도 불구하고 다케시마의 날 행사를 정부 차원의 행사로 격상시켰고, 차관급 정무관과 국회의원들의 참석 하에 감행했다. 박근혜 대통령은 일본의 독도에 대한 침탈과 도발행위에 국가안보 차원에서 해양주권을 재정립해야 한다. 독도는 우리 고유의 영토임을 재차 천명하고 일본의 부당한 영유권 주장에 대해 국론을 결집하고 확고한 수호의지를 더욱 확고히 해야 한다.

아울러 이른바 아시아 재균형(re-balancing)으로 불리는 미국의 정책변화와 중국의 급부상, 남중국해와 센카쿠 열도(중국명 댜오위다오) 등 역내 영토분쟁의 격화 등으로 그 어느 때보다 협력보다는 갈등구도에 직면해 있다. 이런 동북아 안보 상황을 고려해 한미관계를 포괄적 전략동맹으로 심화 및 발전시키는 동시에 한중관계를 전략적 협력동반자 관계에 걸맞게 업그레이드할 필요가 제기된다.

'스마트 국방외교'와 국제평화유지 활동

그동안 꾸준히 추진해온 스마트 국방외교의 외연이 전 세계적으로 확대되어야한다. 국방부는 주변 강대국 중심에서 인도네시아, 아랍에미리트(UAE), 필리핀, 베트남, 호주 등의 국가와 정상 및 국방장관 회담 등을 개최했다. 인도와 브라질과 같은 거점국가와 국방협력을 강화했고, 올해 1월 말 사우디아라비아와도 국방협력협정을 맺었다. 국가외교의 틀 속에서 스마트한 국방외교의 역할은 동남아, 중남미, 아프리카 등 전 세계를 대상으로 추진되어야한다.

최근 국제 분쟁이 증가되고 있고 기후변화에 따른 자연재해도 많이 발생하고 있다. 따라서 정부의 국제평화 기여도 더 확대되어야 한다. 이미 전 세계 18개국에서 우리 군이 파병되어 국제평화와 분쟁 해결에 기여하고 있다. 특히 2013년은 1993년 7월 소말리아에 250명 규모의 공병부대를 유엔(UN) 평화유지군(PKO)으로 파견된 이후 2O주년이 되는 해였다. 세계 각지에 연인원 3만 명이 넘는 병력이 파견되어 활동 중이다. 현재 아프가니스탄의 오쉬노 부대, UAE의 아크부대, 레바논의 동명부대 등을 포함해 현지에서 찬사와 호응을 받으면서 재건과 평화 유지에 기여와 국격 상승과 한류문화의 주역으로도 활동을 하고 있다. 2013년 2월 중순 남수단의 재건지원팀인 한빛부대 1진이 파병됐다.

해외파병은 비용과 인명피해 위험 등 일부 제한적 요소가 존재하지만, 국익 증진과 국가 이미지 제고와 군의 실전 경험 축적 등 이점도 상당히 크다. 따라서 군의 안전을 최우선하면서 파병활동은 지속되어야한다. 이를 위해 정부와 군은 해외파병에 대한 국민적 공감대를 형성하고 파병부대가 안정적인 임무를 수행할 수 있도록 여건 마련에 더 주력해야 한다. 정경뉴스 2013년 3월

Focus 한국형 미사일방어체계(KAMD: Korea Air and Missile Defense)

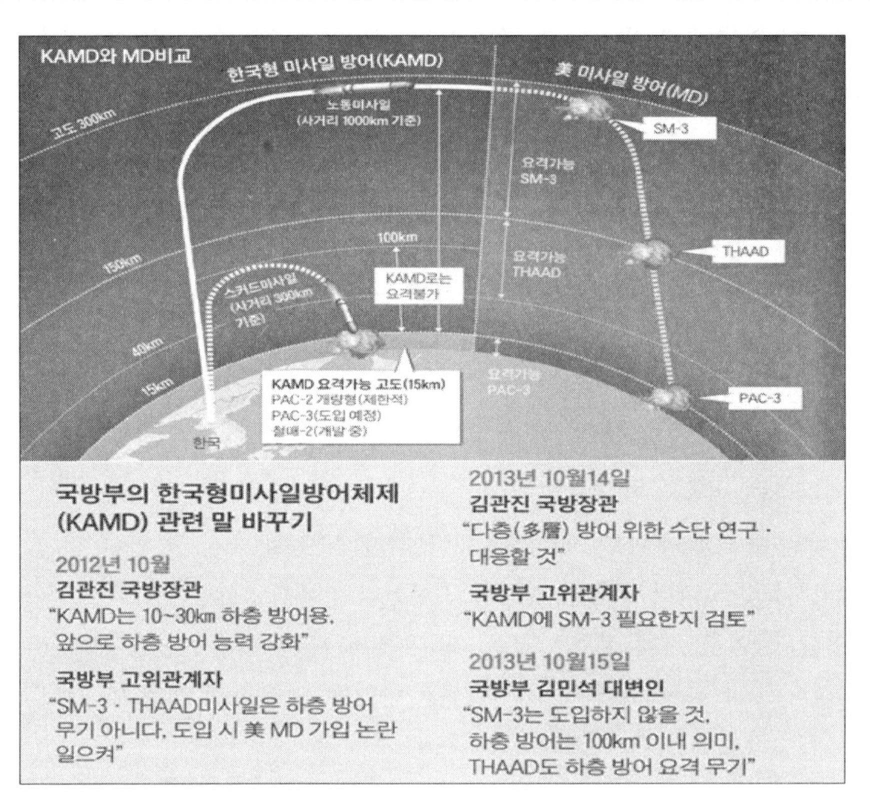

국방부의 한국형미사일방어체제 (KAMD) 관련 말 바꾸기

2012년 10월
김관진 국방장관
"KAMD는 10~30km 하층 방어용, 앞으로 하층 방어 능력 강화"

국방부 고위관계자
"SM-3 · THAAD미사일은 하층 방어 무기 아니다, 도입 시 美 MD 가입 논란 일으켜"

2013년 10월14일
김관진 국방장관
"다층(多層) 방어 위한 수단 연구 · 대응할 것"

국방부 고위관계자
"KAMD에 SM-3 필요한지 검토"

2013년 10월15일
국방부 김민석 대변인
"SM-3는 도입하지 않을 것, 하층 방어는 100km 이내 의미, THAAD도 하층 방어 요격 무기"

■ 조선일보 2013. 10. 16

박근혜 대통령은 2013년 10월 1일 성남 서울공항에서 열린 '건군 65주년 국군의날 기념식'에서 "정부는 강력한 한미연합 방위체제를 유지하면서 킬 체인(Kill Chain)과 한국형 미사일방어체계(KAMD) 등 핵과 대량살상무기 대응능력을 조기에 확보, 북한 정권이 집착하는 핵과 미사일이 더 이상 쓸모없다는 것을 스스로 인식하도록 할 것"이라고 강조했다.

박 대통령이 언급한 킬 체인과 한국형 미사일방어체계는 북한의 핵과 미사일 위협에 대응한 것으로, 전시작전통제권전환의 핵심 조건이다. 한미는 북한이 세 차례 핵실험을 통해 핵무기 '소형화, 경량화' 기술을 상당히 확보했다.

핵무기를 미사일에 탑재시킬 수 있는 수준까지 도달한 것으로 공동 평가했다. 국방부와 합참이 킬 체인을 2016년까지 구축하고 KAMD 요격체계를 늦어도 2022년까지 완비한다는 목표를 세워둔 것은 북한의 핵무기 개발 수준이 최정점에 도달했다고 결론을 내렸기 때문이다.

KAMD는 한반도를 적국으로부터 보호하기 위한 한국형 미사일방어체계를 의미한다. 즉 북한의 탄도미사일을 방어하기 위한 것. 한국과 미국 양국이 2012년 10월 우리 군의 미사일 사거리를 300km에서 800km로 늘리는 내용을 골자로 한 미사일 지침을 개정함에 따라 한국형 미사일방어체계에 관심이 모아지고 있다. 한국이 추진하는 KAMD(한국형미사일방어체계)는 종말단계인 하층방어에만 치중하고 있고, 한반도의 지리적 특성을 고려한 것으로 요격고도가 15~40km에 불과한 패트리어트 미사일(PAC-3)이 핵심 전력이다.

현재 군은 조기경보체계로 '이지스함체계 레이더'를 보유하고 있다. 이지스함 SPY-1D 레이더와 탄도탄 조기경보 레이더인 이스라엘제 그린 파인 레이더가 표적탐지를 담당한다. 국방일보에 따르면, "독자적 KAMD(한국형 미사일 방어체계) 구축 변함없고, 한국군은 종말단계 하층방어를 할 수 있는 패트리어트 PAC-3를 구매 중에 있고, 중거리(M-SAM)와 장거리(L-SAM) 지대공 미사일을 자체개발 중으로 이 세 가지 체계를 중심으로 종말단계 하층방어를 구축할 예정"이다.

Focus 킬 체인(Kill Chain)

■ 연합뉴스 2014. 6. 29

북한의 핵과 미사일기지, 이동식 미사일 탑재 차량(TEL) 등을 탐지하고 정확한 위치 좌표 산정, 타격무기 선정, 타격 등을 통합한 시스템을 말한다. 표적을 탐지하려면 정찰위성과 글로벌 호크급 고고도 무인정찰기, 지상·공중·해상에서 운용하는 각종 미사일 등이 필요하다. 군은 사거리 300km의 탄도미사일인 '현무-Ⅱ'를 개발해 실전배치했다. 이어 미사일지침 개정에 따른 후속조치로 800km 탄도미사일을 추가로 개발 중이다. 사거리 500km, 1000km, 1500km 등 세 종류의 장거리 순항미사일(현무-Ⅲ)도 개발해 실전배치했다. 북한의 핵심시설을 타격하는 탄도미사일 '현무-Ⅱ'사거리 300km)와 장거리 순항미사일 '현무-Ⅲ'(사거리 1000km), 해안포 부대 타격용 '스파이크 미사'(사거리 20여km) 등도 개발됐다.

Focus 미국의 미사일방어(MD)체계

미국의 MD는 대륙간탄도미사일(ICBM: Intercontinental Ballistic Missile)을 요격하는 상층방어 시스템을 의미한다. 2014년 6월 초 스캐퍼로티 한미연합사령관은 "북한의 핵 · 미사일 위협에 대처하기 위해, 미국의 MD의 핵심인 종말단계 고고도지역방어체계(사드 · THAAD, 고고도 상층방어체계)를 주한미군에 배치하도록 본국에 요청했다"고 밝혔다. THAAD는 북한의 스커드 미사일 공격에 매우 효율적으로 대처할 수 있는 유용한 방어체계다. 한반도 남부가 주요 타깃인 스커드 미사일의 최고 고도는 100km 정도이고, THAAD의 요격고도는 40~150km로 스커드 미사일 요격에 적합하다. 또 미국의 MD 핵심인 SM-3가 요격고도 100~365km로 북한의 노동미사일이나 대포동미사일 등과 같은 중장거리 미사일 요격에 적합한 것과 대비된다.

★ 포스트 교토의정서(post-Kyoto Protocol) 체제와 차기정부의 과제

■ 서울신문 2013. 11. 11

2012년 12월 초 카타르 도하에서 제18차 유엔 기후변화협약(UNFCCC) 당 사국 총회가 열렸다. 지난 1992년 브라질 리우데자네이루의 최초 회의 이후 선진국을 중심으로 지구 온난화를 막기 위한 국제적 노력이 이어져 왔다.

1997년 12월 일본의 교토 당사국 총회에서 '교토의정서'가 채택됐다. 이 의정서는 선진국의 온실가스 감축 목표치를 규정한 국제협약으로 유일하게 '법적 강제력'을 지닌다. 주요 의무이행 대상국은 일본, 호주, 캐나다, 러시아 유럽연합(EU) 회원국 등 38개국이다. 각국은 2008~2012년 사이 온실가스 총배출량을 1990년 수준보다 평균 5.2% 줄이기로 했다. 개도국은 추후 점진적으로 감축 목표를 설정한다는 계획이었다.

유명무실한 교토의정서

이번 총회에서 195개 당사국은 2012년에 만료된 교토의정서를 2020년까지 연장하기로 결정했다. 이로써 전 지구 기후변화 대응체제의 파국은 일단 막게 됐다. 온실가스 감축과 관련 교토의정서가 규제할 수 있는 범위는 전 세계 온실가스 배출량의 15% 정도다. 의무 감축국은 온실가스를 2020년까지 1990년 대비 20%가량 줄이겠다는 목표를 정했지만, 기후변화에 관한 정부 간 협의체(IPCC)가 권고한 25~40%에도 못 미친다. 일단 EU 회원국과 호주, 스위스, 우크라이나 등 2차 공약기간에도 감축 의무를 이행하기로 했다. 그러나 이들 국가들이 내뿜는 온실가스는 전 세계 배출량의 15% 정도를 차지한다.

처음부터 교토의정서의 유명무실화가 제기되기도 했다. 우선 이번 총회에서도 양대 온실가스 배출국인 미국을 포함해 중국이 1차 공약기간부터 의무감축 대상에서 제외됐다. 화석연료 사용량의 1/4을 차지하는 미국은 주요 개도국의 불참을 핑계로 의회에서 의정서를 비준하지 않아서 의무 감축국에서 제외됐다. 또 대표적인 온실가스 배출량 세계 3위인 인도 역시 의회 거부에 직면했고, 중국과 더불어 개발도상국으로 분류돼 1차에 이어 이번에도 온실가스 감축국에서 제외됐다. 즉 온실 가스 배출의 주요 국가인 미국, 중국과 인도 등은 감축의무가 없다. 게다가 2011년 말 캐나다는 교토의정서 탈퇴를 선언했다. 이번에 러시아, 일본, 뉴질랜드도 2012년 이후 온실가스 배출 이행 의무에 동참하지 않겠다고 선언했다. 총체적으로 세계 온실가스 배출의 60%가량을 차지하고 있는 이들 국가들의 적극적인 참여가 결여된 셈이었다.

이와 더불어 개도국의 기후변화 대응을 돕기 위한 선진국들의 재정 지원문제가 난항에 직면했다. 선진국은 개도국의 기후변화 대응을 돕기 위한 지원금을 매년 늘려 2020년부터 한해 1천억 달러 조성을 2010년 칸쿤 총회에서 약속했다. 군소도서국가연합(AOSIS)을 비롯해 일부 강경한 태도를 보인 개도국은 2015년까지 600억 달러를 지원하겠다는 약속을 문서로 남기라고 요구했다. 그러나 선진국들은 이런 엄청난 액수의 지원금을 어떻게 분담할지 조달방식에 대해 구체적으로 논의조차 하지 않았다. 결국 2010년부터 3년간 300억 달러로 책정한 '긴급자금' 지원이 2012년에 끝났기 때문에 2013년 개도국이 얼마나 지원을 받을지는 불투명해졌다. 사실상 선진국들의 소극적인 태도는 '2013~2015년은 최소한 긴급금 기간의 평균 이상을 지원하도록 노력한다'는 결정문의 문구에서 잘 드러났다. '자금 조성에 대한 전략은 2013년 11월 폴란드 바르샤바 총회 때 제시한다'는 선언적 문구만 남긴 채 총회는 막을 내렸다.

녹색기후기금(GCF) 조성과 차기정부의 과제

한국은 2012년 10월 중순 인천 송도에 유치했던 GCF 사무국 설립과 관련 이번 총회에서 최종 공식 인준을 받았다. 이명박 정부의 저탄소・녹색성장 기치 하에 '글로벌 녹색성장연구소'와 '녹색기술센터' 개소와 GCF를 유치함으로써 '녹색 트라이앵글'이 최종 완성됐다. GCF 사무국은 개도국의 온실가스 감축과 기후변화 적응을 지원하는 기후변화 특화기금조성을 통해 개도국을 지원하는 중추적 역할을 담당하게 된다. GCF 사무국 2013년 정식 출범하기로 했다.

그런데 한국이 직면한 가장 큰 문제는 재정부분이다. 당초 이번 총회에서 GCF 재정지원 방안도 논의할 예정이었지만 구체적 합의가 이뤄지지 못했다. 향후 이와 관련 적지 않은 난항이 예상된다. '환경 분야의 세계은행' 역할에 대한 기대가 불투명해 보인다. 유치 당시 2020년 GCF 규모가 8300억 달러에 달할 것이라는 전망이 나왔지만 전망이 그다지 밝지 못한 실정이다. 즉 재원 마련(financing)에 대한 국제사회의 관심과 협조가 절실한 시점이 아닐 수 없다.

무엇보다도 이번 총회에서 2020년 이후 발효될 '새 기후체제'에 대한 논의가 시작됐다. 당사국들은 2015년까지 선진국과 개도국이 모두 참여하는 새로운 기후변화체제를 만들어 2020년 이후 발효시킨다는 계획이다. 포스트 교토의정서 체제가 수립되면 효과적인 측면에서 개발도상국으로 분류된 중국, 인도 등 신흥 공업국들도 온실가스 배출 의무를 지게 될 것이다. 한국도 예외가 아닐 것이다. 그동안 한국은 의무감축국에 포함되는 것을 피하기 위해 2020년까지 자진해서 온실가스를 30% 줄이겠다고 국제사회에 약속했다. 그러나 감축보다는 오히려 배출량이 매년 증가하는 추세다. 한국은 탄소 배출량이 2007년 기준 OECD 국가 중 9위를 차지한다. 이제 온실가스 감축은 선택이 아니라 필수인 것이다. 새 의정서에 대한 최종 합의까지 국내외적으로 많은 논쟁과 진통이 예상된다.

박근혜 대통령을 중심으로 차기정부는 온실가스를 배출을 줄이기 위해 기업, 지자체와 시민단체 등을 중심으로 여러 가지 방안과 대책을 수립해야 할 것이다. 신재생에너지 산업을 좀 더 육성하고 집중적으로 온실가스를 줄이고 국가경제에도 기여할 수 있는 방안 마련에 주력해야 할 것이다. 부연하자면 태양광과 풍력 등 신재생에너지 관련 설비 확충이 불가피하다. 머지않아 목표치 이상의 온실가스를 배출하는 기업은 유럽처럼 '배출권 거래제'를 채택해야 할 것이다. 뿐만 아니라 차기정부는 온실가스 감축에 대한 체계적인 환경교육 강화와 국민의 인식 제고와 적극적인 참여를 다각적으로 도모해야 할 것이다. 정경뉴스 2013년 1월

★ 통독의 '그뤼네스반트' 조성사업의 교훈과 우리의 과제

■ 연합뉴스 2014. 3. 9

1964년 12월 10일 박정희 전 대통령 이 서독을 방문한 이후 50년 만에 2014년 3월 25일 박근혜 대통령이 독일을 3박 4일 일정으로 국빈 방문했다. 과거 박정희 전 대통령의 독일로부터 상업차관이 '라인강의 기적'을 '한강의 기적'으로 전환되는 계기가 됐다.

박근혜 대통령은 '통독의 교훈'을 통해 '통일 대박'의 꿈을 실현하고자 부단히 노력 중이다. 통일에 따르는 비용보다 그 효과가 더 크다는 의미에서 통일 대박 실현을 위해 정부 및 지자체 차원과 민간단체 등의 지지와 호응과 같은 많은 노력이 요구된다.

생태 · 역사교육 · 관광의 공간, '그뤼네스반트' 조성사업

우리는 통일 대박을 어떻게 준비해야 하는가. 이런 질문에는 다양한 답변이 가능할 것이다. 통독 전 동서독에 우리의 민통선과 유사한 군사적 완충지대가 있었던 점을 생각해 보자. 통독 전 '철의 장막'으로 불린 '베를린 장벽과' 구 동독의 거주제한구역이 존재했다. 이곳에 동독은 주민의 서독 탈출을 막기 위해 1961년부터 1,391㎞의 국경에 베를린 장벽을 만들었다. 소위 동독정부는 “국경과 순찰로 사이 50~200m 공간에는 지뢰, 자동소총, 철책, 감시탑, 참호 등을 설치했고, 1989년 11월 9일 베를린 장벽이 무너질 때까지 무장 병력을 배치해 삼엄한 경계”를 펼쳤다. 또 국경 인근에 사는 주민 12,000여 명을 강제로 이주시켰고, 국경에서 2㎞ 떨어진 곳에 초소를 설치했다. 즉 거주를 제한하고 이동을 통제했다. 당시 동독을 탈출하려다가 무려 500여 명이 숨졌기 때문에 ‘죽음의 지대’라고 불리기도 했다.

통독 이후 이곳은 ‘생태・역사교육・관광’의 공간으로 변모했다. ‘녹색 띠’로 불리는 독일의 옛 국경지대인 ‘그뤼네스반트’ 조성사업은 성공했다. 그런데 이와 같은 국립공원화 사업은 처음부터 순탄하게 진행되지 않았다. 통독 정부는 사전 준비 부족으로 10여년 시행착오를 경험해야 했다. 사실상 갑작스런 통일로 인해 정치적, 사회적, 경제적 통합이 시급했던 탓에 군사적 완충지대에 큰 관심을 두지 못했다. 통일 직후 국경지대에 대한 활용방안을 가지고 있지 않았기 때문에 베를린 장벽을 철거하고, 매설된 지뢰 제거 등 국경지대를 분단 이전 상태로 되돌리는 것이 급선무였다. 우여곡절 끝에 환경단체가 주도하여 생태 보호를 목적으로 의해 시작됐던 그뤼네스반트 사업은 주정부, 연방정부, 사회의 지지와 호응을 얻게 됐다.

초기 환경단체가 오랫동안 인간의 발길을 허용하지 않아 생태환경이 우수한 국경지대를 보전하자고 앞장선 것이다. 주민들은 농지 활용이나 도로 건설과 같은 개발을 원했기 때문에 환경단체, 주정부, 연방정부 등의 입장 차이로 인해 갈등이 심했다. 연방정부가 1996년 접경지역 지원을 위해 접경지역법을 제정했고, 접경지역 내 국유지를 사유화할 수 있도록 했다. 그러나 환경단체의 강한 반발에 직면했다. 환경단체는 2000년 사유지 매입사업을 시작했고, 사업을 지원한 일부 주정부와 연방정부를 압박하는 시행착오를 겪었다. 점차로 환경 보전 외에 관광 등 다양한 활용방안이 모색되었다. 2007년 정부 차원의 지속 가능한 관광 시범사업이 시작됐다.

이곳에 국경 시설물이 보존되고 박물관이 만들어지고, 역사교육의 공간으로 다양한 관광상품 개발로 인해 활용도가 높아졌다. 지역경제 활성화 및 국가적 생태 네트워크로 거듭나고 있으며, 살아있는 역사기념물이 됐다. 통독의 새로운 명소일 뿐만 아니라 전 세계인이 찾는 관광명소로서 탈바꿈했다. 분단의 극복의 역사를 산실이자 통합의 상징으로 우리에게 시사해주는 바가 크다.

민통선 지역을 '분단'에서 '통일'로 전환

현재 우리의 민통선지역은 독일의 여건과는 좀 다르다. 그뤼네스반트 지역은 길이 1,393㎞, 폭 50~200m로 좁은 띠를 이루는 곳으로 면적이 176.6㎢에 불과하다. 반면 민통선지역은 군사분계선을 따라 길이 248㎞, 폭 5~10㎞로 면적이 그뤼네스반트의 6배인 1,866㎢로 폭이 다소 넓기 때문에 공간 구조상 활용가치가 크고, 폭 4㎞의 DMZ라는 1차 군사적 완충지대가 따로 있기 때문에 북한과도 무관하다.

분단 상황관리 지역인 민통선지역에 '접경지역지원특별법' 이 적용됐다. 정부는 2000년 이법 제정을 통해 민통선 20km 이내에 도로포장률, 인구증감률, 군사시설보호구역 점유비율, 상수도보급률, 제조업종사자 비율 등 5개 지표 중 3개 이상이 전국 평균을 밑도는 지역을 접경지역으로 규정했다. 2003년부터 예산을 지원했다. 수도권정비계획법, 군사기지 및 시설보호법 등 중첩 규제가 적용되어 실질적으로 어려움이 많았다.

2011년 6월 '접경지역 경제발전과 평화통일 기반 조성'이라는 명분하에 접경지역지원법이 특별법으로 격상됐다. 그런데 최근 2년 간 국·도비 지원액은 특별법 격상 이전의 연 평균 247억 원과 큰 차이가 없다. 소규모의 생태마을 조성에 집중됐다. 국회에 계류 중인 6개 통일경제특구법안은 통일 대비를 명분으로 하고 있는데, 현분단 상황에서 낙후된 지역에 개발을 유도하자는 목적이 더 크다.

아울러 많은 전문가들이 지적했듯이 체계적인 현황을 알 수 있는 정부와 민간차원의 체계적인 조사와 연구가 실행되어야 한다. 기존의 민통선지역 조사·연구 자료는 DMZ의 부속 자료에 불과했기 때문에 자료가 불충분하다는 지적도 많다. 경기도 산하 경기개발연구원에서 조사한 생태·환경 분야 연구와 대학의 토지 분쟁 연구 등에 집중되어 있고, 자료는 군과 행정기관 등에 분산돼 있기 때문에 통합된 자료와 지도 작성이 시급하다.

통일대박 시대를 준비하면서 민통선지역의 평화적 이용과 개방은 지방자치단체 및 시민단체와 중앙정부와의 협의 하에 전개되어야 한다. 국토의 균형발전이라는 인식의 전환도 절실한 시점이다. 독일의 그뤼네스반트 지역의 개발과 활용까지 10여년이 걸렸던 사례를 잘 기억해야 한다. 지금부터 민통선지역에 대한 안보적 중요성 외에 생태, 역사, 문화와 인문학적 가치를 재평가해야 한다. 한반도 분단을 극복하고 통일의 상징이자 동북아시아의 평화지대로서 전 세계적인 안보관광지가 되기 위해 체계적으로 준비해야 할 것이다.

정경뉴스 2014년 4월

★ 잠든 북한인권법 이젠 다시 깨워라

■ 미디어다음 2014. 7. 31

"우리의 소원은 통일, 꿈에도 소원은 통일, 이 정성 다해서 통일, 통일을 이루자, 이 나라 살리는 통일, 이 겨레 살리는 통일, 통일이여 어서 오라 통일이여 오라!"

우리에게 익숙한 이 노랫말은 분단의 비극을 극복하고 평화통일의 소망을 담은 것으로 필자를 비롯해 많은 국민이 즐겨 부르던 동요다. 또 오늘날까지 남북한 통일을 염원하는 가장 대표적인 민족적 애창곡으로 작사자는 고 안석주씨이고 작곡자는 그의 아들 안병원씨다. 이들 부자(父子)가 1947년 3월 이 노래를 발표할 당시 가사는 "우리의 소원은 독립, 꿈에도 소원은 독립"이었다. 1948년 대한민국 정부 수립 이후 교과서에 노래가 실릴 때, "우리의 소원은 통일"로 바뀌었다. 2014년 8월 15일은 제69주년 광복절로 이 통일노래가 불린 지도 66년이 지났지만 한반도는 여전히 분단국이다.

그래서 2014년 초 분단을 극복하고 통일의 필요성을 강조한 박근혜 대통령의 '통일대박'은 중요한 실천적 의미를 내포했다. 역대 정부와 달리 강력한 통일 의지뿐만 아니라 남북관계 개선 의지를 북한과 전 세계에 선포한 것이다. 그 대표적인 후속책은 남북한 신뢰를 바탕으로 북한 주민들에게 실질적으로 도움을 줄 수 있는 '아래로부터'의 교류 확대에 목표를 둔 드레스덴 선언으로 표출됐다. 이어 동년 7월 내부적으로 통일을 준비하고 체계적인 추진을 위해 대통령 소속 통일준비위원회(통준위)도 발족됐다. 통준위가 실질적인 성과를 거둘 수 있을지는 미지수이지만, 통일대박을 앞당기기 위해 활발한 역할과 활동이 기대된다.

아울러 북한 문제와 관련 꾸준히 제기되고 있는 국제사회의 중요한 움직임 중 하나는 북한 주민들의 인권 상황일 것이다. 특히 우리는 2014년 3월 유엔의 북한인권 조사위원회(COI)가 발표한 최종보고서에 주목해야 한다. 2013년부터 조사위는 남한에 거주하는 2만 6000여명 등의 탈북자들을 대상으로 북한인권 실태 조사를 체계적으로 진행했다. 마이컬 커비 전 조사위 위원장은 "북한에서 조직적이고 광범위하며 심각한 '반(反)인도 범죄'가 자행된다"는 결론을 내렸다. 물론 조사위 보고서의 결론 및 권고 사항을 상당 부분 수용한 북한인권 결의안이 채택됐다. 이런 일련의 조치가 시사해 주는 점은 무엇일까. 첫째, 비록 이 보고서가 강한 구속력은 없지만 북한 인권 침해에 대한 국제적 공신력 강화와 구체적인 방향을 모색했다. 둘째, 객관적 증거와 자료에 근거한 국제기구의 공식 보고서로서 성과 이행 측면에서 북한당국에 인권 개선을 제시했다. 셋째, 국제사회의 보호책임(Responsibility to Protect: R2P) 원칙을 적용했다. 즉 "국가는 자국민을 대량 살육, 인도에 반한 범죄, 전쟁 범죄 및 인종청소 등 4대 범죄로부터 보호해야 한다"는 R2P원칙에 입각해 북한 주민들을 인도에 반한 범죄로부터 보호책임을 피력했다. 이를 토대로 유엔 안보리가 국제형사재판소(ICC)나 유엔 임시 재판소를 만들어 북한을 회부하고 김정은을 비롯한 최고책임자에 대한 제재를 권고했다.

향후 조사위 후속조치로 유엔 북한인권 현장사무소(field-based structure)가 서울에 설치된다. 현장사무소는 5명 내외의 실무인력이 탈북자 조사와 국제규범에 따른 기록의 작성과 보관 등의 업무를 맡게 된다. 큰 틀에서 현장사무소는 북한 인권실상에 대한 우리 국민과 국제사회의 관심을 좀 더 유도하고, 실질적으로 북한 주민의 삶의 질 향상에 기여하게 될 것이다. 동시에 국제사회가 열악한 인권 개선을 위해 노력하고 있다는 것을 북한 주민들에게 알게 하는 좋은 계기가 될 것이다. 하지만 현장사무소 설치와 관련, 반대와 비판의 목소리도 만만치 않다. 수년간 북한인권법은 국회에 계류 중인데, 사실상 북한인권에 대한 우리의 현실은 녹록지 않다. 그렇다고, 더 이상 묵인해서는 안 될 것이다.

무엇보다도 국가차원에서 북한인권 개선에 대한 국제사회와의 '공동대응'과 현장사무소의 가교역할이 그 어느 때보다 중요한 시점이 아닐까 싶다. 통일을 준비하는 과정에서 북한에 대한 인도적 지원과 다양한 경제 교류, 협력 증진도 중요하겠지만 북한 주민들의 통일에 대한 열망을 간과해서는 안 될 것이다. 지금부터라도 북한 주민들의 통일역량을 강화하기 위해 국제사회의 북한인권 개선에 대한 전방위적인 노력을 지원하고, 우리의 역할도 적극적으로 확대해야 할 것이다. 서울신문 2014. 8. 2

제 2 장

지속가능한 한반도 평화구축

★ 정전협정 60주년을 회고하며

2013년은 '정전협정'과 한미동맹이 체결된 지 60주년이 되는 해였다. 정전협정과 한미동맹 체결의 기원이 된 6·25전쟁은 1953년 7월 27일 정전협정의 체결로 마무리되었고, 동년 10월 1일 '한미상호방위조약'이 체결됐다. 정전협정은 전쟁을 종결짓고 전쟁 이후 한반도의 분단 상황을 규정짓는 '법률적' 토대로서 중요한 의미를 지닌다.

6·25전쟁과 정전협정의 의의

1950년 6월 25일 유엔(UN) 안보리는 북한의 공격을 "평화의 파괴행위(breach of the peace)"로 규정하며 북한에게 전쟁 중단을 요구했다. 그러나 북한의 침략은 멈추지 않았고, UN은 6월 27일 "대한민국에 대한 국제원조에 관한 결의"와 7월 7일 "유엔군사령부 설치에 관한 결의"를 채택함으로써 UN의 전쟁참전을 선언했다. 한편 6월 28일 미극동군사령관이었던 맥아더가 한강방어선을 시찰했고, 이후 트루먼 대통령은 그에게 "휘하의 지상군을 한국에서 사용할 수 있는 권한을" 부여했다. 7월 8일 UN 결의에 의거하여 맥아더는 유엔군통합군사령관에 임명되었고, 미국과 UN의 전쟁 참전이 공식화됐다.

1950년 9월 15일 인천상륙작전을 전환점으로 한국군과 UN군에 불리했던 전세가 역전됐고, 10월 7일 '38선 돌파 결의안'이 UN에서 채택됐다. 북진을 통해 북한지역의 점령과 한반도 통일까지 기대할 수 있었다. 하지만 중국의 전쟁 개입으로 새로운 국면에 직면했다. 즉 중국의 참전은 전쟁을 장기화시키는 결정적인 계기가 됐다. 이로써 한국을 포함한 UN 참전국들은 전쟁의 방향을 새롭게 모색하게 됐다. 미국으로서는 '확전, 봉합, 철수'라는 새로운 국면에 직면했는데, 전쟁을 더 이상 확전시키지 않고 외교적으로 '봉합'시키는 쪽으로 방향을 잡았다. 하지만 당시 이승만 대통령은 미국의 휴전에 적극적으로 반대 의사를 표명했다. 이런 가운데 미국은 공산권과의 휴전회담을 추진했고, 1951년 7월 10일 UN과 공산권의 '휴전회담'이 개성에서 시작됐다.

주로 미국과 소련이 주도했던 휴전회담에서 '군사분계선 설정 문제, 휴전감시기구 구성 및 관련 사항, 정치회담, 그리고 전쟁포로' 문제 등이 핵심 쟁점으로 부각됐다. 이들 중 '비교적 용이한 문제'로 인식되어 합의를 기대했던 전쟁포로 문제의 해결은 쉽지 않았다. 회담은 전쟁포로에 대한 쟁점으로 인해 1952년 10월 8일 무기한 연기됐다. 1953년 4월부터 회담은 재개되었고, 5월부터 '부상포로'에 대한 교환이 진행됐다. 전쟁포로의 '자발적 송환' 원칙에 공산권측이 찬성함으로써 7월 27일 휴전협정 체결로 전쟁은 종결됐다.

정전협정의 실효성 문제

정전협정은 국제연합군 총사령관 미육군 대장 마크 W 클라크, 조선인민군최고사령관 조선민주주의인민공화국 김일성, 중국인민지원군사령관 팽덕회 3인이 서명한 회담 문건을 국제연합대표단 수석대표 미육군 중장 윌리암 K 혜리슨과 조선인민군 및 중국인민지원군대표단 수석대표 조선인민군 대장 남일이 1953년 7월 27일 판문점 회의장에서 만나 조인함으로써 효력이 발생하였다.

정전협정은 전쟁의 완전한 종결을 의미하는 것이 아닌 단순한 '적대행위'의 일시적인 중지를 의미한다. 단지 "군사적 성질에 속하는 것"일 뿐이며 정치적으로 전쟁의 완전한 종결을 결정짓는 협정은 아니다. 그렇기 때문에 정전협정 협정 체결 후 3개월 이내에 정치회담을 개최할 것을 규정했다. 그러나 실질적으로 남북한의 정치회담은 제대로 진행되지 못했다. 지난 60년 동안 정전협정은 개정되거나 소멸되지도 않았고, 게다가 평화협정의 형태로 전환되지 못했다.

한반도의 현 상황을 규정하고 있는 정전협정은 전체 5조 63항으로 구성됐다. 제1조 군사분계선과 비무장지대, 제2조 정화 및 정전의 구체적 조치, 제3조 전쟁포로에 관한 조치, 제4조 쌍방 관계 정부들에의 건의, 제5조 부칙으로 구성됐다. 정전협정 이후 3개월 이내에 한반도에서의 모든 외국군대의 철수 및 한반도 문제의 평화적 해결 등의 문제들에 대해 쌍방이 협의할 것을 담고 있다. 정전협정 중 제3조, 제4조, 제5조 사실상 소멸된 조항이고, 단지 제1조와 제2조의 조항만이 불안정한 명맥을 유지하고 있다. 제1조 '군사분계선과 비무장지대' 제1항의 "한 개의 군사분계선을 확정하고 쌍방이 이 선으로부터 각각 2km 후퇴함으로써 적대군대 간에 한 개의 비무장지대를 설정과 한 개의 비무장지대를 설정하여 이를 완충지대로 함으로써 적대행위의 재발을 초래 할 수 있는 사건의 발생을 방지한다"와 같이 비교적 유효하게 지켜지는 조항도 있다.

그러나 제1조 제15항 "본 정전협정은 적대 중의 일체 해상 군사역량에 적용되며 이러한 해상 군사역량은 비무장지대와 상대방의 군사통제하에 있는 한국 육지에 인접한 해면을 존중하며 항구에 대하여 어떠한 종류의 봉쇄도 하지 못한다"와 같이 모호하고 실효성이 제기되는 조항도 있다. 실제로 서해 해상군사분계선에 대해 북한은 동의

하지 않고 있으며, 주기적으로 도발을 감행하고 있기 때문에 서해는 한반도의 최대 분쟁지역으로 전환됐다.

평화체제 전환의 선결조건

가장 큰 문제는 정전협정 체결이후 북한의 협정 위반이 계속되고 있다는 점이다. 특히 2006년, 2009년, 2013년 3차례 북한의 핵실험과 2010년 3월 말 천안함 피격사건과 연평도 포격도발이후 실효성에 대한 의문은 더 제기됐다. 이처럼 북한의 무력도발과 최근 정전협정 '전면 부인' 발언까지 제기되면서 많은 부분에서 변화가 불가피한 시점이다.

궁극적으로 정전협정에 기반하고 있는 한반도의 정전체제가 지향해야 할 것은 평화체제로의 전환일 것이다. 평화협정을 위해 '남북신뢰회복, 교류협력확대, 경제공동체 형성, 군축' 등이 선결되어야 한다. 이를 위해 북한은 핵·미사일 실험과 개발 등 비핵화를 선언하고 6자회담으로 복귀해야 한다. 박근혜정부가 추진 중인 '한반도 신뢰 프로세스'도 이런 관점에서 중요하게 간주된다. 따라서 한반도 비핵화가 전제되지 않고 북한의 실질적인 이행단계로 전환되지 못한다면, 이른바 '남북공동번영, 평화체제 구축, 평화통일'을 달성하는 것은 불가능해질 것이다. 정경뉴스 2013년 5월

Focus 정전협정의 법적 상태

■ 주간경향 2014. 8. 5

정전협상은 전쟁 발발 1년 보름이 지난 1951년 7월 10일부터 시작됐다. 그 후 2년 뒤인 1953년 7월 27일까지 159회의 본회담을 비롯한 765회의 각종회의를 통해 마침내 협정이 체결됐다.

'정전협정'의 정식 명칭은 '국제연합군 총사령관을 일방으로 하고 조선인민군 최고사령관 및 중국인민지원군 사령관을 다른 일방으로 하는 한국(조선)군사정전에 관한 협정'이다.

남북한 정전협정의 법적 상태는 전통적으로 국제법상 정전(truce) 상태인데, 이는 유엔의 조치로서 적대행위의 일시적 중단이며 교전당사자간의 합의에 의해 적대행위가 중단되는 휴전(armistice)과는 구별된다. 정전기간이 미리 확정되지 않는 경우 상대교전국에게 통고한 후 임의로 군사작전을 재개할 수 있다. 정전기간은 적대행위의 일시적 중단이므로 법적으로 전시상태로 평화조약에 의해서만 전쟁이 종결된다. 정전협정문은 전체 5조 63항으로 구성됐다.

정전협정 63개 조항은 그 효력의 유효성 측면에서 이미 수행된 조치들로서 그 생명력이 없어진 조항, 아직도 유효하게 지켜지고 있는 조항과 정전체제를 위해 유효한 조항이지만 실질적으로 무력화된 조항으로 분류된다. 예를 들면 포로교환에 관한 조항 등은 1953년 당시 수행된 구체적인 조치들로서 그 생명력이 없어진 것들이다. 제2조 '정화 및 정전의 구체적 조치' 중 12항과 14~17항과 제3조 '전쟁포로에 관한 조치' 51~59항 등이 해당한다.

조항 가운데 이 조항이 제일 먼저 무력화되어 한반도 분단이 고착화됐다.

애초 정전협정의 이행, 실시 감독기관인 군사정정위원회(군정위)는 정전협정의 실시 감독, 위반 사건의 협의 처리를 위해 쌍방의 각 5명으로 구성된 고위급 장교들로 운영됐다. 당시 중립국감독위원회(중감위)중감위는 전쟁에 가담하지 않았던 나라들 중 유엔측이 추천한 '스웨덴과 스위스', 공산측이 추천한 '폴란드와 체코슬로바키아' 등 4개국으로 구성됐다. 군정위의 주요 임무는 정전협정의 준수를 감시하며 협정의 위반사건이 발생하면 협의하여 처리하는 실질적인 휴전관리기구이다. 그러나 이 역시 오래전에 임무와 역할이 마비되어 군사분계선만 유지되고 있다.

제15항은 북에 대하여 어떠한 해상봉쇄도 금지하도록 규정한다. "15항 본 정전협정은 적대 중의 일체 해상 군사역량에 적용되며 이러한 해상 군사역량은 비무장지대와 상대방의 군사통제하에 있는 한국 육지에 인접한 해면을 존중하며 항구에 대하여 어떠한 종류의 봉쇄도 하지 못한다," 가 포함된다. 그러나 이 부분이 상당히 파괴됐다. 육지에서의 군사분계선은 지켜지고 있지만 해상에서의 군사분계선을 정전협정이후 체결되었지만 북한은 이를 인정하지 않고 있다.

국방부의 통계자료에 따르면, 북한의 대남침투 건수는 1954년 이후 2010년까지 해상 920건과 육상 20건 등 모두 1,640여건이나 된다. 대남국지도발은 해상도발 510여건(해상교전 20여건 포함), 지상도발 470여건(포격, 습격, 납치 등 포함), 공중도발 40여건 총 1,020여건이었다.

비무장지대 역시 '중무장지대화'로 변모됐다. 그 면적도 현재 상당히 축소되어 정전협정이 체결될 당시의 91% 면적에 불과하다. 비무장지대를 표시하는 남방한계선과 북방한계선이 각각 군사분계선을 향해 9%만큼 좁아졌다. 또 제60항(평화협정체결조항)은 전쟁을 일시 중단하는 정전협정의 단점을 보완해 항구적인 평화체제로 이행하기 위한 필수적인 조항이다.

그러나 군정위 활동은 1991년 3월 유엔사측의 수석대표로 한국군 장성 황원탁 소장(한미연합사령부 부참모장)이 임명되자 북한은 정전협정 위반이라고 반대했으며 3년간 본 회담에 불참했다. 북한은 1993년 체코슬로바키아 대표단을 철수했다. 체코슬로바키아가 체코와 슬로바키아로 분리됨으로써 이들 간의 의견 불일치가 있었고, 또 북한은 1995년 폴란드 대표단을 추방했으며, 중립국감시위원단 사무실도 폐쇄했다.

북한은 판문점 공동경비구역(JSA)에 대한 접근을 금지한다는 선언을 일방적으로 발표함으로서 정전체제의 실질적인 기능이 정지됐다. 1998년 6월부터 북한의 인민군판문점대표부와 유엔군사령부 간의 장성급 회담을 통해서 군사정전회의와 관계없이 필요에 따라 변칙적으로 운용되어 왔다. 탈냉전기 국제정치적 역학관계 측면에서 볼 때 정전협정이 존속될 명분은 거의 없다. 왜냐하면 1991년 9월 남북이 동시에 유엔 회원국으로 가입했고, 전쟁 당시 적대적 참전국들이었던 러시아와 1990년 9월에 중국과는 1992년 8월 정상적인 외교관계가 수립됐다.

또 1992년 2월 남북기본합의서 5조에서 "남과 북은 현 정전상태로 남북사이의 공고한 평화 상태로 전환하기 위하여 공동으로 노력하며…"라고 합의했다. 1994년 10월 북미 간 제네바합의에서 쌍방 간에 연락사무소 개설문제를 합의하여 구체적인 실행 문제가 심도 있게 논의되기도 했다. 총연장 248km, 폭 4km의 비무장지대를 사이에 두고 한반도의 불안정한 평화가 유지되고 있다. 이른바 전 세계 역사상 이렇게 오랜 세월 정전상태가 지속되는 곳은 없다.

★ 지속가능한 한반도 평화 구축을 위해

글로벌 시대 가장 중요한 화두는 근대사회를 지탱해 온 민족국가의 쇠퇴 내지 약화였다. 자유무역협정(FTA)과 같은 글로벌 거버넌스의 확대는 근대 국제관계의 핵심 요소로서 민족국가의 '주권'을 약화시키는 것이었다. 하지만 우리가 직면하고 있는 현실은 민족적 정체성의 폭발적 분출인 것이다. 세계화의 원심력이 민족공동체의 정체성을 약화시키는 과정은 오히려 원초적 동질성에 기반을 둔 민족주의적 열정에 새로운 불을 지피는 결과를 초래했다.

2014년 소치 동계올림픽에서 잘 드러났듯이 강력하게 지속되고 있는 민족적 열정과 경쟁심이 국가적으로 얼마나 소중한 가치로 인식되고 있는지 잘 보여 주었다. 블라디미르 푸틴 대통령이 소치 올림픽에서 목표했던 것이 바로 러시아의 국익과 민족적의 우월성 과시였다. 이런 맥락에서 2014년 25주년을 맞는 독일 통일의 교훈과 시사점도 되새겨 봐야 한다. 1989년 11월 가로막혔던 베를린 장벽이 붕괴되고, 이듬해 10월 3일 동서독이 통일됐다. 통독에 이르기까지 다양한 국내외적 노력이 수반됐지만 장벽을 붕괴시킨 주역들은 민족적 통합을 꿈꾸던 양국의 젊은 청년들이었다. 1945년 분단 이후 동서독 양국 지도자들의 위로부터의 소통과 신뢰가 구축됐고 자유로운 왕래, 서신교환 등 인적 네트워크 형성이 아주 중요했으며, 주변국들의 지지 또한 유용하게 작용했다.

이런 세계의 흐름 속에서 분단된 한반도에서 살아가는 우리의 모습은 어떠한가. 강조하자면 남북한의 현실은 이런 흐름과는 너무 대조적이다. 비록 얼마 전 이산가족 상봉이 재개되고 김정은 정권은 신년부터 중대 제안을 포함한 남북 관계 개선을 언급했지만, 일련의 행태에서 정권의 공고화와 국제사회로부터 고립을 탈피하기 위한 '선택된 위장'이었음이 드러났다. 결국 북한의 변화를 속단하기는 너무 이른 것 같다. 백두 혈통임을 자랑하는 김정은은 김정일의 적통이 아닌 서자 출신이고 김정남이 적자이기 때문에 소위 '공포정치'를 통해 자신의 위상을 강화하고 있다. 북한 내부에서는 장성택 처형 이후 북한 군부에 대한 무자비한 숙청과 탈북자를 막기 위한 대규모 검열단까지 파견됐다. 또 김원홍 보위부장은 2인자 자리를 노리고 장성택 처형에 일등 공신 역할을 했지만, 처형에 대한 여론이 더 나빠지면 자신이 토사구팽당할 위기에 처할 경우 최룡해 총정치국장 등과 연합해 김정은에게 저항할 수 있다는 일종의 '백색테러' 얘기도 흘러나오고 있다. 북한 군부, 당 조직지도부, 국가안전보위부 등 실세들 간의 균열과 저항도 예상된다. 이런 불안정하고 이중적인 체제를 유지하고 있는 북한 내부의 현실을 감안해 급변사태에 다각적으로 대비해야 할 것이다.

탈냉전기 우리의 앞에 놓인 현실은 녹록지 않다. 그렇다면 정부의 전략적 선택은 무엇일까. 정부는 불핵·불용 원칙의 '비핵화 로드맵'을 일관되게 고수해야 하며, 갈수록 잔인해지고 있는 북한 내 인권탄압 역시 더이상 묵인해서는 안 될 것이다. 특히 정부는 한반도의 지속가능한 평화와 안정을 구축하기 위해 국내외적으로 많은 노력을 진행 중인데, 남북한 관계의 근본적인 개선을 위해 북한의 군사도발을 억제하고 군사대비 태세를 강화하면서 인도적 차원의 교류와 지원을 점진적으로 확대해야 한다. 미국과 중국 등 주변국과의 실질적인 공조 체제를 통해 북한 문제와 비핵화에도 더욱더 주력해야 할 것이다. 서울신문 2014. 3. 3

Focus 러시아의 소치 올림픽 게임

소치는 러시아의 남서부흑해(黑海) 해안에 위치한 휴양도시로 러시아인들과 유럽인들에게 인기 있는 휴양 도시다. 소치는 겨울에도 따뜻하고, 아열대성 식물이 자라고, 흑해 해안을 따라 145km 뻗어 있는 자연도시로 카프카스의 산맥의 서부 기슭에 자리 잡고 있다.

■ marke.tistory.com/3707

휴양지로 개발되기 시작한 것은 1902년부터다. 수많은 광천, 해안과 산의 절경, 긴 해변, 온화한 날씨 등 소치의 대표적인 온천지역은 마쩨스타로 불리는 유황 온천이다. 이곳은 피부질환이나 심장질환자들이 많이 찾고 있다. 소치는 인구 약 33만 명의 도시로 1980년 모스크바(하계올림픽)에 이어 2014년 제22회 동계올림픽경기대회가 개최됐다. 러시아는 소치 동계올림픽 개최를 위해 피시트 올림픽경기장, 볼쇼이 아이스돔, 샤이바 아레나 등 11개의 스포츠 경기장을 건설됐다. 대회 준비에 무려 500억 달러(약 54조원) 이상을 투입했다. 소치 동계올림픽에는 15개 종목(98개 세부 종목)에 역대 최다인 88개국, 2900여명의 선수가 참가했다.

대회 공식 슬로건은 '뜨거움, 차가움, 그대의 것(Hot, Cool, Yours)'이었다. 뜨거움(Hot)은 상대적으로 따뜻한 소치의 날씨와 참가자들의 열정을, 차가움(Cool)은 추운 겨울에 벌어지는 동계스포츠를, 그대의 것(Yours)은 선수들만의 경기가 아니라 모두가 함께 즐기는 대회가 되기를 바라는 마음을 나타냈다. 공식 마스코트는 북극곰(The Polar Bear), 토끼(The Hare), 눈표범(설표 The Leopard)이었다.

★ 정보화 시대, 국제적 수준의 정보기관의 중요성

북아일랜드공화국군(IRA) 소속 테러리스트들의 활동과 이를 저지하는 영국정보국 MI-5(Military Intelligence Section 5)에 대해 전 세계적으로 관심을 끌게 한 영화, '섀도 댄서'(Shadow Dancer)가 상영된 적이 있다. 이 영화는 국가 간의 '이념과 갈등' 상황 하에서 어머니이자 개인으로서 가족을 위해 겪을 수밖에 없는 강한 모성애와 비극적인 상황을 잘 그려냈다.

이처럼 영국을 대표하는 정보기관인 MI-5는 주로 국내 정보를 담당한다. 1992년 세계정보기관으로는 최초로 여성 총수 스텔라 리밍턴이 취임했는데, 그는 오랜 전통을 깨고 주요 활동을 알리는 기자회견에서 35쪽짜리 소책자를 소개했다. MI-5에 대한 "갖가지 오해와 억측을 해소하고, 알릴 것은 과감히 알려 업무와 관련한 불필요한 오해를 사지 않고, 본래의 역할과 기능에 충실하겠다"는 조치에 따른 것인데, 우리에게 많은 점을 시사해 준다.

특히 2001년 9·11 테러의 영향으로 MI-5 외에 미국의 NSA, 프랑스의 DST, 캐나다의 CSIS, 호주의 ASIO, 러시아의 FSB 등 오늘날 대다수 국가들의 정보기관은 테러리즘에 대한 정보수집·분석·평가 및 보급에 주력하고 있으며, 이로써 정보기관의 영역이 더 확장됐다. 자국민 안전과 정치 및 안보환경 변화에 따라 이들 정보기관이 통폐합·보강되고 있다. 또 전 세계적으로 테러가 확산되면서 한 국가에 대한 위협이 더 이상 국내문제에 국한되지 않기 때문에 이들 국가 간의 해외 방첩활동에 대한 정보 협조가 글로벌 차원에서 이뤄지고 있다.

그런데 우리 실정은 어떠한가. 대표적인 정보기관인 국가정보원(NIS, 약칭 국정원)은 1999년 1월 출범했다. 그동안 중앙정보부(1961년)로 출발하여 안전기획부(1980년)를 거치면서 민주화 및 대북 위협과 안보 환경변화에 의해 역할과 임무도 강화되고 변화됐다. 국정원 역시 다른 국가의 정보기관처럼 21세기 초국가적 위협이 증대하고 있는 안보 상황을 감안해 '테러 · 마약 · 기술 보안' 등 업무도 취급하지만, 한반도 국가안보 최대 위협 요소인 북한에 대한 정보수집이 가장 중요한 업무로 꼽힌다.

이른바 댓글의혹 사건으로 인해 일부에서 '국정원 국내파트' 해체 주장이 제기됐는데, 이것은 국정원 고유의 기능 훼손과 국가안보 자체를 뒤흔드는 어불성설로 간주된다. 어느 특정 정당이나 정치세력에 의해 국가정보기관의 본래 기능과 조직이 좌지우지되어선 안 된다. 국정원 개혁은 국가안보와 국익을 최우선하는 본래의 역할에 의해 재정립돼야 한다. 국정원 개혁방향에 대해 각계각층에서 의견들이 나오고 있다. 과거 잘못을 되짚어 보고 발전적인 대안을 찾아가는 과정에서 다양한 의견은 반드시 필요하겠으나, 뚜렷한 대안도 없이 비전문가들이 조직 해체 등을 운운하는 것은 빈대 잡자고 초가삼간을 태우는 격이나 다름없을 것이다. 이런 점을 감안해서 국정원 개혁은 수십 년간 노하우를 쌓아온 정보 전문가들에게 맡기는 게 옳지 않을까 싶다. 모쪼록 국정원은 이번 국정조사를 계기로 향후 정치 개입 배제와 국제적 수준의 정보기관화를 추구해야 한다. 아울러 북한의 계속된 도발 위협과 사이버 테러 같은 초국가적 위협으로부터 국가안보와 국민의 안전을 잘 지켜내기 위해 정체성 확립과 정보역량 강화에만 주력할 수 있기를 기대해 본다. 서울신문 2013. 8. 12

★ 국가정보기관의 '융합 컨트롤타워' 시대

21세기에 도래한 글로벌 시대를 혹자는 이렇게 표현했다. "1990년대 초반 구소련의 붕괴와 동유럽 공산주의 국가들의 몰락에 따른 글로벌 시대의 도래는 전 세계적인 추세이기 때문에 우리의 선택 사항이 아니다." 국가 간 이념대결보다는 경제 발전과 물질적 풍요, 정보기술(IT)의 확산과 글로벌 기업의 역할 증진, 복지사회와 융합문화 구축 등에 더 많은 투자와 집중을 하는 것이 요즘 추세다.

그럼에도 불구하고 정치적으로 국경은 여전히 존재하고, 전통적인 안보 위협과 비대칭·포괄적 안보 위협을 피해갈 수 없기 때문에 '통합적인 안보와 정보라인' 구축이 중요해지고 있다. 동북아시아 지역도 예외가 아니다. 최근 중국은 국제적 위상이 증대됨에 따라 대내외 안보 사안에 신속하고 효율적으로 대처하기 위해 국가안전위원회(NSC)를 설치했다. 시진핑 국가주석이 의장을 맡고 있으며, 외교부와 군·국가안전부·공안 등 관련 기관을 통합해 국가안보 이슈를 종합적으로 관리하는 데 중점을 두고 있기 때문에 권한과 조직이 방대해진 것은 자명한 사실이다. 한마디로 주요 국가안보 이슈를 종합적으로 처리하는 사령탑인 셈이다. 일본 아베 신조 정권의 움직임도 만만치 않다. 일본판 NSC인 국가안전보장회의를 설립했다. 역시 안보 위협에 대응하기 위해 총리가 의장을 맡고, 정보기관의 통합관리 측면에서 외교·안보 분야를 중심으로 중장기 국가전략 수립과 위기관리, 정보 집약 등 효율적인 국가정보 활동을 추진한다. 또 긴밀한 공조를 위해 미국과 영국의 NSC를 전용회선으로 연결하는 '핫라인'을 설치하고 정례 협의를 개최할 예정이며, 프랑스, 독일, 인도, 호주, 러시아 등과도 핫라인 개설 협의에 착수할 계획이다. 앞으로 내각 관방(총리 비서실 성격) 산하에 사무국 성격의 국가안보국도 신설된다고 하니 일본의 정보기관 융합은 실로 최고 수준으로 변모될 것이다.

잘 알려진 대로 미국은 중앙정보국(CIA), 연방수사국(FBI)과 같이 이원화된 정보활동으로 인해 국가안보 수호에 실패(9·11 테러)한 경험 이후 국가정보장실(ODNI)을 신설(2004년 12월)하여 국가정보를 통합적으로 관리 중인데, 러시아와 남아프리카공화국, 스위스도 국내외 정보기관을 통합했다. 그렇다면, 왜 이렇게 많은 국가들이 통합정보기관을 운영하려는 것일까. 글로벌 시대는 각종 초국가적 위협이 대두하는 '포괄적 안보시대'에 직면해 있기 때문에 단편적인 정보만으로는 선제적이고 종합적인 판단 및 대응이 불가능하다. 즉, 국내외 분리 시 정보기관들의 원활한 정보 공유가 어렵고, 정보판단의 불일치와 과잉경쟁에 따른 정보 왜곡 등이 발생할 수 있다. 이런 점을 사전에 방지하기 위해 외국의 주요 정보기관들은 국내외 정보기관을 분리 운영했지만, 그간의 경험과 시행착오를 토대로 기관 간 유기적 협력을 위해 새로운 '융합 컨트롤타워'를 신설하거나 기존 정보기관들의 조정 및 통합을 강화하고 있는 추세인 것이다.

이 같은 국내외 통합적이고 경쟁적인 안보라인과 정보 구축이 분단국가인 우리에게 주는 의미와 시사점은 크다. 현재 국가정보원의 문제가 되고 있는 민간인 불법사찰과 선거 개입은 엄정 차단해야겠지만 북한의 대남 사이버심리전 강화 추세와 주변국들의 체계적이고 통합적인 안보 강화 측면을 고려해 본다면 오히려 정보기관의 개혁을 빌미로 우리의 정보역량을 약화시키지 않아야 하며, 국익 증진 차원에서 융합 컨트롤타워 시대를 적극 준비해야 한다. 서울신문 2013. 12. 16

Focus 중국의 국가안전위원회(CNSC)

■ http://blog.daum.net/shbaik6850/16548635

중국 국가안보 중장기 종합전략 수립 및 총괄 지휘하는 기구다. 미국의 국가안전보장회의(NSC)를 모델로 '중국판 NSC'로 막강 권력기관이다. 중국은 2013년 11월 12일 폐막한 제18기 중앙위원회 제3차 전체회의(3중전회)에서 국가안전위원회를 설립하기로 했다. 중국의 국제적 위상이 커지면서 대내외 안보사안에 신속하고 효율적으로 대처할 필요가 제기됐다. CNSC는 중장기적인 안보전략 연구, 전략수립, 기존 안보기구 업무조정, 총괄기능으로 고효율과 신속한 위기대응을 담당한다. 항모, 핵잠수함, 스텔스 기능을 갖춘 5세대 전투기 등 중국이 국가안보를 위한 하드웨어 외에 CNSC는 일종의 소프트웨어를 담당한다. 중국은 외교부와 군, 국가안전부, 공안 등 관련 기관을 통합, 국가 안보 문제를 종합적으로 처리하는 사령탑이다.

★ 예측 불가능한 독재 권력의 '붕괴'

1989년을 기점으로 소련을 비롯한 동유럽 사회주의 국가들이 민주주의 체전 전환을 경험했다. 당시 사회주의 종주국 소련이 붕괴됐을 때 많은 소련 전문가들은 '맨붕'에 빠졌다. 그렇게 빨리, 갑작스럽게 몰락할 줄 몰랐기 때문이다. 당시 소련 전문가들의 대부분은 소련체제가 '견고하다'는 평가를 내리고 있었다. 또 24년 동안 차우셰스쿠의 독재통치하에 있던 루마니아는 만성적인 식량부족과 실업으로 인해 민주화에 대한 요구가 높아졌다. 차우셰스쿠와 부인은 민중봉기로 인해 1989년 12월 25일 공개 처형됐다. 탈냉전기 리비아 사태도 이런 예측 실패에 속한다. 대부분의 중동 전문가들은 카다피 독재가 그렇게 쉽게 무너지리라고는 예상하지 못했다. 철통같이 견고해 보였던 독재체제가 몰락하는 것은 한순간이었다. 문제는 그런 독재체제 붕괴의 시점을 정확하게 예측하기 어렵다는 것이다.

이와 같은 역사의 교훈처럼 북한 역시 예외가 아니다. 매우 견고해 보이고 상당 기간 지속될 것처럼 보이지만, 구소련이나 루마니아와 리비아처럼 언제 붕괴될지 알 수 없는 매우 위험한 정권인 것이다. 이미 국내외 수많은 북한 전문가들은 북한의 급변사태 징후를 다양하게 지적했다. 즉 김정은 집권 이후 북한 내 권력 판도가 심상찮게 진행되고 있는 것이다. 2013년 12월 권력 2인자였던 장성택 처형 이후 '최고 존엄'의 핵심권력에 미묘한 양상이 감지되고 있다. 일명 '혁명1세대'의 적통이자 전 조선인민군 총정치국장인 최룡해는 최고 핵심권력으로 부상했지만 노동당 비서로 임명돼 서열이 추락했다. 그는 당뇨나 과로 합병증 등 건강상 이유로 실각했다고 하지만 실상은 장성택의 전철을 밟을까 두려워서 스스로 전략상

퇴진하는 수순을 밟았다.

게다가 돈과 여자 문제가 깨끗하고 충성심 강하고 핵·미사일 개발 의지가 뚜렷하다고 알려진 새 조선인민군 총정치국장 황병서는 2010년 군 인사권 장악을 넘어 김정은 주변 측근들을 자기 사람으로 채우고 있다. 마치 김정은 중심의 1인 독재 지배체제의 강화로 보이지만 어리석게도 김정은은 장성택을 처형하고 최룡해마저 물러나게 해 황병서 견제세력을 제거해 버렸다. 북한 내 고위 당정 간부들에 대한 계속되는 숙청과 실세권력의 잦은 교체과정이 이어지고, 권력의 중추기관인 국가보위부가 흔들리고 있는 상황이 지속된다면 황병서가 주축이 돼 당·정·군에 포진된 지지 세력을 규합해 집단지도체제 구축을 시도할 수 있을 것이다. 결국 김정은파와 권력투쟁 같은 '돌발사태' 가능성을 배제할 수 없고 체제불안이 야기될 경우 추가도발도 우려된다. 김정은은 김일성이나 김정일보다 더 즉흥적이고 변덕스럽고 잔인하다는 점 등에 비춰보면 이런 분석은 상당한 설득력을 갖는다.

2014년 4월은 그야말로 잔인한 달이었다. 온 국민을 애통함과 분노에 사로잡히게 했던 세월호 참사는 우리 사회에 무사안일주의와 안전 불감증이 얼마나 만연해 있는가 하는 점을 뼈저리게 느끼게 해줬다. 세월호 참사가 일상적 안전에 대한 무감각이 빚어낸 비극이라 한다면, 북한체제의 안보위기에 대한 우리의 불감증은 또 다른 비극의 원인이 되지 않을까 하는 염려를 지울 수 없다. 정부는 예기치 못한 급변사태에 의한 김정은 정권의 붕괴 가능성이 늘 열려 있음을 잘 인식하고 철저한 대응을 해야 할 것이다. 서울신문 2014. 5. 26

Focus 세월호(Sewol) 침몰사건

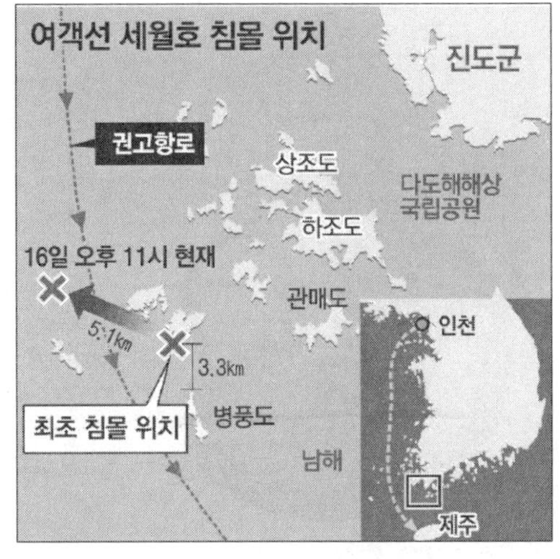

■ http://m.blog.naver.com

세월호는 2014년 4월 16일 진도군 해상 에서 침몰한 여객선이다. 1994년 6월 일본에서 건조된 후 18년 운항하다가 2012년 9월 퇴역했다. 청해진해운이 2012년 10월 중고로 도입하여 개수 작업을 거친 후 2013년 3월부터 인천-제주 항로에 투입하였다. 세월호의 이름은 '세상(世)을 초월(越)한다'는 뜻을 담고 있다.

인천발 제주행 국내선 여객선 세월호가 침몰한 사고 발생 해역은 맹골수도가 위치한 곳이다. 전라남도 진도군 조도면 맹골도와 거차도 사이인데, 이곳은 이순신 장군이 명량대첩을 승리로 이끈 울돌목 다음으로 조류가 센(최대 6노트) 지역이다. 이 사고로 294명이 사망하고 10명이 실종되었다. 세월호에는 단원고등학교 2학년 학생 325명과 선원 30명 등 총 476명이 탑승하였다고 알려졌다. 사고 발생 초기 침몰된 세월호 부근에서 선박을 통한 해상구조와 헬기를 통한 공중 수색구조와 초동구조에 민간 어선들이 큰 역할을 했다.

★ 다자안보대화체 서울안보대화(SDD)의 발전을 기대하며

■ http://blog.naver.com/sej949/220065183056

정부가 처음으로 주도하는 최초의 고 위급 연례 다자안보대화체인 제1회 서울안보대화(SDD: Seoul Defense Dialogue)가 2012년 11월 15일과 16일 이틀간 열렸다. 주요 슬로건은 "안보와 평화를 위한 협력(Cooperation for Security & Peace)"과 대주제는 "더욱 안전한 아태 지역 을 위한 협력: 과제와 해법"이었다.

우리가 주도하는 첫 다자안보회의가 열렸다는 점에서 큰 의의가 있다. 아태지역 내 다자안보대화 활성화에 기여하고 안보협력과 다자간 신뢰구축을 위해 최초로 역내 국방차관이 참여하는 SDD가 출범했다.

SDD의 출범과 기대효과

참가국의 면면을 보면 다음과 같다. 우선 미국, 일본, 중국, 러시아 등 15개국과 북대서양조약기구(NATO), 유럽연합(EU) 등 2개 국제기구의 국방 차관급 인사가 참가했다. 기조연설의 이슈는 '아태지역 공동안보 도전과 대량살상무기(WMD) 확산,' '사이버 위협의 실태와 대응 방안' 등 2개 주제로 나눠 이용걸 국방부차관 등 총 8개국과 1개 국제기구 대표의 기조연설과 16일 2개국과 1개 국제기구 대표가

'국방운영의 효율화'를 주제로 다양하게 이어졌다.

발제문 발표는 세 개의 세션으로 나눠졌다. 제임스 프리스텁 미국 국가전략연구소 책임연구위원의 '동북아시아의 대량살상무기 확산 문제'와 왕 위조우 중국 베이징대 교수가 '한반도 평화와 안정 증진 방안' 발표를 시작으로 임종인 고려대 정보보호대학원장이 '사이버위협의 실태와 대응 방안', 일본의 모토히로 스치야 게이오대 교수가 '일본의 사이버 보안과 정보활동'을 발표했다. 한편 2일차에는 드미트리 트레닌 러시아 카네기 모스크바 센터장과 독일의 안보전문가인 헤이크 보르헤르트가 '국방운영의 효율화'가 이어졌다. 이번 SDD를 통해 동북아 안보와 관련한 논의와 공식 대표단의 기조연설과 민간 안보전문가의 창의적이고 전문적인 지식을 공유하고 심도 있는 대화를 통해 안보 현안에 대한 폭넓은 대안을 얻을 수 있는 기회가 되었다. 또 참가국들의 양자접촉도 중요한 역할을 했다. 공식 개막 하루 앞서 14일부터 참가국 대표들은 양자회담을 통해 공동의 안보관심사를 논의하기 시작했다. 역내 평화 증진 방안에 대해 의견을 교환했다.

SDD는 아태지역 다자안보 대화체로 격상

이번 회의의 가장 중요한 것은 다자간 군사적 신뢰 구축 위해 역내 최초 각국 국방차관이 참여해 한반도 안보상황에 대해 논의하게 되었다는 점이다. 그밖에 대표적인 아태지역 다자안보포럼은 1994년 시작된 아세안 지역안보포럼(ARF)을 포함해 일본의 동경방위포럼(TDF · 1996)과 싱가포르의 샹그리라 대화(Shangri-La Dialogue, 2002), 베트남의 아세안 확대 국방장관회의(ADMM-Plus, 2010년), 인도네시아의 자카르타 국제국방회의(JIDD, 2011년) 등이 있다. 그동안 정부는 이런 안보대화에 참석해 우리의 입장 지지를 요청했다. 그러나 이제 SDD를 출범을 통해 우리가 회의의 방향을 주도적으로 이끌고, 북한의 위협 평가 및 안보환경 개선과 관련한 이슈를 논의하는 자리가 마련된 것이다.

향후 SDD는 "안보적 측면에서 아태지역에서 한국의 위상 강화와 역내 국가들의 다자간 신뢰 구축"과 한반도 안정에 필수적인 국제사회의 이해와 협력에 중요한 역할을 할 것이다. 국방부 자료에 따르면 SDD의 파급효과를 좀 더 구체적으로 정리해보면 다음과 같다. 첫째, 분단국가인 한국이 주최하는 다자안보대화체를 통해 한반도 안보 상황에 대한 국제사회의 이해와 협력을 제고함으로써 한반도의 평화와 안정에 기여할 것이다. 둘째, 아태지역 국가들의 공동 안보관심사를 논의하고 공동의 안보위협에 대한 해결책을 모색하는 대화의 장을 마련함으로써 역내 다자안보협력 발전에 기여할 것이다. 셋째, 역내 주요국가가 참여하는 고위급 다자안보회의를 설립·운영함에 따라 국제 안보분야에서도 대한민국이 보다 적극적이고 긍정적인 역할 수행 및 기여할 것이다. 마지막으로 차관급 고위 당국자들간의 다자안보대화체는 정무적 차원과 실무적 차원에서 안보현안에 대해 논의함으로써 보다 실질적인 성과로 이어져야 할 것이다.

이처럼 SDD는 한반도를 포함한 아태지역의 안보환경 개선과 다자간 군사적 신뢰구축을 목적으로 차관급 국방관료와 민간 안보전문가가 참석하는 대화체다. 한반도와 동북아에는 북한의 위협만 있는 것이 아니다. 미중 패권 갈등, 중일 영토분쟁, 과거사 문제 등 갈등요소가 내재한다. 급속한 군비증강으로 WMD 확산과 사이버 위협도 더 확대되고 있다. SDD가 이런 안보 상황 하에서 한반도와 동북아 평화와 안정을 주도하는 역할을 해야 할 것이다. 개별 국가가 해결할 수 없는 포괄적·비전통적 안보 위협이 커지고 있기 때문에 현실적인 이슈를 논의하고 방안을 모색하는 다자안보협의체가 절실한 시점이다. 싱가포르는 지난 2002년 '샹그릴라 대화를 창설됐다. 이는 아시아안보회의로도 불리며 미국, 중국, 일본, 러시아 등 28개국 외교안보 정책 결정자들이 매년 아태지역의 외교안보 관심사를 논의하는 다자대화체다. 싱가포르는 이를 통해 소국의 한계를 극복하기 위해 평화유지, 환경, 지속 가능한 발전, 해양법 등 여러 분야의 적극 활동을 통해 UN과 77그룹, 소규모 국가 그룹 등 외교적 역량을 과시하고 있다. 또 미군의 동남아 지역 주둔 지지 등 미국의 안보 역할을 지지하며 아·태지역 안보협력 강화와 동남아지역 포럼과 국가연합 국방장관 회담 등을 통해 지역 안보와 신뢰 구축을 추구하고 있다.

이런 점을 감안해 볼 때 향후 차관급 다자대화인 SDD는 역내 안보문제를 논의하고 방안을 모색하는 실질적인 협의체로 발전되어야 한다. 한국의 무형의 국방력 확대와 국가 위상 강화에 한층 강화와 역내 다자안보협력 발전에 많은 기여를 해야 한다. SDD가 샹그릴라 대화처럼 명실상부한 다자안보 협의체로 부상했으면 한다. 싱가포르는 이를 통해 국익 증진과 국가 위상 강화 효과도 달성하고 있음을 유념해야 한다. 따라서 전문가들과 언론에서 지적했듯이 정부와 국방부는 ADMM-Plus와 JIDD에도 더 많은 관심과 필요성을 인식해야 할 것이다. 정경뉴스 2012년 12월

Focus 성공적인 서울안보대화와 다자안보의 중요성

■ http://blog.daum.net/shbaik6850/16548608

2013년 11월 초 국방부가 주최한 제2회 서울안보대화가 성공적으로 개최됐다. 이번 회의 주요 슬로건은 "안보와 평화를 위한 협력" 이었다. 최근 안보의 개념은 경제, 사회, 환경 등을 포괄하는 영역으로 확장되고 있다.

테러와 대량살상무기(WMD) 확산, 대규모 재난 같은 초국가적인 위협등 다양해짐에 따라 다자간의 대화와 협력이 아주 중요해졌다. 21개국 및 3개 국제기구가 참석했다. 차관급은 12명이 참석했다. 2012년 성과를 바탕으로 한반도의 안보에 영향을 미치는 아·태지역 주요 국가와 국제기구들도 다양하게 초청됐다. 아세안 4개국(미얀마, 캄보디아, 브루나이, 라오스)과 몽골, UN 및 UN 안보리 상임이사국인 영국이 추가로 포함됐다. 제1세션의 주제는 동북아 평화·협력과 아·태지역 포괄안보, 제 2세션에서는 글로벌 비확산과 국제사회의 역할에 집중됐다. 제3세션은 국가 사이버안보 거버넌스 내에서의 군의 역할에 집중됐다. 제4세션은 사이버안보에서의 국제규범 발전 방향에 대해 모색됐다. 제5 세션은 국방예산 제약 하에서의 국방 기획이었다.

가장 관심을 모은 분야는 사이버안보 이슈였다. 국방부는 서울안보대화 산하에 역내 사이버 안보 이슈를 논의할 사이버워킹그룹 설치와 자문을 위한 전문가 그룹과 행정적 지원과 의제 조율을 담당하는 사무국 설치의 필요성을 제기했다. 제2회 서울안보대화를 통해 한반도와 아·태지역의 평화와 안정을 도모하고 아·태지역내 권위 있는 다자안보대화체로 그 위상이 확고하게 정립되는 계기가 되었다는 평가를 받았다.

제 3 장

북한 실상과 대북정책의 방향

★ 사이버 안보 흔드는 북한의 심리전

북한이 최근 군사활동을 강화하고 추가 핵실험 조짐까지 보이며 도발위기가 고조되고 있다. 이런 가운데 2013년 2월 25일 박근혜 대통령의 '국민행복시대'가 본격 개막했다. 이날 박 대통령의 27쪽 분량의 취임사를 보면 약 15% 정도가 외교안보로 안보 분야에 중점을 둔 점을 상기해 볼 필요가 있다. 특히 북핵 위기를 비중 있게 언급하면서 국민생명과 국가안전에 대한 위협을 용납하지 않겠다는 의지를 분명히 했다.

그런데 박 대통령 취임식 전날 북한 조선중앙 TV는 스포츠 소식을 전하면서 핵보유국이라는 용어를 사용했다. 핵보유국 표현은 노동신문 등 신문 매체에서도 되풀이됐다. 북한 매체가 하루에 이 용어를 사용한 횟수가 무려 10여 차례나 됐다. 평소 하루 한두 차례에 불과하던 북한의 핵보유국 표현이 3차 핵실험 이후 갈수록 노골화하는 모습이다. 이것은 국제사회로부터 사실상의 핵보유국 지위를 인정받으려는 의도로 풀이된다. 이어 김정은의 대남 압박 성격을 띤 잇단 군부대 시찰이 포착되고 있다.

여기서 끝이 아니다. 북한은 눈에 보이지 않고 식별이 어려운 인터넷을 통해 유포되는 사이버 형태로 우리 사회를 기묘하게 혼란시키며 파고들고 있다. 과거 1970~80년대 학창 시절을 보낸 중・장년층에게는 아마 비슷한 경험이 있을 것이다. 북한이 풍선을 이용해 남쪽으로 날려 보낸 선전용 전단(삐라)를 주워다가 초등학교나 동네 파출소에 갖다 주면 공책이나 연필과 같은 학용품을 받았던 기억이 가끔 새롭다. 당시 북한의 전단은 주로 지상낙원이라면서 월북을 종용하거나 대통령과 정부정책을 비난하고 한미 양국을 이간하는 내용 등이 주를 이뤘다. 이런 북한 전단이 2000년대 중반부터 사라졌던 것 같다.

그러나 이제 북한은 인터넷 매체의 익명성과 빠른 전파력을 이용해 정부 정책은 물론이고 민생과 지역 현안까지 그 대상에 제한을 두지 않은 채 우리 국민이 쓴 것으로 위장까지 하면서 사이버 내부를 헤집고 있다. 안타깝게도 요즘 돌아가는 상황이 심상치 않은 것 같다. 잘 알려진 대로 북한은 통일전선부와 같은 대남공작기구에 사이버 전담부서를 설치해 '댓글팀'까지 운영하고 있다. 심지어 국내에서 입수한 개인정보를 활용해 국내 포털 사이트 등에 회원으로 가입한 뒤 온갖 유언비어와 흑색선전을 확산해 국론분열과 사회교란을 부추기고 있다.

최근 언론보도에 따르면 김정은은 지난해 '조국통일을 위한 싸움에서 적(敵) 와해 사업의 의의와 중요성을 인식하고 적공(심리전) 부문 싸움준비를 철저히 갖출 것'을 지시하면서 대남 심리전의 강도를 더욱 높일 것을 주문했다고 한다. 만약 강도 높은 북한의 선전선동을 방치한다면 우리 사이버 공간은 북한이 유포한 유언비어 각축장이 될 것이다. 따라서 군을 포함한 정보기관은 국가안보를 위해 필요한 모든 역량을 기울여 만반의 태세를 갖춰야 할 것이다.

세계일보 2013. 3. 6

Focus 북한의 사이버테러(Cyber Terror)

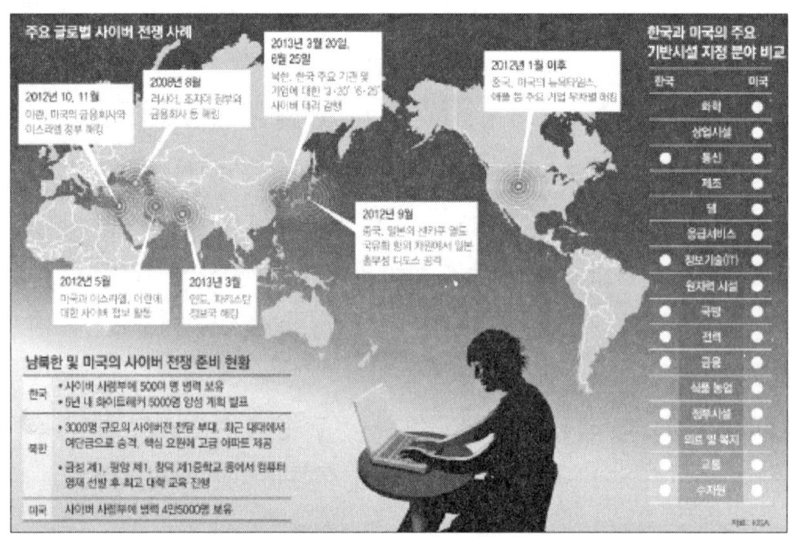

■ 동아일보 2013. 9. 23

북한은 1995년 대남 공작부서 내에 첫 사이버테러 부서를 조직했다. 그 후 디도스(DDos · 분산서비스거부) 공격과 악성코드 유포, 해킹 등 북한 의 사이버위협과 테러 강도가 강화되고 있다. 남한의 IT 및 네트워크의 구성과 관리 실태를 면밀히 조사하고 방대한 정보자료를 축적해왔다.

그 대표적인 사례가 2005년 1월 25일의 인터넷대란, 2009년 7월 7일의 디도스 공격, 2011년 농협 전산망 해킹사건, 2011년 3월 14일 청와대 전산망 공격 등이었다. 북한은 철저한 영재교육으로 사이버테러단을 양산하고 있다. 북한의 사이버테러 요원들은 중국이나 제3국에서 인터넷 회선을 비밀리 연결하거나 IP를 도용해 사이버테러를 감행하고 있다. 해킹 정보를 광디스크에 담아 평양으로 가져가고 있다. 네트워크에 대한 연구와 사이버테러 훈련이 미약한 편이다. 북한은 열악한 인터넷 환경 속에서도 사이버테러 요원 수를 3000명 등으로 확대하고 대남 모략의 총본산인 정찰총국에 사이버국(기술국)을 설치했다.

사이버테러 부대를 정규군으로 개편하는 등 전력 증강의 중요한 핵심이 됐다. 우수한 영재소년들을 평양 금성 1, 2 중학교를 중심으로 사이버테러를 전담하는 '정보전사'로 육성하기 위한 조기교육을 실시 중이다. 이들을 김책공업종합대학과 이과대학, 미림대학을 비롯한 IT 중점 대학교에서 속성반 교육이 진행된다. 이처럼 조기 대학 졸업을 통해 중국과 유럽의 대학으로 유학을 보내 네트워크와 해킹프로그램 코딩 기법들을 익힌다. 사이버테러 부대에 '최고사령관의 별동대'라는 칭호를 부여하고 각종 특별 지원을 한다.

한국 내 국가 산업 전반을 파괴할 수 있는 스텍스넷 공격에 중점을 두고 있다. 스텍스넷 공격은 국가 주요 기반시설과 같은 산업시설들을 파괴할 수 있는 정교한 사이버테러 기술이다. 즉 산업설비들을 제어하는 컴퓨터에 바이러스 형태의 악성코드를 이식해 컴퓨터 제어체제 기능을 공격하는 것이다.

★ 북한 3차 핵실험은 자멸의 길

2013년 1월 중순 유엔 안보리 대북제재 결의안 2087호 채택에도 북한의 3차 핵실험은 실질적인 행동으로 진척되고 있다. 이미 북한 국방위원회가 성명에서 '3차 핵실험 강행의지'라는 높은 수준의 대응을 선언했고, 김정은은 '중대조치 결심' 표명과 '전인민적 핵실험 여론 수용'을 언급하면서 한반도를 위협했다. 이어 동년 1월 말 김정은은 계엄령까지 선포하고 풍계리 핵실험장 등을 점검한 후 강행 지시도 내렸다.

이렇게 되면 2005년 9 · 19 공동선언은 무용화되며 북핵의 불능화 · 폐기는 어려워 보인다. 과거 두 차례(2006년, 2009년) 핵실험에서 이용했던 플루토늄 아닌 고농축우라늄(HEU)을 시험할 것이다. 게다가 장거리 미사일 탑재에 가능한 핵폭탄 소형화와 핵융합 등 HEU를 활용한 핵무기 기폭장치의 성능 기술을 선보일 것으로 예상되는 만큼 북핵 문제는 새 국면을 맞는다. 이처럼 북한은 평화적 대화와 핵개발 중단을 선택하기보다는 '자주권을 내세워 핵무장을 정당화하고 폐쇄적 독재체제'를 지키기에만 급급하다. 북한의 핵실험 감행은 '평화적 인공위성'을 쏘아 올리기 위한 수단으로 장거리 로켓을 발사한 것이라는 그들의 주장이 자기모순임을 국제사회에 재천명하는 것이다. 아울러 국제사회의 강력한 우려와 경고에도 북한이 추가 핵실험을 감행한다면 안보리 결의안 2087호를 명백히 위반하는 것이다. 결의안의 가장 핵심 부분인 북한의 추가 핵실험 도발이나 미사일 발사 감행 시 '중대한 조치'를 취할 수 있는 '자동개입 조항(19항)'이 명시됐다는 점을 북한은 명심해야 한다.

현실적으로 북한은 중국의 시진핑 출범이후 대북정책의 변화를 신중히 고려해야 한다. 중국은 북한의 무력도발과 추가 핵실험 감행 시 원조를 줄이겠다고 밝혔고, 핵실험 이후의 파장에 대한 강력한 메시지를 전달하고 있다. 계속해서 국제사회는 북한의 핵실험이나 미사일 발사는 더 이상 좌시하지 않겠다는 '엄중한 경고 메시지'와 고강도 제재가 뒤따를 것임을 명백히 해야 한다. 특히 한미일 3국은 '방코델타아시아(BDA)식'의 강력한 금융제재와 해운 제재 방안 등 실질적인 공조방안에 더 주력해야 한다. 무엇보다도 한국은 미국과의 양자 대북제재 방식을 고려해야 한다. 즉 미국 오바마 2기 신행정부와의 한미 동맹을 더 돈독히 하고 미사일방어(MD)체제 동참 여부와 '전술핵재배치' 추진 등 안보역량 강화에 총력을 기울여야 한다.

정권 출범을 앞둔 박근혜 정부는 북한의 군사적 도발에 확고한 대응태세 유지와 김정은 정권의 실체를 국민에게 올바르게 인식시킬 뿐 아니라 안보역량 강화에 더 주력해야 할 것이다. 또한 북한이 한반도에 위기를 조성하고 국제사회의 평화를 위협하는 행동은 자살행위임을 깨닫도록 해야 한다. 북한이 또다시 핵실험을 강행하도록 놔둬선 안 된다. 서계일보 2013. 2. 1

Focus 유엔의 대북제재안 결의안 2087

유엔 안보리 새 결의안 무엇이 달라졌나

	기존	새 결의안
전체적 표현	▶ '장려한다' '요구한다' 등 권고적 표현 다수	→ '해야한다' '~하기로 결정한다' 등 의무적 표현 다수
北 금융기관에 대해서	▶ 감시·주의 강화 요구	→ 의심스러우면 거래 금지 요구
北 관련 선박 검색 거부 시	▶ 제재위에 기록	→ 각국에 입항 금지 의무화
北 관련 의심 항공기에 대해서	▶ 언급 없음	→ 이착륙 및 영공 통과 거부 요구
北 외교관에 대해서	▶ 언급 없음	→ 불법행위 경계 강화 요구
사치품 수입 금지 가이드라인	▶ '사치품' 으로 뭉뚱그려 표현	→ 요트·고급 승용차·경주용 자동차 등 명시

■ blog.daum.net/shbaik6850/16544767

유엔 안보리 대북 제재 결의안 비교

1695호 (2006년 7월 15일)
- 이유: • 2006년 7월 북한 탄도미사일 발사 실험
- 북한에 대한 요구: • 탄도미사일 프로그램 중단 • 조건 없는 6자회담 복귀 • 핵확산금지조약(NPT)·국제원자력기구(IAEA) 조기 복귀
- 제재: • 미사일 관련 물자 조달과 금융자산 이전 방지

1718호 (2006년 10월 14일)
- • 2006년 10월 북한 핵실험
- • 추가 핵실험·탄도미사일 발사 금지 • 탄도미사일·핵 프로그램 중단 • 6자회담 복귀 • NPT·IAEA 복귀
- • 대량살상무기(WMD)·재래무기 관련 물자·사치품 무역 금지 • 제재 대상 개인·단체 금융자산 동결과 출입국 규제 • 북한 출입 화물 검사 등

1874호 (2009년 6월 12일)
- • 2009년 5월 북한 2차 핵실험
- • 추가 핵실험·탄도미사일 발사 금지 • NPT 탈퇴 선언 철회 • 6자회담 복귀, NPT·IAEA 복귀
- • 1718호 금수 품목을 모든 무기와 관련 물자로 확대 • 선박·화물 검색 강화 • WMD·미사일 프로그램 관련 금융 거래와 무역 금지

2087호 (2013년 1월 22일)
- • 2012년 12월 북한 로켓 발사
- • 추가 탄도미사일 발사·핵실험 금지 • 결의안 1718호, 1874호 준수 • 추가 도발 시 안보리 중대한 조치
- • 제재 대상 기관 6곳, 개인 4명 추가 • 북한 금융기관 모든 활동 감시 강화 • 대북 수출 통제 강화

자료:외교통상부 등

■ 중앙일보 2014. 3. 27

2087호는 제재 대상의 확대, 북한 금융기관 관련 모든 활동에 대한 감시 강화 촉구, 공해상 의심선박에 대한 검색 강화 기준 마련 추진, 제재 회피를 위한 대량 현금 이용 수법 환기, 'catch-all' 성격의 대북 수출통제 강화, 제재 대상 추가 지정 기준 제시 등을 통한 제재위원회의 임무 강화 등 제재를 강화 등 북한의 추가 도발시 안보리가 중대한 조치를 취하도록 하는 조항을 포함됐다.

★ 속도 내는 김정은 우상화의 '허와 실'

■ chosun.com 2012. 8. 24

2013년 12월 12일 김정은 체제의 실세였던 장성택 숙청이후 북한 체제 내에 새로운 움직임이 일고 있다. 새해 들어 북한에서는 '장성택지우기'와 체제불안을 해소하기위해 김정은 국방위원회 제1위원장 띄우기가 한층 속도를 내고 있다. 이른바 김정은식 우상화 작업에 많은 비용을 지출해가 면서 북한주민에게 고통과 경제난을 더 심화시키는 등 절대적 충성을 강요하는 등 부작용도 초래되고 있다.

스포츠 붐과 김정은 찬양가, '그이 없인 못살아'

집권 3기에 도래한 김정은 우상화 작업의 양상은 이전의 김정일 집권시기와 다소 차이점이 드러나고 있다. 이는 김정은 유일영도체제의 도구이자 체제 결속을 다지기 위한 것으로 김정일 시대에 각광받던 '문화예술' 대신 '스포츠 열풍'이 거세지고 있다. 김정은 주로 스포츠 정치에 주력 중인데, 북한은 최고지도자의 개인적인 취향에 따라 북한 주민의 여가생활도 강제로 바뀌고 있는 양상을 띤다. 아버지 김정일은 체제에 대한 선전선동을 영화와 같은 예술을 이용해 북한주민들에게 각인되었다면 김정은 스포츠를 통해 주민 통제와 체제 결속을 강화하고 있는 추세다.

김정일 시기는 만수대예술단과 백두산창작단을 포함해 예술단체도 다양했고 예술인들에 대한 대우도 남달랐다. 예술인들은 지위 상승과 빈번한 해외 공연은 물론이고 고급주택에 풍부한 생필품과 고가 선물을 받는 등 풍요를 누리기도 했다. 그러나 갑작스런 김정일의 죽음과 30대 초반의 김정은은 예술보다 비정치적인 스포츠에 더 많은 관심을 쏟고 있다. 아버지는 영화제작을 직접 할 정도로 예술광이었다면 아들은 농구, 승마, 골프 등을 즐기는 스포츠광인 셈이다. 작년 11월 장성택이 직접 위원장을 맡아 당・정・군의 핵심인사들을 망라한 국가체육지도위원회가 발족됐다. 그야말로 북한에서는 스포츠가 국정의 중심에 자리를 잡은 것이다.

소위 김정은식 사회주의 문명강국 건설 중의 핵심 목표 중 하나로 꼽히는 '체육강국'이 실현되고 있는 형국이다. 김정은은 올해 벌써 수 차례의 체육경기 관람과 국제경기에서 금메달을 딴 선수들을 격려하기도 했다. 잘 알려진 대로 2014년 1월 초 전미농구협회(NBA) 출신 선수 데니스 로드먼이 북한의 농구 선수를 지도하는 모습도 관영언론을 통해 내보냈다. 김정은은 부부동반 농구경기 관람과 로드먼을 3년간 올림픽 북한 농구대표팀의 훈련을 위임했다. 아울러 세계적 규모의 마식령에 스키장 개장 세계적 수준의 축구선수 양성을 위한 국제축구학교 건설과 스포츠 과학화, 체육시설 리모델링 등 스포츠에 유난히 애정을 쏟고 있다. 산책 공원 대신 체육공원을 조성해 롤러스케이트장, 배구장, 농구장, 배드민턴장 등의 시설을 갖추고 북한주민들에게 스포츠의 생활화를 유도 중이다. 주말마다 체육경기를 조직 및 진행하는 것을 정례화하고 조선중앙 TV와 노동신문 등 매체에 스포츠 코너를 따로 신설하고 국내외 경기를 중계까지 하고 있다. 북한에 때 아닌 스포츠 붐이 일고 있는데, 주민들을 스포츠에 몰입을 통해 '공포정치'를 무마하려는 의도도 엿보인다.

아울러 북한 매체들은 김정은 찬양가요와 시 문구를 연일 쏟아내고 있다. 김정은 우상화 노래를 통한 북한주민들에게 절대적 충성을 강요하고 있는 것인데, 노동신문 1면에 실린 평양의 최고 인기가요 「그이 없인 못살아」 노래의 악보와 가사가 컬러로 소개되게도 했다. 이 노래에 대한 북한 주민들의 반응이 뜨겁다는 기사도 실렸다. 이 곡은 '친근하신 그이의 음성 가슴에 흘러…'로 시작해서, '우리의 운명 김정은 동지, 그이 없으면 우린 못 살아'라는 후렴구로 끝난다. 김정은 찬양 노래의 악보 게재 횟수가 늘고 있으며, 최근 「우리는 당신밖에 모른다」와 「혁명무력은 원수님 령도만 받든다」는 노래의 악보가 연이어 실렸다. "당 기관지 전면에 걸쳐 노래 악보가 게시되는 것은 아주 드문 일인데, 장성택 숙청 이후 간부들의 동요나 민심 이반을 막기 위한 것"으로 우상화 가요 6곡이 잇달아 발표됐다.

북한에서 '가요정치'는 이미 오래된 것이지만 상대적으로 김정일보다 권력기반이 약한 김정은은 자신의 찬양과 절대적 충성을 강조하는 노래의 적극적인 보급과 교육을 통해 우상화 작업과 1인 지배체제 구축을 강화하고 있다. 김정은 우상화는 김일성과 김정일과 달리 빠르게 진행 중이다. 지난 2년 동안 특히 할아버지 김일성 따라잡기를 통해 북한주민들의 충성심을 유도했다. 그러나 장성택 숙청이후 후견체제 종식을 마친 이후 올 한 해 동안 더욱 더 철저하게 자신의 유일지도체제를 다지기위해 우상화에 주력하고, 김일성-김정일의 후광에서 벗어나 좀 더 독립적인 자신의 우상화 체제를 확립해 나갈 것으로 전망된다.

강압적인 김정은 우상화의 실상

김정일은 김일성 사망 이후 '신년 공동사설'에서 김일성의 유훈통치를 계승했다면 김정은은 김정일 사망 2년 만에 노동신문을 통해 연일 자신의 우상화 노래를 발표하고 자신의 호칭 앞에 '위대한'을 성급하게 붙이는 등 자신에 대한 우상화 작업에 주력 중이다. 또 지난달 1일 김정은 2014년 육성 '신년사'에서 김일성-김정일을 직접 표현하거나 수령님이나 장군님 표현이 8회에 그쳤다. 2012년 65회, 2013년 26회에 비해 크게 축소된 것인데, 신년사에서 이들에 대한 언급이 줄어든 것은 과감히 지우는 과정이자 김정은에 대한 '결사옹위'를 강요하는 것이다.

게다가 김정일 집권시기와 비교가 될 정도로 지난해 김정은 우상화를 위해 스포츠와 건설 분야에 '가시적 성과'를 달성했다. 이미 소개된 마식령 스키장, 미림승마클럽, 능라유원지, 문수물놀이장, 유경원(목욕탕), 만경대, 대성산놀이공원, 통일거리 헬스센터, 해당회관(종합편의시설) 등 40여 개 위락시설을 그야말로 단기간에 건설했다. '건설' 분야의 성과를 통해 자신의 업적으로 내세우려는 일종의 우상화 작업인 것이다. 비용 측면에서 지난해 우상화 건설에 2억 3천만 달러, 위락시설 등 전시성 사업에 3억 달러를 포함해 무려 총 5억 3천만 달러를 사용했다. 우상화 작업과 건설 분야에 군인 및 주민들을 강제 동원해서 주민들의 불만이 높아졌다. 장마당을 통해 북한의 시장이 개방되고 한류와 다양한 외부정보를 접하고 있는 북한의 현실을 감안해 볼 때 우상화 작업을 통해 주민들의 자발적인 충성심을 유도하기는 어려울 것이다. 또 이렇게 강요된 김정은 우상화 작업이 자신의 유일영도체제 구축에 절대적인 영향력을 행사할 수 있을지 그리고 북한 주민들에 대한 강압적인 통제가 얼마나 지속될 수 있을지 여전히 의문이 제기된다. 정경뉴스 2014년 2월

Focus 보스턴 '압력솥 폭탄' 테러

폭발 직전과 직후 모습이 담긴 보스턴 마라톤 테러 현장 사진이 보스턴 지역언론 '세븐뉴스'에 16일(현지시간) 공개됐다. 위쪽 사진에는 마라톤 관중으로 가득한 바리케이드 앞 우편함 옆에 정체를 알 수 없는 가방 하나가 놓여 있다. 1시간여 뒤 찍힌 아래쪽 사진에는 가방 대신 폭발물 잔해가 도로 곳곳에 나뒹굴고 있고 거무스름한 연기 속에 관중이 쓰러지거나 놀라 다른 곳으로 대피하고 있다. 세븐뉴스 홈페이지

2013년 4월 중순 보스턴 국제마라톤대회의 폭탄 테러로 세계적으로 테러에 대한 경각심이 고조 됐다. 1897년부터 시작된 보스턴 마라톤의 역사는 110년이 넘었고, 전 세계 2만 명 이상이 참가 하는 국제대회였기 때문에 충격이 더 컸다. 또 2001년 9·11테러 이후 많은 사상자와 피해가 또다시 도심 한복판에서 발생했기 때문에 미국의 보안정책에 대해 허점을 지적하는 목소리도 높았다.

중앙아시아 키르기스스탄 출신의 형제로 알려진 범인이 붙잡혔다. 이들 중 한 명은 도주 중 사망했고, 다른 한 명은 주민 제보에 의해 생포됐다. 미국 보안당국과 군당국에 따르면, 이들이 사용했던 폭탄은 '압력솥 폭탄'으로 1990년대 네팔 내전에서 처음 사용된 이후 주로 아프가니스탄과 이라크에서 사용되는 급조폭발물(IED)로 알려졌다. 미국토안보부는 2004년부터 IED에 대해 경고해 왔다. 가장 큰 문제는 국제적인 테러조직이 종종 사용하고 있는 IED는 적은 비용으로 손쉽게 제조될 수 있다는 점이다.

■ 국민일보 2013. 4. 17

그동안의 국제테러는 비행기, 열차, 공항, 버스 등 대중 교통수단과 쇼핑센터나 빌딩 등이 대상이었지만, 이제 자살폭탄 테러는 제조가 손쉬운 IED와 같은 사제폭탄을 이용해 도심이나 일반 시민이 공격 대상이 되고 있다. 이처럼 테러범은 자신의 목표를 달성하기 위해 공격 대상이나 방식을 더 다양화하고 있고, 불특정 다수를 대상으로 한 무차별 공격으로 한 국가의 안보를 단숨에 위협에 빠뜨릴 수 있다.

국제적 규모의 행사뿐만 아니라 스포츠 경기가 테러조직의 표적이 되고 있기에 런던 마라톤대회와 같은 국제스포츠대회나 국제적 규모의 행사를 앞둔 나라에서는 비상이 걸렸다. 북한이 각종 대남도발과 핵전쟁 위협 공세를 전개해 오는 현 상황에서 무엇보다도 북한의 군사도발과 핵, 미사일 위협 및 사이버 테러 공격에 만반의 태세를 갖춰야 한다.

북한의 젊은 지도자 김정은의 혈기가 또 다른 천안함과 연평도 도발을 일으킬 가능성이 있으므로 정부는 대비태세를 강화하면서 동시에 미국을 포함한 주요국과의 국제공조도 더 강화해야 한다. 북한이 몇 차례의 대규모 사이버 테러를 자행하고도 이를 정면 부인하는 것으로 볼 때, 앞으로 또 다른 사이버 테러는 물론 테러 주체를 은폐하는 도발을 기동할 가능성이 높으므로 항시 대비태세를 유지하고 긴장의 끈을 늦추어서는 안 될 것이다.

★ 북한의 사회주의식 '우상화' 교육체계의 한계점

■ 조선일보 2014. 7. 28

김정은 국방위원회 제1위원장 체제 하의 북한의 교육 실태는 어떠한가. 김정일 국방위원장 사망이후 다양한 교육 개혁 조치가 단행되면서 중등 교육 과정에서 경쟁 요소를 적극 도입하고 획일적인 '사회주의 교육'에서 탈피해 기술 인력 양성에 주력하고 있다.

최근 북한은 양질의 인력 양성을 통해 과학기술 발전과 경제적 성장을 도모하고자 교육체계 개편과 교육의 질 개선에 박차를 가하고 있다. 동시에 북한은 의무교육 확대에 필요한 교원 확충과 처우 개선 방안도 준비 중이다. 어학・과학기술 습득을 위해 유럽과 미국에서 체류하는 북한 유학생들이 급증하는 추세다.

주체사상에 기초한 교육체계의 특징

북한의 교육은 주체사상에 기초한 사회주의 교육 실현에 그 목적이 있다. 사회주의헌법 제43조에서 "후대들을 사회와 인민을 위하여 투쟁하는 견결한 혁명가로, 지덕체를 갖춘 공산주의적 새 인간으로 키운다"라고 명시했다. 중요한 교육이념은 인간을 혁명화・노동계급화・공산주의화하는 것이다. 1990년대 말 중등 영재교육기관인 제1중학교를 전국적으로 확대 설치했다. 2000년대 컴퓨터 분야의 중등 영재교육기관을 지정하고, 대학에서 '수재반'을 설치하는 등 과학기술분야의 수재교육을 강화했다. 대학에서는 양질의 기술 인력을 조기 배출하여 산업현장에 공급하기 위해 수업 연한 축소 조정과 학점제와 선택교과목제를 도입했다. 현대 산업발전의 추세에 맞게 일부 학과를 통합하고 교육과정을 재조정했다. 이어 2002년 10월 '새 세기의 요구에 맞게 교육사업 개선에 대한 지침'을 제시하면서 교육개혁 조치를 단행했다.

통일부 자료에 따르면, 북한의 교육제도는 취학전 교육체계, 학업을 전문으로 하는 교육체계와 일하면서 공부하는 성인교육체계로 구분된다. 북한은 2012년 9월 말 최고인민회의에서 11년제 의무교육제에서 '12년제 의무교육 실시'를 발표했다. 이 의무교육은 유치원 높은 반 1년부터 소학교 5년, 초급중학교 3년, 고급중학교 3년으로 운영된다. 대학은 4~6년을 근간으로 하며, '일하면서 공부하는 성인교육체계'에는 공장, 농장 등에 부설된 공장대학, 농장대학, 어장대학과 일반대학의 야간부 및 통신부, 방송통신 교육기관 등이 포함된다.

유능한 인재양성과 기술력 향상에 주력 중

주목할 점은 2009년 이후 북한은 해외 유학생들을 대폭 확대하기 시작했다. 러시아 모스크바, 폴란드 바르샤바와 북한 대사관이나 대표부가 있는 프랑스 파리, 스위스 제네바, 독일 베를린 등에 집중돼 있다. 과학기술의 수준이 상당한 스웨덴도 북한 유학생의 선호지역으로 부상했다. 또 영국 케임브리지대학에도 유학생이 체류 중이고, 미국에도 꾸준히 증가 추세다. 이렇게 유학생 파견을 늘린 것은 고 김정일이 한국과의 기술격차를 실감, 해외의 노하우를 흡수하라는 지시 때문이다. 이를 위해 어학실력과 기술력 향상을 꾀하는 인재양성에 주력 중이다.

2012년 11월 말 김정은은 창립 60주년을 맞은 평양건축종합대학에 직접 현지지도를 감행했다. 이 학교는 설립 당시 '건설대학'이었는데, 대학 명칭이 '건설건재대학'(1970년대), '평양건설건재대학'(1997년)을 거쳐 김정은 체제에서 종합대학으로 승격됐고, 현재의 이름으로 변경됐다. 김정은은 "평양건축종합대학은 건축인재 양성의 거점"이라며 교육 사업에서 근본적인 전환을 촉구했다. 또 "교육과 생산노동, 이론과 실천을 결합시키며 수재(영재)교육과 박사원(대학원)교육, 일하면서 배우는 교육체계를 강화"를 언급했다. 일명 교육의 정보화 · 현대화 · 첨단화 실현, 교육조건과 환경 마련에 에 주력할 것을 지시했다. 이 대학에 종합적인 정보자료기지를 구축하고 원격교육 체계화에 주력할 것을 시사했다.

평양과학기술대(PUST)에도 적지 않은 변화가 일고 있다. 특히 포항공대 총장을 역임했던 박찬모 평양과학기술대(PUST) 명예총장은 2010년부터 매년 봄 · 가을 학기에 3개월씩 평양에 머물며 평양과기대 학생들을 가르치고 있다. 평양과기대는 현재 영국 웨스트민스터대와 케임브리지대, 스웨덴 웁살라대 등에 유학생을 보내고 있다. 평양과기대 내에서는 인터넷 접속이 자유롭게 허용됐다. 2014년 1월 초 박 명예총장은 한 인터뷰에서 "북한에 물고기를 주기보다 물고기를 잡는 방법을 가르쳐야 하며, 시장경제, 국제무역, 과학기술 등 세 분야의 인재 양성을 도와주는 것이 가장 중요하다"고 언급했다. 또 "현 상태에서 통일이 이뤄지면 남북 간 경제적 격차로 큰 혼란이 올 수 있고, 북한이 경제 발전을 이룰 때까지는 정치 상황과 무관하게 인재 육성과 산학 협력을 도와주는 'Bottom-up approach(상향식 접근 방식)'가 필요하다"고 강조했다. 그는 북한 학생들은 소프트웨어 기술과 수학 등에서 매우 강하기 때문에 남한의 자본과 하드웨어 기술이 합쳐지면 세계적으로 경쟁력 있는 상품이 나올 것이라고도 했다.

우상화 교육체계의 부작용

이런 변화에도 불구하고 여전히 북한의 교육제도에는 많은 문제점이 제기된다. 우선 정치사회화의 핵심으로 우상화 교육이 시행되고 있다. 이것은 '온 사회의 김일성주의화' 또는 '온 사회의 주체사상화'로 지도자의 상징들에 존경을 표하고 지도자와 관련된 에피소드를 가르침으로써 다양한 방식으로 정치사회화 달성이 주요 목적이다. 초등학교 교과서에 '경애하는 수령 김일성 대원수님 어린 시절과 위대한 영도자 김정일 원수님 어린 시절'이라는 과목이 정규과정에 포함된다. 매주 각각 1시간씩 이 수업을 받고 있다. 다른 교과서에도 우상화 관련 내용이 다수 포함된다. 과외 활동에서도 우상화 활동이 진행된다. 북한의 만 7세부터 13세까지의 아동들은 '소년단'에 가입하는데, 매일 새벽 '동상청소,' 주간학습회나 소년단의식을 통한 우상화 활동 참여, 혹독한 훈련을 한 선전용 영재교육 존속과 3000여명이 넘는 사이버 전사 육성과 온라인 악성코드를 통해 대남 체제선전 및 사이버 공격을 강화하고 있다.

아울러 북한은 의무교육을 내세워 교육 기회를 동등하게 주는 것처럼 선전하고 있지만 현실적으로 초중등학교에 재학해야 할 많은 학생들이 학교에서 요구하는 각종 비용을 납부하지 못해 학업 포기와 교과서나 각종 교재도 충분히 제공되지 않고 있다. 현재 북한은 출신성분에 따라 대학 진학과 군입대, 직업 선택에서 차별을 두고 있기 때문에 가정 형편에 따른 차별이 심화되고 있다. 정경뉴스 2014년 3월

Focus 실익만 챙기는 북한의 실상과 우리의 과제

■ 머니투데이 뉴스 2014. 7. 28

이산가족 면회소는 정부가 남북 이산가족 상봉의 확대를 위해 남북협력기금에서 대한적십자사에 총 550억 원을 무상지원해서 2008년 7월 완공한 현대식 건물이다. 연면적 1만 9천835㎡에 전망대, 대연회장, 소연회장 등을 갖춘 지하 1층, 지상 12층의 건물로 총 206개의 객실을 갖추고 있어 최대 1천 명까지 수용할 수 있다.

남북의 이산가족들이 헤어짐의 안타까움을 달래도록 같이 숙박까지 가능하게 건물을 지었다. 2010년 4월 북한은 금강산 면회시설을 몰수 및 동결했다. 당시 북한은 금강산 관광 중단 조치가 풀리지 않게 되자 금강산 관광지구 내 남한의 자산을 동결했다. 그리고 시설에 '몰수' 딱지를 붙였다. 이어 2011년 8월 금강산에 남아 있던 현대아산 인력 16명을 모두 강제 철수시켰다.

정부가 550억 원을 들여 지은 '이산가족면회소'는 2008년 7월 완공이후 겨우 세 번 사용해했다. 2010년 10월 북한은 제18차 이산가족 상봉을 위해 이산가족면회소를 비롯한 일부 시설에 대한 동결 및 몰수 조치를 일시적으로 해제했다. 정부는 '이산가족 상봉행사과 금강산 관광 재개는 분리된 사안'으로 간주해왔다. 그런데 이번 이산가족 상봉 장소가 북한의 주장대로 금강산으로 결정되면서 현지 면회시설의 이용 문제가 남북 실무협의에서 화두가 됐다. 정부는 북한이 적극적으로 요구하고 있는 금강산 관광 재개를 담보로 이산가족 상봉행사의 성공적 개최와 정례화 구축을 시도해야 한다.

2014년 2월 말 금강산의 이산가족 면회소가 3년 4개월 다시 열렸다. 지난 2009년과 2010년에 두 차례 상봉이 모두 면회소를 이용했다. 이번에는 금강산 지역의 많은 눈 등으로 준비작업에 시간이 걸려 남측이 주최하는 2차 상봉에만 면회소를 사용했다.

★ 새 정부, 북 미사일 그냥 넘어가서는 안 된다

다사다난했던 2012년 우리나라를 비롯해 한반도 주변국의 정권교체가 이뤄져 안보환경에 지각변동이 일고 있다. 특히 동년 12월 12일 북한은 김정은 정권 출범 1주년을 정당화하고 강성대국 진입을 대내외에 과시하기 위해 전격적으로 미사일 발사를 단행한 것으로 분석됐다. 그러나 북한의 지난 5년 동안 지속된 일련의 도발행위는 한반도 위기 조성에 실패했고, 오히려 북한정권을 고립시키고 국제사회의 제재 수위가 더 강화되는 결과를 초래했을 뿐이다. 그동안 현 정부의 대북정책은 북한의 무력도발을 사전에 차단하고 억지력 강화와 국민의 국가안보 수호의지를 더 튼튼히 다지는 계기가 됐다.

23일 국방부는 북한 장거리 미사일 1단 추진체 잔해 인양 작업을 통해 대륙간 탄도미사일(ICBM) 기술 개발 의도가 큰 것이었음을 발표했다. 북한의 주장대로 '실용위성'도 우주발사체 개발도 아닌 미사일 발사체의 성능을 시험한 것이 명백히 드러난 셈이다. 북한의 장거리 미사일은 기존의 노동과 스커드 미사일을 활용했고, 1단 로켓 산화제통에 남아있는 산화제는 스커드 미사일에 사용되는 '적연질산' 이었다. 잘 알려진 대로 이 적연질산은 특성상 상온에서 액체 상태로 충전 후 장기보관이 가능하다. 즉 필요할 때 항시 장거리 미사일용으로 사용하기 적합한 산화제인 것이다. 반면 나로호와 같은 일반적인 우주발사체에 사용되는 액화산소로 불리는 산화제는 영하 180도의 초저온 상태에서 보관하기에 미사일용으로 사용될 수 없다.

북한과 일부 대북 전문가가 제기했던 것과 달리, 북한이 발사한 미사일은 위성 대신 '탄두'만 탑재하면 장거리 미사일이 될 수 있는 것이다. 북한은 500㎏의 탄두를 탑재해 1만㎞ 이상 발사할 수 있는 기술을 확보한 것으로 추정된다. 최근 김정은은 혹한의 날씨에 식량난에 허덕이는 북한주민의 민생은 아랑곳없이 "더 강력한 운반로켓을 더 많이 개발하고 발사해야 한다"고 강조했다. 이처럼 북한은 우리 정부와 국제사회의 경고에도 불구하고 장거리 미사일 개발 및 시험 발사를 계속하겠다는 속내를 드러냈지만 쉽지 않을 것이다.

한반도와 미국의 안보까지 위협하는 북한의 이런 도발행위에 대해 미국의 오바마 행정부와 국제사회의 강력한 대북 제재 논의가 진행되고 있다. 아울러 우리 정부가 2013년 1월부터 유엔 안보리 비상임이사국으로서 공식 활동하면서 국제사회의 대북 제재에 직접 참여할 수 있게 된 점도 의의가 크다. 한편 박근혜 대통령이 '신뢰'와 유연한 대북정책 추진 공약을 내세웠지만, 내면에는 북한의 핵과 미사일 개발 등 무력도발 행위를 결코 좌시하지 않겠다는 안보관이 무엇보다 중요하게 작용할 것이다.

결과적으로 차기 정부는 현 정부의 굳건한 안보태세 확립을 잘 계승하고 사전적 억지 능력과 도발에 강력하게 응징하겠다는 의지를 확고히 할 것으로 기대된다. 국제사회의 공조를 잘 활용하고 대북제재 조치에 소극적인 중국 설득외교도 강화해야 한다. 이를 통해 북한이 핵과 미사일 개발을 조속히 포기하도록 적극적으로 유도하고 남북관계 진전과 한반도 평화 증진에 주도적인 역할을 수행해야 할 것이다. 세계일보 2012. 12. 29

Focus 북한의 미사일

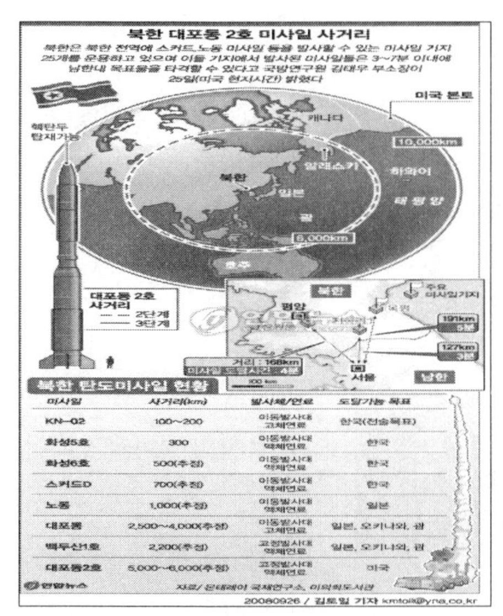

미사일	사거리(km)	발사체/연료	도달가능 목표
KN-02	100~200	이동발사대 고체연료	한국(전술목표)
화성5호	300	이동발사대 액체연료	한국
화성6호	500(추정)	이동발사대 액체연료	한국
스커드D	700(추정)	이동발사대 액체연료	한국
노동	1,000(추정)	이동발사대 액체연료	일본
대포동	2,500~4,000(추정)	이동발사대 고체연료	일본, 오키나와, 괌
백두산1호	2,200(추정)	고정발사대 액체연료	일본, 오키나와, 괌
대포동2호	5,000~6,000(추정)	고정발사대 액체연료	미국

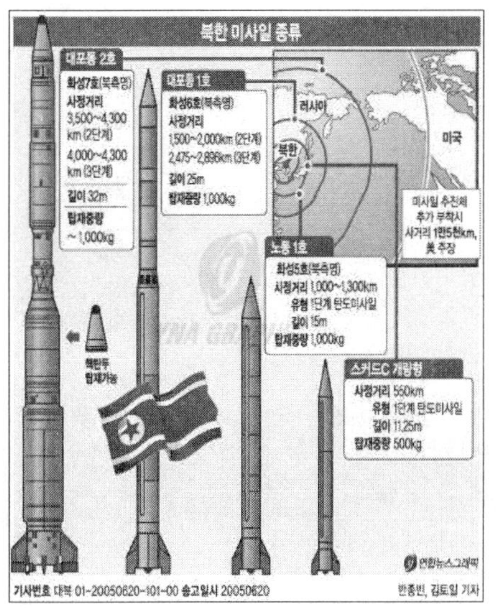

■ blog.naver.com/ipa1983/220056062279

1990년대 북한은 사거리 1,000~1,300km에 달하는 중거리 탄도미사일 노동 1호 개발에 성공했다. 노동 1호 탄도미사일은 1단 액체추진방식을 사용, 탄두무게는 700kg 이상으로 추정된다. 1994년 2월 2단 로켓을 사용한 대포동 1호 탄도미사일이 시험발사에 성공했다.

대포동 1호 탄도미사일은 사거리가 2,500km로 알려져 있다. 2006년 7월 대포동 2호 탄도미사일의 시험발사를 했지만, 발사 후 7분 만에 동해상으로 추락해 실패로 끝났다. 대포동 2호 탄도 미사일은 사거리가 최대 1만 여 km로 추정되고 있다. 대포동이란 이름은 발사실험장이 있는 함경북도 화대군 무수단리의 옛 이름 대포동이란 지명에서 나온 것이다.

대포동 계열의 탄도 미사일은 북한의 인공위성 발사에 사용됐다. 2012년 12월 12일 발사된 은하 3호 로켓은 대포동 2호 탄도미사일을 개량한 것으로 추정된다. 2000년대 들어 북한은 신형 탄도미사일들을 선보였다. 무수단은 2007년 4월 인민군 창건일 기념 퍼레이드에서 처음 공개됐다. 사거리가 4,000km로 추정되는 무수단 탄도미사일의 탄두무게는 1,000kg 이상으로 추정된다.

★ 천안함 피격사건과 북한의 실체

■ 데일리안 2014. 3. 26

2014년 3월 26일은 해군 천안함이 피격된 지 4주기가 되는 날이었다. 그날 밤 천안함은 백령도 인근 우리 측 서북해역영해에서 경비임무를 수행하다가 북한의 기습적인 어뢰공격을 받아 승조원 104명 중 46명이 희생됐다. 최근 산화한 46용사의 넋을 기리기 위해 천안함 선체 일부를 녹여 만든 고(故) 임재엽 중사의 흉상이 모교인 충남기 계공고에 세워졌다.

이렇게 조국과 바다를 사랑했던 46용사의 숭고한 호국정신을 기억하고, 대한민국을 소용돌이에 빠지게 했던 비극적 사건이 재발하지 않기 위해 많은 노력이 이어지고 있다. 하지만 재발 방지를 위한 다양한 노력과 함께 북한의 변치 않은 도발 패턴을 예의 주시해야 할 것이다.

천안함 피격사건이 발생했던 2010년은 어떠했는가. 북한은 신년 공동사설에서 "북남관계 개선의 길을 열어야 하며, 민족의 화해와 협력을 적극 실현해야 한다"는 등 온갖 회유의 말을 했었다. 또 지난해 1월 중순부터 4월 말까지 북한은 "대남 전면 대결전 선언, 3차 핵실험, 서울 불바다 협박, 제2의 조선전쟁 불가피 선언, 남북 불가침 합의 전면 폐기, 정전협정 효력 백지화 선언, 개성공단 폐쇄” 등 수많은 비우호적 행위를 서슴지 않았다.

물론 올해도 예외가 아니다. 북한 김정은은 신년사에서 “남과 북의 대결상태 해소와 관계개선을 위한 분위기 마련” 등을 강조하면서 정부의 호응을 촉구했다. 우여곡절 끝에 남북 이산가족 상봉이 성사됐지만 북한은 다량의 미사일과 신형 방사포 발사는 물론 계속해서 로켓을 발사하고 있다. 북한은 또 남북관계 개선을 언급하고 있지만 한반도 적화통일 야욕을 버리지 않고 있음을 상기할 필요가 있다. 북한은 핵·미사일 개발과 천안함 피격과 연평도 포격도발 등 NLL을 둘러싸고 군사도발을 지속적으로 자행하고 있다. 이를 통해 북한은 한반도에 위기상황 조장과 군사 충돌과 대치를 통해 긴장감을 조성하고 있는 것이다. 이처럼 북한은 겉으로는 ‘평화협정’ 체결이나 평화체제를 주장하고 있지만 그 전제 조건으로 주한 미군 철수를 주장하고 있는 것이다. 결국 북한의 NLL 전략은 군사도발 자행을 통해 미군의 철수를 유도하고 대한민국을 무장 해제시키겠다는 의도인 것이다.

우리는 천안함 피격사건 4주기를 맞아 46용사의 숭고한 희생과 교훈을 되새겨 보며 북한의 실체를 재확인해야 할 것이다. 특히 NLL은 1953년 7월 27일 정전(停戰)협정 체결 후 남북한 해상경계선으로 국가안보와 직결된 서해의 생명선이자 영토선임을 잊지 말아야 한다. 서해 5도를 포함해 NLL 이남 해역은 대한민국 영해의 전략적 요충이자 서울·인천 등 수도권을 북한의 군사도발로부터 보호하는 방파제 역할을 하는 지역이다. 그동안 우리 군이 목숨 바쳐 지켜 온 NLL은 북한의 어떤 도발에도 항시 단호하게 대응해야 할 것이다. 국방일보 2014. 3. 26

★ 한 차원 높은 수준의 유엔(UN), 서울 북한인권 사무소 설치

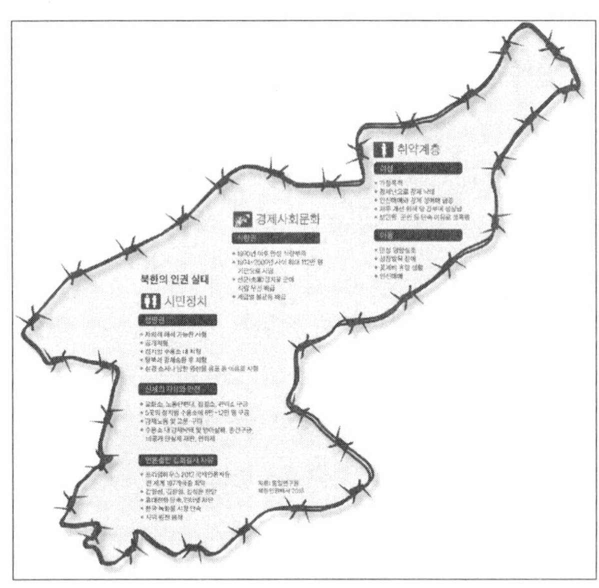

■ 중앙일보 2014. 1. 16

2014년 6월 중순 유엔의 북한인권 현장사무소가 한국에 몇 개월 내 설치된다는 보도가 있었다. 국회 내 북한인권법이 수년간 계류 중인 상 황하에서 참으로 고무적인 일이 아닐 수 없다. 유엔 북한인권조사위 원회(COI)의 실태보고서에 의하면, 서울 현장사무소는 “북한 당국을 포함해 국제사회의 이해와 협력을 높이기 위한 기구이자 북한 인권 실태에 관한 막대한 정보를 적절히 얻을 수 있기 위한” 조치인 것이다.

탈냉전기 국제사회에서 인권문제는 인간안보 이슈로 간주되는 중요한 사안으로 유엔을 통한 ‘개입과 인도적 해결’이 적극 진행되고 있는 것은 당연한 것이다. 이런 점에서 북한도 예외가 아니다. 북한은 유엔 가입국이자 국제인권협약 등의 체결 당사국으로서 이행의무를 져야하기 때문이다.

통일 대박을 향한 북한 인권 해결 모색

마르주끼 다루스만 유엔 북한인권 특별보고관은 스위스 제네바 제26차 유엔 인권이사회에서 열린 '북한인권에 관한 특별보고관과의 상호대화'에서 한국에 설치될 유엔의 북한인권현장사무소에 대해 "유엔 북한인권조사위원회(COI)보다 한 차원 높은 심도 있는 활동"과 "기본적으로 유엔 COI가 시간과 자원이 더 있었다면 하려던 일들을 계속해 나갈 것"이라고 강조했다. 이런 차원에서 서울 북한인권현장사무소 설치는 우리에게 많은 시사점을 제공한다.

3대 세습을 이어가고 있는 김정은 정권은 통일의 당사자인 북한 주민들에 대한 인권 유린을 멈추지 않고 있다. 김정은은 할아버지 김일성의 '주체사상'과 아버지 김정일의 '선군정치'를 계승하면서 지난해 3월 경제건설과 핵 개발을 추진하는 '경제건설과 핵 병진노선'을 주창했다. 이처럼 북한은 핵개발을 포기하지 않은 채 고립을 자처하고 있고, 탈북자들의 증언과 유엔과 국제기구의 자료에 따르면 북한 주민들에 대한 인권 탄압은 갈수록 심각해지고 있다. 북한의 인권 실태와 관련 이미 지난 2월 중순 유엔인권이사회(HRC)에 의해 설립된 유엔 북한인권조사위(COI)가 제네바에서 지난 1년 동안의 활동을 정리한 보고서가 대대적으로 공개됐다. 이 보고서는 북한 내에서 다양한 인권침해 행위에 대해 "방대한 자료제시와 법률적 분석, 피해자(탈북자)의 증언" 등으로 구성됐다. 특히 "국제형사법상 인도에 반한 죄와 이 문제를 국제형사재판소(ICC)에 회부하거나 임시 국제재판소를 설립해 다룰 것을 권고했다."

이와 같은 유엔 주도의 북한 인권에 대한 '법률적인 검토와 조사'와 발표에 대해 정부차원에서도 대북제안이 제시됐다. 잘 알려진 대로 지난 3월 말 박근혜 대통령의 통일 대박을 위한 준비활동으로 이어진 '드레스덴 선언'을 눈여겨볼 필요가 있다. 박 대통령은 동서독 통일과 경제발전의 상징으로 부상한 드레스덴 방문을 통해 북한에 대한 '농업 및 식량 지원 등을 발표했다. 또 북한 취약계층에 대한 인도적 지원방안을 국제사회에 천명했다. 즉 임산부와 영유아의 건강문제를 보살피기 위한 '모자(母子) 1000일 패키지 사업'을 제시했다. 여기서 제시한 1000일 이라는 기간은 엄마가 아이를 임신하는 출산 전 9개월부터 만 2살이 되기 전까지를 의미한다. 아이의 신체·지능 성장에 매우 중요하고 산모 건강에도 각별한 보호조치가 필요한 기간이다. 열악한 상태에 놓인 북한 주민의 산모와 아이의 건강을 방치할 경우 통일 이후 엄청난 사회통합 및 통일비용 부담이 될 것이다.

인도적 지원 확대의 한계점과 과제

최근 유엔의 북한인권보고서에 대한 국민적 관심이 그다지 높지 않고, 박 대통령의 드레스덴 선언에 대한 실효성 논란도 제기됐다. 갑작스런 '세월호' 침몰 참사로 대북 정책의 본격적인 논의나 후속조치가 미미해지고 있다. 국가 최대 이슈가 '안전 한국' 국면으로 전환되면서 북한인권 문제를 위한 정부의 대북지원 프로젝트가 이어지지 못하고 있다. 정부차원에서 주도적으로 이 문제를 다루기까지는 다소 시간이 걸릴 것 같다. 그럼에도 불구하고 유엔과 국제사회 차원에서는 북한 인권보고서를 중심으로 문제점 개선을 위한 노력이 끊이지 않고 있다. 유엔은 북한인권 보고서 발표에 이어 유엔인권이사회 결의에 따라 '북한인권사무소' 서울 설치가 유엔인권최고대표사무소(OHCHR) 산하의 현장 기반조직으로 추진 중이다. 한편에서는 북한인권 문제에 대한 우리 정부와 정치권의 적극적인 역할을 촉구한 것이고 적절한 북한인권법의 조속한 제정의 중요성을 시사해주고 있는 것으로 간주된다.

유엔의 이런 움직임과 조치에 대해 북한은 예상대로 비난의 수위를 높이고 있다. 북한 정권에 대한 '내정간섭' 내지 '인권의 이중적 잣대' 등이라며 거세게 반발하고 있다. 하지만 북핵 문제와 달리 인권문제는 더 이상 북한의 반대나 거부로 인해 중지될 수 없는 사안이다. 즉 인권은 인류 보편적인 이슈이기 때문에 유엔이나 국제기구가 주도적으로 인도주의적 차원에서 개입하는 것은 당연한 것이다. 오히려 유엔의 서울 현장사무소 설치를 계기로 북한 정권의 인권유린을 막기 위해 우리의 관심이 더 고조되어야 하며, 국제사회와 유엔 회원국들의 동참과 마르주끼 다루스만 유엔 북한인권 특별보고관의 활발한 활동이 기대된다.

김정은 정권은 국제사회의 인권압박을 회피하고 국제사회의 시선을 돌리기 위해 다양한 일을 추진하고 있지만 이젠 어려울 것이다. 추가 핵실험과 미사일 개발에 대한 국제사회의 압박과 제재에 이어 새로운 대북 압박 수단으로 북한 인권문제가 부상하고 있는 점을 정부와 정치권도 잘 인식해야 한다. 이런 문제에 대한 국민적 관심사가 아주 중요하다. 강조하자면 통일 대박 시대는 거저 만들어지는 것이 아니다. 김정은 정권 하에서 억압과 고통 하에 놓여 있는 북한 주민의 아픔을 진심으로 이해하고 인권 실상에 대해 초당적이고 국민적인 차원에서 일관된 한목소릴 내야할 시점인 것이다.

정부가 추진 중인 통일 대박 시대는 '수사적인' 차원에서 끝나서는 안 된다. 대통령을 중심으로 정부기관을 통해 실천적인 추가 수순이 이어져야 한다. 통일과 관련한 핵심적인 역할을 수행하고 국민을 통합할 수 있는 통일 사업과 정책이 요구된다. 대통령 직속 통일준비위원회(통준위) 출범을 포함해 북한 인권 개선책과 남북대화 추진 및 교류 협력 모색, 인도적 차원에서의 지원 확대, 청소년 대상 보다 심도 있고 체계적인 통일 교육 추진과 대국민 홍보 프로그램 개발 등 범정부 차원에서의 일관된 통일 정책은 더 이상 미룰 수 없을 것이다. 정경뉴스 2014년 7월

2부

지속가능한 한반도 평화구축

제 4 장

한국군의 위상과 국방

★ 국방안보와 여성학자

국방안보 연구는 남성학자들의 전유물처럼 생각하던 적이 있었다. 2000년대 초반 필자가 처음 학계활동을 시작했을 때만 해도 국방안보를 연구하는 여성학자는 그다지 많지 않아서 말 그대로 '홍일점'이었다. 남성중심의 사회구조도 문제였지만, 여성과 국방안보 연구는 맞지 않는다는 편견 또한 적지 않게 존재하고 있었다. 최근에는 국방안보를 전공하는 여성학자도 확대되고 있고 다양한 분야에서 활동하고 있다. 바람직한 분위기가 조성되고 있다고 생각한다. 그럼에도 한편에서는 여전히 남성편향의 정책적·문화적 경향은 존재하고 있는 것 같다. 여성학자들 또한 이 분야를 기피하는 경향도 무시할 수 없는 게 현실이다.

여성학자들이 국방안보 연구에 참여할 경우, 남성학자들과는 다른 차원에서 적지 않은 이점이 있다고 생각한다. 우선, 여성학자의 관점에서 다양한 안보현장을 방문해 국방안보를 좀 더 객관화해서 볼 수 있다는 점이다. 그동안 국방부와 해군 및 해병대 정책자문위원으로 활동하면서 2006년 이라크 자이툰 부대에 이어 2012년 아프가니스탄의 오쉬노 부대, 아랍에미리트의 아크부대, 바레인의 청해부대를 방문했다. 40도가 웃도는 머나먼 분쟁지역과 비분쟁지역에서 평화와 재건에 주력하고, 현지인들에게 삶의 희망과 '할 수 있다'는 자신감을 심어주고 있는 장병들의 모습은 대견했고 자랑스러웠다.

또 백령도, 연평도, 독도 등 최근 포항 한미해병대 연합상륙작전 견학에 이르기까지 남성학자들과 달리 군복무 경험이 없기 때문에 다양한 안보현장 체험은 군을 이해하는 좋은 기회가 됐다. 또 신문

기고나 방송 등을 통해 장병들의 입장을 대변하도록 애쓰고 있고, 군부대에서의 안보특강 요청은 장소에 구애받지 않고 열심히 임하고 있다. 필자의 경험을 '외교안보 미디어' 강의 시간에 적절하게 활용 중인데, 특히 여대생들은 군에 대한 편견을 줄이고 안보의식을 고취하는 데 많은 도움이 되고 있다는 강의 후문을 남기곤 한다.

이런 모성애의 관점에서 군 문제를 이해하고 해결하도록 노력할 수 있는 것도 장점이다. 최근 군부대의 총기사건을 포함해 계속 발생하고 있는 크고 작은 사고 때문에 아들을 군에 보낸 어머니들의 마음이 더욱 애가 탄다. 많은 아버지들이 볼 때 예전보다는 병영 문화 개선을 통해 군이 많이 '편해' 졌다고 말하지만, 여성들, 특히 어머니의 입장에서 볼 때 군은 여전히 위험하고 불확실한 조직으로 여겨질 수밖에 없다. 이런 시기에는 어머니들의 군과 군대에 대한 이해가 중요할 것이다. 군은 '국가와 민족을 위해 충성을 다하며, 국토를 방위하고 국민의 생명과 재산을 보호함을 그 사명으로 하는 조직체'인 것이다. 군대는 군인 한 사람 한 사람이 모인 집단으로 국가가 부여한 중요한 임무를 수행해야 한다. 각자가 목숨을 바쳐 적과 싸워야하는데, 목숨을 아끼지 않는 '충성심과 용기'는 군인 개개인의 애국심과 사기에서 나오는 것이다.

한국 어머니들처럼 교육열이 강한 이스라엘 어머니들의 모습 속에서 우리도 배워야 할 점이 있다. 이스라엘에서는 남녀 모두 17세부터 입대 준비를 한다. 남성은 3년, 여성은 2년간 현역 의무복무를 한다. 중요한 것은 군 입대를 준비할 때부터 이스라엘 어머니들은 자녀들에게 '독립심'을 강조한다. 어차피 가야할 군대라면 적극적으로 자기주도식 서바이벌 정신을 찾으라고 가르친다. 이런 강한 모성애가 군 생활에서 중요하게 작용하는 것이다.

'가고 싶고, 보내고 싶은' 군대 문화 조성을 위해 우리 어머니들의 군에 대한 신뢰와 긍정적인 인식 전환이 필요해 보인다. 무엇보다도 군의 현실과 한계점을 직시하면서 새로운 병영문화 조성을 위해 군 정책담당자나 학계에서 여성학자들의 기여와 참여를 긍정적으로 바라보고, 더 나아가 여성학자들의 국방안보 연구를 지원할 수 있는 의식의 변화가 필요하다. 교수신문 2014. 7. 7

Focus 이스라엘 국민의 군 입대

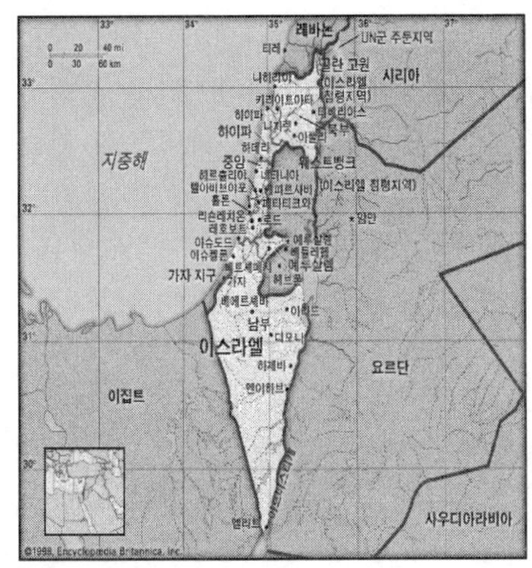

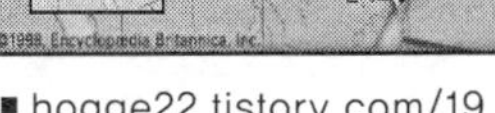
■ hogge22.tistory.com/19

■ 연합뉴스 2014. 8. 10

이스라엘에서는 모든 신체 건강한 남녀 18세가 되면 징집 대상자가 된다. 남자는 36개월, 여성은 21개월 복무한다. 의무 복무를 마친 후 모든 군인은 예비군으로 등록된다. 제대 후 예비역에 편입되어 남자는 54세까지, 미혼여성은 24세까지 매년 1개월의 훈련을 받아야 한다. 의무 복무 중 희망자나 군의 요구에 의해 장교나 하사관으로 임용 받을 수 있다. 직업군인은 이스라엘군의 지휘 및 행정의 중추를 구성한다. 장교 양성교육은 약 6개월이고, 조종사 학교나 특수 군 기술학교 졸업자는 일정 기간 직업군인으로 복무해야 한다.

이스라엘은 주변 아랍국들과의 전쟁에 대비해 강력한 군사력(2006년 기준 군사비 지출은 GDP의 7.3%)을 보유하고 있다. 유대교도와 드루즈교도는 의무적으로 군복무를 해야 하고, 개신교와 이슬람교도는 지원에 의해 군복무를 할 수 있다. 정규군은 18만 6500명이지만, 비상시 48~72시간 내에 44만 5000명의 예비병력을 동원할 수 있다. 아랍의 대병력과의 전투에서 승리하기 위해 속전속결의 전략을 채택하고 있다.

군사력 평가기관인 '글로벌파이어파워(GFP)'에 따르면 이스라엘의 전투력은 조사 대상국 106개국 가운데 상위권인 11위로 조사됐다. 이스라엘은 약 350만 명의 병력을 보유하고 있다. 교전에 즉각 투입할 수 있는 인원만 해도 300만 명에 달한다. 이스라엘 육군은 또 탱크 3,870대, 장갑차 9,436대, 견인포 350대, 다연장로켓 88대를 갖추고 있다. 미국제 최신 군 장비와 100여 기의 핵탄두를 보유하고 있는 것으로 알려졌다.

해군력은 구축함 3척을 비롯해 잠수함 14척, 해안 방어선 66척, 소형함 3척, 코베룻함 5척을 보유하고 있다. 공군도 전투기 및 요격기 234대, 수송기 98대, 헬리콥터 191대를 보유하고 있다.

★ 글로벌 시대 국가안보의 초석, 자랑스러운 한국군

2012년은 대한민국 건군 64주년을 맞는 뜻 깊은 해였다. 100여 년 전 1911년 6월 10일 만주에서 개교해 수많은 독립군 간부를 배출하며 항일무장 투쟁의 최대 거점이었던 신흥무관학교의 정신을 계승한 한국군은 1948년 8월 15일 정부 수립과 새롭게 탄생됐다. 초대 국방부 장관은 청산리 전투 사령관과 광복군 참모장을 지낸 이범석 장군이었다.

■ IPN뉴스 2013. 10. 1

국군의 날의 의미와 주요 행사

그 후 한국군은 1950년 6·25전쟁을 겪으면서 많은 변화와 발전을 경험했다. 이어 정부는 1956년 10월 1일을 '국군의 위용과 발전'을 기리기 위해 국군의 날(Armed Forces Day)로 제정했다. 매년 국군의 날을 맞아 군의 위용을 세계만방에 널리 알리고 장병들의 사기를 높이기 위해 다양한 사열·시범 전투 등 각종 행사가 진행되어 왔다. 2012년 행사는 추석 명절로 인해 기념행사가 계룡대에서 9월 24일부터 26일까지 3일간 개최되었다. 행사는 '강한 국군! 더 큰 대한민국'을 주제로 선진 일류국가로의 국익 증진과 평화통일을 염원하는 민군화합 축제의 한마당이 됐다. 또 국군의 합동성과 결연한 국방의지를 표방해 호국용사, 창군 원로, 장병 대표와 시민 등이 참석해

국군의 위상을 드높이는 계기가 됐다. 특히, 이명박 대통령은 건군 유공자·참전용사 및 6·25전쟁 지원국 63개국 기수단들과 사관생도들이 든 '전사자 명부'와 입장해 감사와 추모의 의미를 도모했다.

그밖에 한국군의 탁월한 전투능력과 우수한 전력을 대내외에 알리는 각종 행사가 이어졌다. 새롭게 구성된 '민관군 통합방위작전'은 테러·재난·국지도발 등 국가적 위기상황에 대한 통합된 대응능력과 군사적 위기상황시 군의 즉각 응징태세를 '군합동작전'도 주목을 받았다. 관람객들은 유해발굴 사진 및 유품 등 관람과 서바이벌, 줄타기 등 병영체험까지 참여할 수 있는 색다른 경험을 하기도 했다. 국방부는 국군의 날과 부대별 행사를 연계해 9월 15일부터 10월 21까지를 국방페스티벌 기간으로 설정해 대국민 축제의 장으로 마련했다. 이 기간 동안 지상군 페스티벌, 인천상륙작전 기념행사, 블랙이글스 귀국 에어쇼 등 각종 이채로운 문화예술행사가 계룡시와 용산 전쟁기념관 등에서 진행됐다.

이런 국군의 날 행사를 통해 국가안보의 중요성과 군에 대한 긍지와 자부심을 새삼 깨닫게 된다. 이 시점에서 국군의 날 제정의 동기와 군의 발전된 모습과 발자취를 되돌아보는 것은 중요한 의미를 내포한다. 그동안 많은 변화를 거듭해 오면서 최강의 전투력을 갖춘 군으로 성장해왔다. 국군의 날 유래에 대해 일각에서는 대한민국 임시정부의 정통군대 광복군의 창설일인 1940년 9월 17일을 기념일로 변경해야 한다는 주장도 제기된다. 그러나 국군의 날이 창군을 기념하기 위해 제정한 날이 아니라는 점을 강조하고 싶다. 이렇게 10월 1일을 국군의 날로 제정한 것은 6·25전쟁 당시 북한군의 기습남침으로 부산근처까지 밀려 내려갔던 국군이 1950년 9·28 서울 수복 이후 백골부대가 38선을 최초로 돌파 진격한 날을 기념하기 위한 것이다. '창군일'보다는 '북진 기념일'을 기리고, 또 과거의 육군의 날(10월 2일), 공군의 날(10월 1일), 해군의 날(11월 11일)의 3군 기념일을 통합한 것이다. 38도선을 넘어 남북통일의 꿈을 향해 전진하겠다는 의미도 담고 있다. 국군의 날 제정을 통해 오늘날까지 군의 정통성을 새롭게 확립하고 호국정신을 계승하기 위한 많은 노력이 이어져 오고 있는 것이다.

21세기 글로벌 시대 한국군의 위상은 전투력 향상을 통해 세계 최강의 군대로써 변모하고 있어 무척 자랑스럽다. 더욱이 2012년은 여군창설 제62주년을 맞는 해로 국방안보 환경의 변화에 따라 군에서도 여군의 역할이 점차 강조되고 있다. 여군은 6・25전쟁이 발발한 1950년 9월 1일 '조국을 구하는 데는 남녀 구분이 있을 수 없다'는 데 인식을 같이한 여자 배속장교에 의해 여자의용군 교육대 창설부터 시작되었다. 그동안 여군발전을 위해 다양한 리더십 함양과 공감대 형성을 통한 정책발전이 제시되었다. 국방분야에서 "여성 특유의 섬세함과 감각이 첨단과학 시대"에 중요한 요소가 되고 있다.

최근 뛰어난 여성인재들의 군 입대가 증가 추세다. 금녀(禁女)의 벽을 깨고 우수한 자원이 장교부터 부사관까지 그 스펙트럼이 다양해지고 있어 반가운 소식이 아닐 수 없다. 각 군 사관학교 선발시험에는 해마다 사상 최대의 여성 지원자들이 몰리고 있다. 2012년 7월 공군사관학교의 16명 모집에 822명이 지원해 51.4대 1이라는 역대 최고 경쟁률을 보이기도 했다. 뿐만 아니라 2003년 190명의 첫 여후보생이 입교한 이래 '여군 증대'라는 국방정책과 부합되는 부사관학교 경쟁률도 높아지고 있다. 2010년 381명, 2011년 419명이 입교했으며 2012년 전반기 268명을 기록했다. 최근 3년간 전문대 이상 학력의 후보생들이 눈에 띄게 늘었다. 이와 같이 여성의 군 입대가 증가함에 따라 복지정책도 바뀌고 있다. 여군체형에 맞는 '여군 맞춤 전투복'을 내년부터 보급할 예정이고, 여군들만을 위한 특별한 혜택도 주어진다. 예를 들면, 불임 치료시술이 필요한 여군은 '불임 휴직'도 가능하고, 모성보호제도 운영 훈령에는 육아휴직과 탄력근무제 등이 포함된다. 여군이 불임 치료 시술을 위해 휴직이 필요한 경우 최대 1년간 분할해 휴직 신청을 할 수 있게 되는 등 다양한 복지 정책이 실시되고 있다. 글로벌 시대 국방을 위해 승승장구하는 여군들의 멋진 활약이 계속되길 기대해 본다.

달라진 한국군의 모습

최근 눈에 띠게 달라진 또 다른 군의 모습은 스스로 군 입대를 선택한 국외영주권자들도 늘고 있다는 점이다. 국방부에 따르면, 이들의 군 입대 수가 최근 6년 사이 1000명을 돌파했다. 북한의 2010년 천안함 피격사건과 연평도 포격사건이후 국외영주권자 입대자가 200명을 넘어서는 등 가파르게 상승하고 있다. 외국에서 영주권을 이미 취득해 병역이 면제되었지만 한국인으로서 자긍심을 갖기 위해 스스로 입대를 선택했다는 것이다. 대부분은 3년에서 21년을 미국, 과테말라, 볼리비아, 이탈리아, 헝가리 등 문화와 언어가 다른 18개국에서 태어났거나 살았다. 오랜 외국 생활로 문화적 이질감을 극복하기 쉽지 않지만 한국인으로서 정체성을 잃지 않기 위해 힘든 군 생활을 이겨내고 있다니 새삼 군에 대한 자부심과 긍지를 느끼지 않을 수 없다. 스스로 입대를 선택한 이들의 선택은 우리 사회 병역 기피와 군 관련 각종 문제에 대해 우리에게 시사해주는 바가 크다. 이들의 보람된 군 생활을 통해 개인의 발전과 민족적 자긍심과 애국심 고취로 이어지는 계기가 되었으면 한다.

무엇보다는 군은 북한의 위협도발에 대비 항시 전투대비 태세를 갖추고 있으며 동시에 대민지원에 항상 투입되어 민군협력의 좋은 본보기가 된다. 해마다 반복되는 기상이변으로 피해가 속출하는 가운데 전국적으로 태풍의 영향으로 막대한 피해를 입었다. 군은 각급 부대에서 재난대책본부 운영을 통해 피해 상황을 취합하며 긴급 복구에 자발적인 참여와 민간피해에 따른 지원 요청시 적극적인 대민지원에 착수했다. 각급 부대는 24시간 모니터링을 통해 기상 변화를 파악하고 수시 현장 점검을 통해 적극적으로 대처함으로써 피해를 줄일 수 있었다. 피해지역의 주민들을 위해 구슬땀을 흘리면 최선을 다해 피해복구에 임해주었던 장병들이 무척 대견스럽다. 이제 군은 국방 의무를 넘어 대민지원 역시 전투력 향상이 중요한 요인이 되고 있다.

이제 한국군의 뛰어난 역할과 위상은 전 세계로 확산되고 있다. 탈냉전기 전 세계는 내전・테러・국가 간 분쟁・난민발생・인권유린・자연재해 등 다양한 위협에 직면해 있다. 이런 국제사회의 분쟁해결과 인도적 지원을 위해 유엔평화유지군(PKO) 활동에 우리군도 최선을 다해 임해주고 있다. 1991년 UN 가입이후 군은 1993년 소말리아 상록수부대 파병을 시작으로 전 세계의 분쟁지역에서 평화와 재건, 민사(民事)작전 등 활발한 활동을 펼치고 있다. 한국군의 우수성, 기강, 현지 활동 등 운용 측면에서 최고수준의 역량을 보여주고 있어 현지인들과 국제사회로부터 큰 찬사를 받고 있다.

한국은 올해 무역 1조 달러 달성, 세계 7번째로 1인당 국민소득 2만 달러와 인구 5000만 명을 동시에 가입하는 '20・50클럽'의 쾌거를 달성했다. 세계 경제 10위권으로 성장했으며, 세계 각국에 도움을 주는 나라로 변모했다. 이처럼 국격 상승과 경제 성장에 걸맞은

PKO 활동의 참여는 군사외교이자 보은외교의 일환이다. 동시에 유사시 국제사회의 지원을 확보하는 데 도움이 되는 것이다. 현재 레바논의 동명부대는 이역만리 땅에서 현지인들로부터 '신이 주신 선물'이라는 칭송을 받고 있으며, 아이티 '희망의 상징'인 단비부대 역시 지역재건과 민사작전 수행 등 주어진 임무를 충실히 수행하고 있다.

필자는 2006년 2월 말 국방부 정책자문위원으로서 이라크 아르빌의 자이툰부대 방문에 이어 올해 6월 17일부터 23일까지 정부합동성과평가단 일원으로 아프가니스탄(오쉬노부대), 바레인(청해부대), 아랍에미리트연합(UAE, 아크부대)을 포함해 3곳의 해외 파병부대를 방문했다. 민간여성으로 무려 50도가 웃도는 폭염과 헬기를 타고 전술비행을 하는 등 작전지역을 넘나드는 것은 결코 쉬운 일은 아니었지만 한국군의 위상과 전력이 너무 달라졌음을 느낄 수 있었다.

무엇보다도 가장 인상적이었던 것은 힘들고 어려운 여건 속에서도 장병들은 한국군 특유의 강인한 정신과 친화력으로 현지 문화를 존중하면서 활발한 민사활동을 전개하고 있었던 점이다. 또한 투철한 군인정신으로 국익과 한국군의 국제적 명성을 드높이는 장병들의 헌신과 열정도 엿 볼 수 있었다. 또한 해외 파병에 대한 '패러다임'이 변화하고 있다는 점이다. 이들은 국가 위상과 한류 붐을 주도하는 주역이자 현지 개발과 에너지자원 협력 등의 협력 확대에도 주도적인 역할을 담당하고 있다. 한국군은 세계 곳곳의 분쟁지역에서 '평화와 재건' 지원을 위해 명실 공히 세계 최강의 군으로 우뚝 섰을 뿐만 아니라 국익창출에 선도적인 역할하기 위해 주어진 임무에 최선을 다해 줄 것을 기대해 본다.

폴 케네디(Paul Kennedy) 교수는 1987년 출판된 자신의 저서 '강대국의 흥망'(the Rise and Fall of the Great Powers)에서 "수준 높은 경제력과 강력한 군사력의 조화에서 강대국이 등장"한다고 언급하지 않았는가. 그는 국가안보와 국익 창출을 위해 경제력에 상응하는 군사력이 필요하다는 점을 역설했다. 우리는 변화하는 국제정세, 한반도 주변 안보환경과 지정학적 상황 등을 고려해 국력 신장에 더 주력해야 한다. 특히, 국방개혁을 통해 정부와 군은 '전력증강과 군사적 역량'을 향상시켜야 하며, 굳건한 한미동맹을 기반으로 한반도 평화와 안정에 기여하고 세계 속의 한국군으로 거듭나기 위해 지속적으로 노력을 해야 한다. 동시에 선진강군 육성과 글로벌화를 위해 국민의 적극적인 지지와 참여가 이어져야 한다.

월간자유 2012년 10월

★ 국방정신전력원의 '싱크탱크' 역할을 기대하며

국가의 목표 중 가장 중요한 것 중 하나는 무엇일까. 그것은 국민의 안전을 도모하고 전쟁을 예방하고 전쟁에서 승리해서 국가 존립을 보장하는 것이다. '평화를 원하거든 전쟁을 대비하라'는 말이 있듯이 전쟁에서 패배한 국가는 주권을 잃게 되는 것은 자명한 사실이다. 그렇기 때문에 전쟁에서 승리하기 위해 국가가 선택하는 최종적인 수단은 '전력과 군사력'인 것이다.

전력은 국가의 전쟁 수행 능력으로 정치 및 경제전력, 사상전력과 군사력이 포함되는 국가총력을 의미한다. 또 군사력은 전력의 일부이며 실질적인 국력으로 군사작전을 수행할 수 있는 능력이다. 전력과 군사력에는 '사상이나 무형적 요인'이 공통적으로 포함된다. 특히 유형전력의 가치도 중요하지만 이를 뒷받침할 수 있는 정신전력이 강하지 않다면 무용지물인 것은 동서고금의 전사를 통해 수없이 드러났다. 무형전력은 병력의 규모나 무기, 장비처럼 직접 눈으로 보고 만질 수는 없지만 군인이 전투에서 승리하기 위해 용기를 잃지 않고 발휘될 수 있는 육체적·정신적 능력과 내재적 가치가 결합된 총화인 것이다. 무형전력은 기술 및 운용전력을 포함해 전투의지인 정신전력으로 구성된다. 이런 점에서 정신전력은 안보 위협과 전쟁에 대비해 전력을 구축해야 하는 군의 가장 중요한 의지이자 국민의 공감대를 형성해 주는 산물인 것이다.

더욱이 계속되는 북한의 핵·미사일 개발과 무력도발 위협, 그리고 요동치는 동북아의 안보 상황 하에서 우리 군의 정신전력의 중요성은 아무리 강조해도 지나치지 않을 것이다. 정신전력은 싸우고자

하는 '신념과 군인정신, 사기 단결, 군기'의 원천으로 사기가 저하된 군인과 필승의 신념이 없는 군대는 국민의 군대로서 그 존재 가치가 상실된 군대인 것이다. 장병들의 사기가 높아야 강한 전투력이 발휘될 수 있기 때문에 군은 항시 싸워 승리할 수 있는 강력한 군대 육성에 주력하고 있다. 그렇다면 강력한 정신전력은 어떻게 조성될 수 있을까. 각종 교육훈련과 생활교육, 부대조직 관리 및 환경 조성, 의식주 개선 등 전반적인 병영생활이 포함된다. 즉 정신전력은 군인들에게 가치관·윤리·규율 등을 올바르게 정립해 행동으로 표출되는 것으로 가장 기초적이며 선행적인 학습이기 때문에 국방차원에서 효과적으로 마련돼야 한다. 이를 위해 군은 다양한 시설과 교육 여건 조성 및 신세대 장병들의 특성이 잘 반영될 수 있도록 선진화된 정신교육 구현을 위해 끊임없이 노력해야 한다.

이런 차원에서 1998년 폐지된 이후 2013년 12월 2일 다시 문을 연 '국방정신전력원'에 국민들의 관심이 집중되고 있는 것이다. 장병 정신 교육을 담당하는 간부들을 체계적으로 교육하는 전문적인 시스템을 구축하고, 장병 정신교육 콘텐츠 개발 및 생산에 주력할 수 있는 통합적·제도적인 장치가 마련된 셈이다. 무엇보다도 정신전력원은 과거의 부정적인 시각과 비판을 극복하기 위해 합리적이고 바람직한 군인정신을 함양하고, 올바른 국가관 및 안보관을 포함해 인문학적인 역사관 확립에 힘써야 한다. 동시에 한국군이 추구하는 전투형 부대 육성을 위해 일관되고 창의적인 '싱크탱크'로서의 임무와 기능을 잘 수행할 수 있도록 주력해야 할 것이다. 국방일보 2014. 2. 28

Focus 국방정신전력원

■ 아시아투데이 2014. 5. 26

국군장병의 정신전력 강화를 위한 기관으로 1977년 시작됐다가 1998년 군 조직 개편으로 폐지됐다. 그 후 군인정신교육 강화를 위해 재창설됐다. 1977년 유신정권 시절에 국군정신전력학교로 시작되어 1990년 국방정신교육원으로 명칭이 바뀌었다. 교육대상은 정훈장교, 대대장, 연대장 등이었으며 1998년 12월 김대중 정부 당시 군 구조의 개혁과정에서 시대의 조류에 맞지 않는다는 등의 이유로 폐지되었다. 국방부는 천안함 피격사건(2010) 이후 군 정신전력 강화의 필요성이 제기되었다고 판단해 폐지된 지 16년 만에 국방정신교육원을 부활했다. 국방정신전력원은 정신교육 기능의 분산으로 교육의 일관성과 전문성이 떨어지고, 군의 정신전력 연구와 교리 발전, 콘텐츠 개발 기능이 미약하다는 지적에 따라 국방부 중심의 통합된 정신교육 시스템을 구축하기 위해 설립이 추진됐다.

국방부 관계자는 "정신전력원은 사상교육이 아니라 전투형 부대 육성을 위한 군인정신 함양과 국가관 및 안보관 확립에 강조점을 두게 될 것"이라며 "정치적 중립성을 확고히 해 논란을 불식시키고 전문성과 일관성을 갖춰 장병의 전투적 사고 등 정신교육을 강화할 것"이라고 말했다. 국방정신전력원은 교학행정처, 정훈학처, 안보학처, 연구개발처 등 4개 처로 편성됐다. 각 군에 분산되어 있던 교육 및 연구기능을 통합해 지휘관 과정, 정훈보수 과정, 전문요원 과정은 물론 각 군 대학의 기본 및 정규과정 등 연간 7,800여 명에 대한 교육과 정신교육 관련 연구개발 임무를 수행 중이다. 모든 과정에 군인정신 과목을 추가하고, 군인정신교육을 위한 별도의 과정을 신설하는 등 군인정신교육을 강화하고 있다. 합동군사대학교 내에 설치되는 국방정신전력원은 정훈보수 과정과 전문요원 과정, 지휘관 과정 등 3가지 교육과정을 담당하고 있다.

★ 비목의 계절, 당신을 기억합니다

한때 필자가 즐겨 부르던 가곡 '비목'은 6·25전쟁의 상흔을 고스란히 담고 있다. 그 치열했던 전쟁터에서 자신의 모든 것을 바친 '무명용사들의 헌시'가 바로 비목이다. 그 노랫말에서 조국과 민족을 위해 산화한 용사들이 감당해야 했던 고통과 외로움을 공감할 수 있다.

얼마 전 '영화로 이해하는 한국과 국제정치' 강의 시간에 학생들과 '고지전'을 감상했다. 6·25전쟁 당시 휴전협상 동안 한 치의 땅도 양보할 수 없었던, 휴전선 일대에서 가장 치열했던 고지쟁탈전을 소재로 한 영화로 1953년 7월 27일 휴전협정 막바지 전쟁의 상황을 생생하게 잘 그려냈다. 또 "초연이 쓸고 간 깊은 계곡에 세워진 이름 모를 비목"의 의미를 연상케 했다. 전쟁을 체험한 세대와 그러지 못한 세대 간에 전쟁을 기억하는 방식과 인식에는 차이가 존재한다. 그러나 과거를 기억하는 공동체 의식과 헌신한 이들을 잊지 않고 보훈을 실천하는 것은 국가발전의 원동력임을 잊지 말아야 한다.

인류 역사상 6·25전쟁과 유사했던 사례는 페르시아 전쟁 당시 아테네 민족의 결사항전을 들 수 있을 것이다. 우리에게 주는 가장 중요한 교훈은 아테네는 고작 3만~4만 군사로 50만의 페르시아 대군을 용감하게 물리쳤다는 것이다. 그리스의 여타 도시국가들은 항복했지만, 아테네군은 결연한 전의를 다지고 그것을 공동체적 자부심의 원천으로 승화시켰다. 이들은 정치적 자유와 독립을 위해 항복하지 않았다. "살아서 굴복하기보다는 저항하면서 죽기를 선택했고, 정치적 삶에 대한 자부심과 긍지를" 바탕으로 막대한 페르시아 대군을 막아낼 수 있었다.

남북전쟁의 내전을 극복하고 세계 문명의 중심국으로 부상한 미국의 국가 부흥도 공동체를 수호하고 자유민주주의 기치를 목숨으로 지키고자 하는 결의와 헌신이 깔려 있기 때문에 가능했다. 필자는 2006년 미 국무부 초청으로 하와이 미 태평양사령부(PACOM)와 진주만의 푸른 바다 위에 세워진 '메모리홀'을 방문한 적이 있다. 그곳에 새겨진 참전용사들의 이름을 보면서 순국선열의 노력이 얼마나 소중한 것인지 새삼 깨달았다. 링컨 대통령의 게티즈버그 연설에서도 그런 정신을 엿볼 수 있었다. 그는 단지 266개의 단어로 구성된 전몰장병을 위한 추모연설을 통해 남북전쟁 당시 목숨 바쳐 싸운 용감한 전사자들의 죽음을 기억해야 하며, 자유를 지키기 위해 죽음으로 헌신한 이들을 명예롭게 여겨야 하며, 그 죽음이 헛되지 않게 후손들은 자유를 지켜야함을 당부했다. 실제로 미국에는 웰링턴 국립묘지를 비롯해 많은 묘역이 조성되어 있고, 1944년 제대군인보호법 등을 제정해 참전용사들에 대한 보상과 보훈정신을 실천하고 있다. 20세기 국제정치를 되돌아보면, 국가와 자유를 지키기 위해서 수많은 무명용사들의 희생이 있었기 때문에 국가발전이 가능했음을 알 수 있다.

다시 한 번 페르시아 전쟁에서 보여준 아테네 무명용사들의 숭고한 정신을 계승한 페리클레스의 전몰용사에 대한 추모연설을 되새겨봤으면 한다. 그는 "죽은 자들의 용맹을 기리며 그들의 자식이 성인이 될 때까지 비용을 국가가 부담할 것"을 강조했다. 이처럼 세계문명을 주도한 국가들은 모두 목숨 바쳐 조국을 지켜낸 전몰용사와 상이용사들의 희생정신을 계승했다는 공통점을 지닌다. 호국보훈의 달 6월과 정전협정 60주년을 맞아 이런 소중한 정신을 잘 되새겨보고, 이젠 고령이 된 국내외 참전용사들의 헌신과 은혜도 꼭 기억해야 할 것이다. 서울신문 2013. 6. 17

Focus 비목 가사의 탄생

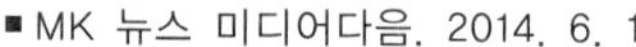
■ MK 뉴스 미디어다음. 2014. 6. 1

■ cafe.daum.net/b2345/9toB/356

비목은 1967년 작곡됐다. 1964년 장교 출신의 작사자 한명희(당시 25세 소위)는 자신이 복무했던 백암산 계곡 비무장 지대에서 "잡초가 우거진 백암산 기슭에서 무명용사의 녹슨 철모와 돌무덤을 발견했다. 6·25 전쟁 때 숨진 어느 무명용사의 무덤인 듯 옆에는 녹슨 철모가 뒹굴고 있었고, 무덤 머리의 십자가 비목(碑木)은 썩어 금방이라도 쓰러질 듯 보였다. 무덤에는 개머리판이 거의 썩어 있는 카빈총 한 자루가 꽂혀 있었다. 이름도 없이 홀로 외로이 죽어갔을 총의 주인이 가슴 아팠던 한명희는 그 카빈총을 주워왔고, 깨끗이 손질을 하며 그 혼을 위로했다." 그 후 이런 그의 마음을 담아 비목의 가사를 썼다.

비목 공원은 6·25 전쟁 당시 격전지였던 이곳에서 산화한 16개국 세계 젊은이들의 넋을 기리고 평화를 갈망하는 인류의 소망을 담아 인류 공동번영의 이상을 전승코자하는 비목탑이 조형물과 함께 자리를 하고 있다. 탑 둘레에는 전쟁 당시 각국에서 파견한 파병 숫자들이 함께 각각의 나라별로 국기와 함께 적혀있다.

★ 순국선열에 감사하고, 광복<光復>의 의미를 되새겨보자

2013년은 정전협정과 한미동맹 60 주년을 맞아 뜻 깊은 행사가 국내외에서 열렸다. 유엔참전국과 참전용사에게 예우를 다하고 감사의 뜻을 전하기 위해서다. 동년 7월 27일 전쟁기념관에서 열린 '유엔군 참전의 날 기념일'은 '참전유공자예우 및 단체설립에 관한 법률 개정안'이 국회 본회에서 통과됨에 따라 처음으로 거행됐다.

아울러 미국 워싱턴에서 열린 7·27 기념식 역시 버락 오바마 대통령이 현직 미국 대통령으로는 처음으로 참석하면서 화제를 모았는데, 그의 기념사는 아주 인상적이었다. 그는 "6·25전쟁을 승리한 전쟁이자, 냉전시대 자유국가들이 힘을 합쳐 승리한 최초의 전투로 기억할 것"이라고 선언했다. 유엔기념공원묘지가 있는 부산도 재조명되고 있다. 세계 유일의 묘지가 1951년 1월 유엔군사령부에 의해 14만 5450㎡ 규모로 조성됐다. 참전국 중에서 영국과 터키, 캐나다 등을 포함해 11개국 2300명의 전사자 유해가 안장됐다. 미국전쟁기념비위원회는 이곳에 정전 60주년을 맞아 6·25전쟁 참전 기념비를 건립해 전사한 미군 3만 6400여 명의 이름을 기리게 됐다. 평균 80세가 넘는 고령의 국내외 참전용사들이 가족과 후손들과 함께 방문해서 전장에 묻은 옛 전우들과 재회하고 넋을 기리곤 한다.

필자는 2013년 7월 중순 유엔참전국 및 참전용사의 헌신과 희생에 감사의 마음을 전하고 싶어 다녀왔다. 묘지를 둘러보면서 자유와 평화에 대한 용사들의 정신을 읽을 수 있었고, 특히 경내에 심어진 만여 그루의 수목은 대부분 각국 정부와 기관·개인이 영면한 젊은 이들의 명복을 빌기 위해 기증한 것임을 알게 됐다. 이렇게 유엔참전용사들에 대한 감사와 함께 또 기억해야 할 것이 있다. 올해 68주년 광복절을 맞아 국권회복과 자유수호를 위해 희생한 호국영령들에 대한 숭고한 보훈정신이 바로 그것이다. 바쁜 일상이지만 국가의 운명과 민족의 희망을 되찾은 날, 즉 '빛이 되돌아왔다'는 광복의 의미를 다시 한 번 되새겨봤으면 한다. 1910년 8월 29일 일본에게 주권 상실 이후 1945년 8월 15일 일본 천황의 무조건 항복으로 조국해방까지 36년간 식민통치하에서 기본권은 박탈당했고, 강제노동과 강제징병, 일본군 위안부 강제동원은 물론 전쟁물자 공급 등 각종 약탈에 시달려야 했다. 그러나 이런 일제의 온갖 탄압에도 굴복하지 않고 우리 애국 열사들은 해외에 임시정부를 수립했고, 광복군을 조직해 항일투쟁을 계속했다. 독립을 위해 만주와 연해주 등 낯선 타국에서 무장독립운동을 전개했던 수많은 무명용사들의 나라사랑 정신을 잘 기억해야 한다. 점점 잊혀져 가는 광복절은 이런 암울했던 과거 역사를 청산하고 희망의 새 시대, 새로운 국가를 세우게 된 날이다.

그동안 애국지사와 유족들에게 감사와 보상에 소홀하지는 않았는지 더 이상 광복절 행사로만 끝나서는 안 된다. 오늘날 대한민국의 평화와 번영은 빼앗긴 조국을 되찾고, 자유민주주의를 지켜낸 순국선열과 국내외 참전용사들의 숭고한 희생의 대가임을 항시 잊어서는 안 된다. 이제부터라도 광복의 진정한 정신을 계승해 분단의 비극을 극복하고 평화통일을 향해 부단히 노력해야 할 것이다.

국방일보 2013. 8. 14

Focus 정전협정과 한미동맹 60주년 의미를 되새겨보며

국가보훈처는 매년 7월 27일 유엔군 참전의 날 기념일로 제정했다.

▪국방일보 2013. 7. 16

국방부 군사편찬연구소 주관으로 '한미동맹 60년사' 발간도 추진됐다. 국방부가 추진 중인 기념사업 가운데 2013년 정전 60주년을 맞아 '백선엽 한미동맹상'이 새롭게 제정됐다. 지난 60년 동안 한미동맹 발전에 기여하거나 한국 방위에 헌신해 온 미국측 인사들에게 주는 상이다. 6·25전쟁 참전용사와 미국에서 영웅으로 꼽고 있는 백선엽 장군의 이름을 땄다. 미국 현역 장군의 경우 전출 시 보국훈장 등 훈장을 관례적으로 수여하기도 하지만 개별적인 상이 개인들에게 수여되는 경우는 없었다. 이 상은 한미동맹에 큰 기여를 한 인물에게 주는 것으로 국방부는 이를 통해 한미동맹의 발전에 기여할 수 있을 것으로 판단했다. 2013년 7월 18일 김관진 국방부 장관과 송필호 중앙일보 부회장겸 발행인이 백선엽 한미동맹상 협약을 맺었다.

6·25전쟁 당시 북한 김일성이 타고 다니던 '소련제 리무진' 승용차가 2013년 7월 16일 전쟁기념관에 기증됐다. 지갑종 유엔 한국참전국 협회장이 정전60주년을 맞아 전쟁기념관에 기증했다. 이 승용차는 1948년 소련 스탈린그라드 자동차공장에서 생산된 것으로 스탈린이 김일성에게 선물했다.

이 차를 소유하기 위해 지 회장은 많은 노력을 했다. 인천상륙작전 이후 유엔군의 전격적인 대반격으로 북한군은 순식간에 평양까지 잃게 되었고, 김일성은 이 승용차를 타고 후퇴 중 청천강 지역에 버렸다.

이후 국군 6사단 7연대가 김일성 승용차를 발견해 노획했고, 이승만 대통령에게 보내졌다. 이 대통령은 전선에서 이동 중 불의의 교통사고로 사망한 고 워커 장군의 미망인에게 선물했다. 이렇게 미국으로 건너가게 된 김일성 승용차는 워커 장군 부인이 새 차를 교환하면서 다른 사람의 소유가 됐다. 이후 미국의 자동차 수집가 손에 들어가게 됐지만 지 회장이 수소문 끝에 1978년 11월 자동차 수집가로부터 차를 구입하게 됐다. 결국 1982년 10월 중순 다시 한국으로 되돌아왔고, 전쟁기념관은 이 승용차를 수장고에 보관 이후 공개했다.

굳건한 한미동맹 강화와 진정한 보훈정신의 의미를 되새겨 보고, 은혜를 잊지 않는 나라로서 대한민국의 국가브랜드 가치가 격상되는 계기가 되었으면 한다.

★ 장거리 공대지유도탄 도입, '대전에서 평양 타격' 가능

군은 2013년 6월 중순 열린 67차 방위사업추진위원회에서 장거리 공 대지유도탄인 타우러스(TAURUS)를 도입하기로 결정했다. 그동안 군은 미국에서 제작한 '재즘(JASSM) 미사일과 유럽산 타우러스'를 놓고 고심했다. 당초 군은 재즘을 구매하려고 했지만, 전략무기라는 이유로 미국으로부터 수출 승인이 거절되었기 때문에 타우러스 구매 사업추진 으로 수정했다. 또 북한 위협과 시급한 한국의 안보 현실을 고려해 타우러스 구입으로 결정됐고, 경쟁입찰이 아닌 수의계약으로 사업추진방식도 변경됐다.

■ 연합뉴스 2013. 6. 19

뛰어난 성능, 유럽산 '타우러스' 스텔스 디자인

타우러스의 도입 가격은 얼마나 될까. 1기당 20억 원 가량으로 추정되고, 170기정도 도입할 예정인 것으로 알려졌다. 정밀타격과 장거리 유도 공대지 미사일로 공군의 F-15K 전투기에 장착이 가능해

질 예정이다. 사거리가 500㎞ 이상인데, 예를 들면 대전에서 발사할 경우 평양의 주요 시설을 맞출 수 있게 된다. 즉 휴전선 근처에서 발사될 경우 북한 전역이 사정권에 든다는 얘기다. 또 관성항법장치(INS)와 군용위성항법장치(MIL-GPS), 영상기반항법장치(IBN), 지형참조항법장치(TRN) 등 다양한 유도 장치를 복합으로 활용해 GPS 교란 등 한두 가지 유도장치 사용이 제한되는 극한상황 속에서도 정확하게 목표물을 추적할 수 있다. 전문가들은 타우러스가 스텔스 디자인을 하고 있어 적의 레이더를 피해 방공망을 돌파할 수 있고, 중량 900㎏에 해당하는 폭탄과 대등한 최대 6m의 강화 콘크리트 관통 공격이 가능하다. 지하벙커 등을 파괴시키는 데 아주 효과적이다.

타우러스가 도입될 경우 한국 조종사들의 생존성이 높아질 것으로 분석된다. 현재 공군은 각각 사거리 100㎞와 270㎞가량으로 알려진 AGM-142 팝아이(Popeye) 중거리공대지미사일과 AGM-84 슬램이알(SLAM-ER) 장거리공대지미사일을 운용 중이다. 타우러스 도입으로 인해 현재 공군이 보유한 '슬램-ER' 미사일보다 2배에 가까운 사거리 연장을 통해 군의 정밀타격 능력이 한층 강화될 전망이다. 타우러스는 한번 발사되면 목표물 탐지, 항로변경, 관통, 폭발 등의 모든 과정이 자동으로 이뤄진다.

동시에 방위사업청이 국회 국방위원회에 2014년도 방위력개선비 요구 예산과 주요사업을 보고했다. 방위력개선비로 11조9천55억 원을 편성해서 기획재정부에 요구했다. 이는 올해 방위력개선비보다 1조6천466억 원보다 17%가 늘어난 것이다. 주요사업은 북한의 핵과 미사일위협에 대응한 '킬 체인' 구축과 관련해서 다목적실용위성과 고(高)고도무인정찰기, 공대지·함대지·지대지 유도탄 추가 구매

등이 포함됐다. 또한 한국형 미사일방어체계(KAMD) 구축과 관련, PAC-2 미사일 추가 구매와 PAC-3급으로 성능개량 등의 사업도 추진될 예정이다. 아울러 방사청 파워팩(엔진+변속기) 결함으로 전력화가 중단된 K-2 전차는 2013년 11월부터 내년 2월까지 최초 양산분 13대에 대한 성능 검증을 거쳐 내년 9월 국회에 보고하고 전력화 여부를 결정하기로 했다. 이어 2012년 7월 시험발사 과정에서 실패한 장거리 대잠어뢰(홍상어)는 7월과 8월 국방기술품질원 주관으로 품질확인사격시험(3회, 4발)을 한 뒤 성공하면 양산을 재개하기로 했다.

공중급유기의 조기도입 필요성에 대해

방사청은 가장 주목을 끌고 있는 공중급유기 도입도 요구했다. 즉 적 잠수함을 공중에서 타격하는 '대잠항공폭뢰' 도입 예산 및 작년에 반영되지 않았던 공중급유기 관련 예산을 요구했다. 그동안 공군은 F-15K와 KF-16 전투기 등의 작전 반경 확대를 위한 공중급유기 도입을 정부에 지속적으로 요구해왔다. 사실상 공중급유기의 조기도입은 한국 공군의 숙원사업이다. 그러나 매번 다른 사업의 후순위로 밀려서 도입이 늘 연기됐다. 국방부는 2012년 7월 국방예산 요구안에도 공중급유기 도입 등 49개 사업 2조5886억 원을 편성했지만 최종적으로 불발되기도 했다.

만약 공중급유기 도입을 통해 공군이 직접 운영하게 되면 공군작전기의 전투반경이 동북아시아 전체로 확대된다. 최종적으로 도입을 할 경우 이는 "전략공군의 초석이 된다"는 분석이다. 또 공군의 작전기가 독도를 포함해 영공·영공수호 작전에서 무제한의 공중작전능력을 구비하게 된다. 즉 "전술 항공기가 공중급유를 이용하면 한반도 모든 지역에 대한 임무가 가능해 체공시간을 약 2배 늘릴 수"있게 된다. 이처럼 공중급유기의 가장 중요한 이유는 전술 항공기의 작전 범위를 획기적으로 확장하는 데 있다. 전문가들의 의견에 따르면, "공중급유기 도입은 공군의 입장에서 빠른 시간 내에 해야 하는 사업인데, 현재 공군은 F-X 라는 큰 사업의 결정을 앞두고 있어 예산문제로 인해 두 가지를 추진하기에 부담스러울 것으로 예상된다"고 언급했다. 공중급유기 도입사업의 표류의 이유는 "F-X 결정지연의 영향을 받고 있기 때문에 향후 공군은 '선택과 집중'을 통해서 실현할 수 있는 공중급유기 획득전략을 만들어야한다"고 강조했다.

향후 공군전투기(F-15K 기준)가 최소한의 연료만 싣고 이륙 이후 공중급유가 가능해져서 완전무장 상태가 된다면 한반도 전역을 포함해 북쪽으로 중국과 러시아 일부를 포함한다. 동시에 남쪽으로는 일본 삿포로와 남중국해까지 출동이 가능해진다. 이미 공중급유기는 미국, 영국, 프랑스, 독일 등 약 30개 국가에서 운용 중이다. 한국과 공군력 규모가 유사한 이스라엘, 터키, 싱가포르, 네덜란드 등도 공중급유기를 보유하고 있다. 심지어 일본자위대는 2003년부터 4대를 운용 중이다. 정리하자면 한국 공군이 공중급유기 4대를 도입하게 되면 전투기 20대를 도입하는 것과 같은 전투력 강화 효과가 있다는 분석이 압도적이다. 지난 10여 년간 공중급유기 도입이 연기됐지만, 변화하는 한반도 안보 현실을 고려해 적정한 예산이 확보되어 순차적으로 도입됐으며 한다. 아울러 영공 방위와 독도와 이어도 상공을 장시간 비행하는 등 방어능력이 획기적으로 향상되길 기대해 본다. 정경뉴스 2013년 7월

★ 자랑스러운 해병대의 창조적 복무를 위해

토인비는 "인류에게 가장 큰 비극은 역사에서 아무런 교훈을 얻지 못하는 데 있다"고 했다. 즉 역사에서 교훈을 찾고 비극적인 결과가 반복되지 않도록 하기 위해 꾸준히 노력해야 함을 시사해 준다. 예를 들면 2014년은 북한의 갑작스러운 연평도 포격 도발이 발발한 지 3년이 지났다. 돌이켜보면 해병대 병사들은 참으로 용감했다. 2010년 11월 23일 오후 평화로웠던 연평도는 적의 기습적인 도발로 포탄이 빗발치는 위기 상황에서 그들은 신속하게 포상으로 이동해 대응사격을 했다. 어느 병사는 방탄모가 화염에 불타는 것도 모르고 대응사격을 할 정도였다. 우리는 그들의 헌신과 희생을 잊지 말아야 한다.

'한 번 해병은 영원한 해병, 귀신 잡는 해병, 무적 해병'과 같은 해병대 정신의 발원은 무엇일까. 해병대는 의무복무 병사로 지원을 받아 입대하는 100% 모병제로 엄격한 군기, 강도 높은 훈련, 드높은 사기, 충성심 등으로 표출된다. 잘 알려진 대로 혹한기 훈련이나 다른 군과 달리 매우 힘든 군 생활과 때론 통제된 환경하에서의 심리적 고통, 동료들이나 지휘관과의 갈등도 경험한다. 하지만 이를 거부보다는 수용하는 긍정적인 태도와 강인한 군인정신을 자랑스럽게 여기는 특별한 힘의 원천이 있다. 그들은 군문을 자발적으로 두드리고, 재수나 삼수를 불사하는 등 지원자가 선발 인원의 수배나 넘쳐 난다. 군복무를 기피하는 한국적 기현상과 달리 '아이러니'한 것이다. 해병대를 상징하는 팔각모, 빨간 명찰과 돌격형 머리 등은 제대 후에도 그들만의 자긍심과 응집력으로 표출된다. 정태연 중앙대 교수는 해병대 예비역(24~30세) 대상으로 왜 해병대를 지원하는지와 군이 지향하는 전투력 향상, 강인한 군인 육성을 어떻게 해결할 것인가에 대한 연구를 진행했다. 그의 연구 결과에 따르면 해병대 복무 중 가장 소중한 것은 “성취감과 삶에 대한 자신감이었고, 가장 큰 보상은 인내심, 인간적 성숙, 건강한 심신, 인간관계와 사회에 대한 폭넓은 이해”였다. 가장 아쉬운 점은 군복무에 대한 부족한 사회적 보상과 개인의 희생이나 헌신에 대한 사회적 평가절하를 꼽았다.

이런 해병의 긍지와 정신은 오늘날에도 필요하다. 해병대는 이를 통해 한계점도 극복하면서 국방력 강화를 위해 ‘국가전략기동부대’로서 해상, 육상, 공중 등 어떤 공간으로도 접근이 가능한 능력을 갖추도록 최선을 다하고 있다. 특히 이를 위해 연합 및 합동, 강도 높은 전지훈련 등을 하며 미래전장 환경과 예상되는 위협에 대한 작전 경험을 축적하고 있다. 우리는 북한의 핵, 미사일 위협과 국지 도발을 포함해 급변사태에 대비해야 하고, 동북아 해양 영토분쟁 갈등의 잠재적 위협과 사이버 테러, 해적 같은 비군사적 위협에 직면에 있다. 해병대는 이런 위협에 신속하게 대처하기 위해 ‘다목적 신속대응부대와 유사시 상륙작전과 지상작전’ 등의 임무수행 능력 향상에 주력하고 있다.

오늘도 혹한의 날씨 속에서 불철주야 국가안보와 국토방위에 최선을 다하고 있는 해병대와 전군의 노고에 감사한다. 군복무에 대한 자긍심을 가지고 그런 경험이 인생에서 새로운 출발점이 됐으면 한다. 창조적인 병영 문화와 비인격적인 요소를 해소하기 위해 다양한 제도가 도입되고 있지만, 무엇보다도 청마의 해를 맞아 우리는 군이 고도의 전투력을 유지하고 싸우면 이기는 정신력 강화에 매진할 수 있도록 아낌없는 성원과 지원을 해야 할 것이다. 서울신문 2014. 1. 20

Focus 한국 해병대(Marine Corps)

■ cafe.daum.net/hara123/8apC/3

한국 해병대는 상륙작전과 수륙양용작전을 하기 위하여 편성된 부대다. 1949년 4월 15일 진해 덕산 비행장에서 상륙작전을 주 임무로 하는 해병대가 창설됐다. 1949년 5월 5일 대통령령 제88호로 해병대령이 공포됐다. 초대 사령관 신현준 중령 휘하 380명은 해군에서 편입한 장교 26명과 하사관 54명 그리고 병 300명(해군 13기에서 특모한 해병대 병 1기생)으로 '무에서 유를 창조 한다'는 해병대 정신으로 해병대의 굳건한 초석 다지기가 시작됐다.

1973년 10월 10일 경제적 군 운용 목적으로 해병대사령부 및 교육, 군수지원부대가 해체됐다. 1987년 11월 1일 해군에 14년간 통합 운용된 해병대는 전력관리상 문제점이 노출되어 상륙작전에 관한 지휘구조를 개선하기 위한 필요성이 대두됨에 따라 해병대 부대를 통합 지휘할 기구인 해병대사령부가 재창설됐다. 1990년 8월 1일 국군조직법에 해병대 관련사항을 재 입법화함으로서 부대령 부대와 그 위상이 다른 직제령 부대로서 해병대사령부가 해병대 부대를 지휘할 수 있는 법적 토대를 마련하게 됐다.

1992년 12월 1일 해병대 부대를 상륙작전 위주로 운영하고 모든 예하부대를 지휘하여 연합사 전략예비부대의 임무를 수행하기 위하여 연합해병대사령부(CMFC)가 창설됐고, 제1사단과 제6여단의 작전권을 포함한 지휘기능을 강화했다.

■ 미디어다음 2008. 8. 13

신라시대 화랑도의 정신인 오계(五戒)와 세 가지 금기(禁忌)를 포함한 팔계(八戒)로 국가에 충성하라, 부모에게 효도하라, 벗에게 믿음으로 대하라, 전투에서 후퇴하지 말라, 뜻 없이 죽이지 말라, 욕심을 버리라, 유흥을 삼가라, 허식을 삼가라 등의 뜻을 담고 있다. 팔각은 팔극(八極)을 뜻하며 어디든지 언제든지 전투에 승리하는 해병임을 상징하고, 팔각의 중심점인 지휘관을 중심으로 하여 여덟 가지인 평화와 독립을 수호, 엄정한 군기, 희생적인 정신으로 국가에 헌신, 가족적으로 단결, 적에게는 용감, 긍지와 전통을 세우며, 불굴의 투지, 필승의 신념으로 승리를 쟁취 등 해병의 길을 의미한다.

진홍색 명찰은 피와 정열, 그리고 약동하는 젊음을 조국에 바친 해병의 전통을 상징하며, 황색은 언제나 명랑·쾌활하고 평화를 수호한다는 신념을 상징한다.

■ 부산일보 2013. 4. 15

제 5 장 한국군의 해외파병 활동과 군사협력

★ 한국군의 베트남 파병에 대한 '회고와 교훈'

■ cafe.daum.net/kor88/5HG0/1577

1961년 집권한 케네디(F. Kennedy) 대통령은 남베트남에서 베트콩 활동에 대한 확고한 제재를 가했다. 1963년까지 약 17,000명의 미군 사고문단이 월남에 파송되었지만 500명이 희생됐다. 경제원조도 감행했지만 부패한 디엠정권 하에서 남베트남의 정치사회적 혼란은 더 심해졌다. 1960년대 초반부터 1970년 중반까지 한미관계는 한국군의 베트남 파병과 북한의 위협, 한미동맹의 위기관리(Crisis Management)와 재조정이 가장 중요한 이슈였다.

한국군의 참전 과정

1963년 11월 남베트남의 디엠정권 붕괴 이후 북베트남은 장기전 태세를 갖추면서 정규군을 남쪽으로 보냈다. 미국의 맥나마라 국방장관은 12월 중순 2~3개월 이내에 상황이 바뀌지 않으면 남베트남은 공산주의자의 통제 하에 놓일 것이라는 우려를 대통령에 보고했다. 미국 내에서 남베트남에서 베트콩의 공세를 봉쇄하기 위해 북베트남에 대한 군사적 압력이 필요하다는 견해가 제기됐다. 케네디 사후 집권한 존슨(L. Johnson) 대통령은 1964년 8월 초 미국의 구축함 매독스호가 베트콩의 공습을 받아 공격명령을 내렸다는 '통킹만 사건'을 발표했다. 사실상 전쟁 포고였다.

미국은 베트남이 공산화되면 다른 동남아시아 국가들이 도미노 현상처럼 공산화될 것이고 베트남 전쟁에 대한 미국의 개입을 정당화하고 군사적 부담을 줄일 수 있는 우방국의 협력이 필요했다. 이른바 '자유세계원조계획' 또는 '보다 많은 국기 프로그램'(More Flags Program)으로 불리는 정책에 입각해서 국제사회에 남베트남에 대한 지원을 요청했다. 그 과정을 좀 더 살펴보면 다음과 같다. 우선, 미국은 동남아시아 조약기구(SEATO)의 동맹국 대상으로 지원을 요청했다. SEATO는 1954년 9월 초 동남아에서 공산주의의 확대에 대항하기 위해 오스트레일리아, 프랑스, 영국, 뉴질랜드, 미국 등 8개국에 의해 조직된 반공군사 동맹이었다. 이것은 NATO와 같은 강력한 군사동맹체제가 아니었고, 회원국들은 공산주의의 위협에 대한 인식과 어떻게 대처해야 하는가에 대한 의견이 일치되지 못했다. 미국을 제외하고 타일랜드, 뉴질랜드, 오스트레일리아 3국만이 베트남 전쟁에 참가했다. 이어 존슨 대통령은 25개국에 참전을 요청하는 서한을 공식적으로 발송했다. 대만, 필리핀, 영국, 한국 4개국이 참전에 동의했다. 참전국 중 전투 병력을 파견한 국가는 미국, 한국, 태국, 필리핀, 호주 및 뉴질랜드였고, 나머지는 비전투병을 파병했다.

한국은 1964년 9월 이동외과병원과 태권도 교관단 파견, 1965년 약 2,000명의 비전투부대와 1개 사단의 전투부대를 파병했다. 1966년 1개 사단의 '전투부대'를 남베트남에 파병했다. 한국은 약 32만여명(평균 주둔 약 5만 명) 수준의 병력을 베트남에 파병했다. 한국은 미국을 제외한 모든 다국적군 병사들을 합친 숫자보다 많은 규모의 군대를 파병했다. 미국과 파병 교섭과정에서 한국은 경제적 이익과 미국의 안보공약 강화와 주한미군의 지속적인 주둔 확보 등 안전보장 측면을 중요하게 고려했다.

1965년 6월 중순 한국의 전투병 파병 배경은 다음과 같다. 베트남 상황의 악화로 인해 미국은 한국에게 1개 전투사단의 조속한 파병을 요청했고, 파월을 위해 박정희 대통령이 주재 특별 리셉션이 청와대에서 열렸다. 당시 김성은 국방부장관, 장창국 합참의장, 3군 참모총장과 공정식 해병대 사령관, 유엔군사령관 비치 대장 등 한미 군수뇌와 브라운 주한미군대사가 참석했다. 남베트남에 전투병을 보내려면 육군은 파병장병 지원과 현지적응 훈련 등 최소 6개월이 소요됐다. 그런데 공정식 해병대사령관은 "우리 해병대는 명령만 떨어지면 당장 지금이라도 출동할 수 있다"고 답변했다. 해병대로 구성된 청룡부대가 탄생했는데, 명칭에 대해 공정식 해병대사령관은 자신의 회고록「바다의 사나이 영원한 해병」에서 다음과 같이 적었다. "청룡부대라는 이름은 내가 직접 지었다. 바다의 제왕인 청룡은 동쪽의 기운을 맡은 태세신의 상징이다. 좌천룡 우백호라는 말에도 청룡이 백호보다 우위임이 드러난다. 바다를 주름잡을 부대의 이름으로 동방과 바다를 함께 상징하는 동물보다 더 좋은 것이 있을까 싶었다." 1965년 9월 20일 출정식 행사가 거행됐다. 동년 10월 3일 청룡부대는 부산항을 출발해서 캄란 만에 상륙했다. 이어 육군의 맹호부대와 백마부대의 추가 파병이 이어졌다.

한국과 베트남의 새로운 관계 모색

1968년 3월 말 존슨 대통령은 남베트남 지역 공습을 중단했고, 5월부터 평화 교섭을 위한 '파리회담'이 시작됐다. 1973년 1월 27일

베트남에서의 전쟁종결과 평화회복에 관한 파리협정이 미국, 남베트남, 북베트남, 베트남 남부공화임시혁명정부를 포함해 4자간에 체결됐다. 동 협정에서 미군의 철수, 전쟁포로 송환, 정전, 남베트남에서의 사이공 정부와 임시혁명 정부간에 연합정부 조직을 위한 협의, 정치범의 석방 등을 규정했다. 정전협정에도 불구하고 전투는 계속됐다. 북베트남과 남베트남은 각각 상대방이 정전협정을 수없이 위반했다고 비난했다. 1974년 남베트남은 방어할 수 없는 변경지역을 포기하기 시작했고, 북베트남은 여러 지방 도시들을 점령했다. 미국은 베트남에서 군사력을 단계적으로 감축시키고 1975년 완전히 철수했다. 1975년 4월 29일 남베트남은 패망했고, 1976년 7월 2일 베트남은 하노이를 수도로 베트남 사회주의공화국으로 통일됐다.

1975년 한국은 베트남에서 대사관을 철수했다. 그 후 1992년 4월 김영삼 대통령은 양국 연락대표부 설치를 합의했고, 12월 외교관계를 수립했다. 1998년 김대중 대통령은 베트남 방문에서 양국의 불행했던 과거에 대해 사과했다. 2001년 양국은 포괄적 동반자 관계를 선언했다. 2004년 노무현 대통령은 베트남을 방문해서 호치민 묘소에 헌화하고 묵념을 했다. 2009년 10월 중순 이명박 대통령은 베트남 방문에 앞서, 국가유공자법 개정 과정에서 베트남 참전 유공자들을 6 · 25전쟁 유공자와 동일하게 대우하기로 결정했다. 2013년 9월 초 박근혜 대통령은 베트남 국빈 방문을 통해 협력적 동반자 관계의 다양한 확대를 모색하는 등 세일즈 외교에 주력했다. 이런 양국 관계의 발전은 '국제사회의 영원한 적도 우방'도 없다는 현실을 잘 반영해주고 있는 적절한 사례가 된다. 탈냉전기 양국은 과거에 얽매이지 상호 국익 증진을 위해 다양한 협력을 더욱 더 증진해야 할 것이다. 정경뉴스 2014년 5월

★ 해외파병 새로운 '이정표'를 세워야

한국군 유엔평화유지활동(PKO) 파병 사례

파병기간	부대명	파병지	주요 활동
1993.7~1994.3	상록수부대(공병부대)	소말리아	내전피해 복구, 도로와 관개수로 등 기반시설 재건
1994.8~2006.5	국군의료지원단	서부 사하라	현지 유엔 요원과 지역주민 의료 지원
1995.10~1996.12	국군 공병부대	앙골라	내전 피해 복구 및 재건 지원, 비행장과 교량 등 건설
1999.10~2003.10	상록수부대(전투부대)	동티모르	재건 지원과 치안 회복, 인도적 지원
2007.7~현재	동명부대(전투부대)	레바논	정전 감시 및 주민 진료 등 인도적 구호
2010.2~2012.12	단비부대(공병 중심)	아이티	지진 피해 복구, 도로와 심정 개발 및 방역 활동
2013.3~현재	한빛부대(공병부대)	남수단	내전 피해 복구 및 인도적 지원

■ 동아일보 2014. 1. 25

글로벌 시대 우리 군은 해외파병을 통해 지구촌 곳곳에서 발생하는 다양한 분쟁의 해결과 평화유지를 지원하고 있다. 또 곤경에 처한 국가에 희망의 전도사로서 인도적 지원을 제공하고 우리 국민의 안전도모와 경제발전의 원동력이 되고 있다.

최근 필리핀 이재민을 지원하기 위한 파병 준비를 포함해 청해부대는 소말리아 해역에서 해적퇴치와 새롭게 임무가 부여된 인도양 원양어선 보호활동에 주력 중이고, 아프가니스탄의 오쉬노부대는 재건과 복구를 돕는 지방재건팀(PRT) 보호 임무 등 다양한 책임과 역할을 수행했다.

또 유엔(UN) 국제평화유지활동(PKO) 일환으로 동명부대는 레바논과 이스라엘 간 정전감시 활동을 통해 중동평화에 크게 이바지하고 있으며, 2013년 1진 파병을 필두로 한빛부대는 신생 독립국 남수단 재건을 지원하는 등 현재 군은 전 세계 15개국에서 1200여명이 활동을 펼치고 있다.

우리 장병 모두가 대한민국의 대표라는 자부심으로 혼연일체가 돼 최고도의 전투태세를 갖추고 주어진 역할과 임무완수에 최선을 다해 자랑스럽다. 그렇다면, 1993년 소말리아에 유엔 평화유지군을 파견한 지 20년이 된 이 시점에 해외파병은 우리에게 어떤 의미를 주는 것일까. 첫째, '중견국'(Middle Power)으로 부상한 한국은 60여 년 전 6·25전쟁의 폐허 속에서 많은 도움을 받았다. 우리는 그 도움이 자유민주주의 수호와 경제건설의 초석이 됐음을 잊지 않고 우리의 도움이 필요한 국가에 기꺼이 손을 내밀어 도움을 제공하고 있다.

둘째, 명실상부한 국제평화유지활동 외에도 국익 증진에 직접적으로 기여하고 대한민국의 위상을 높이고 있다. 안보경영연구원(SMI)은 '국방협력이 동반되는 국방협력 파병은 경제협력이 동반되지 않은 국방협력 파병보다 피 파병국가에 약 50% 수출을 더 촉진하고 있다'는 연구결과를 내놨다. 또 연구원은 경제협력개발기구(OECD) 30개국의 수출국과 60개의 수입국을 대상으로 2000년부터 2010년까지의 평균 수출액을 기준으로 적용한 결과 경제협력이 동반된 국방협력 파병은 경제협력이 동반되지 않은 순수 국방협력 파병에 비해 피 파병국가에 연간 약 14억7000만 달러를 더 수출할 수 있는 것으로 추정했다.

셋째, 해외파병을 통해 국가안전보장과 국방협력을 증진할 수 있다. 청해부대는 해적으로부터 우리 선박과 전략수송로를 보호함으로써 포괄적 국가안보에 기여하고, 리비아 교민 철수 등 유사시 국민의 생명과 재산을 보호하고 있다. 동시에 아랍에미리트(UAE)의 아크부대처럼 상대국의 요청에 의한 비분쟁 지역에서의 교육훈련이나 인도적 지원 및 재난구호와 같은 비전투적인 국방교류협력 활동도 점점 중요해지고 있다.

그러나 보다 더 효율적이고 활발한 파병활동을 위한 과제도 많다. 그중 무엇보다도 2010년 UN PKO법 제정에 이어 다국적군(청해부대・오쉬노부대)과 국방협력 파병(아크부대)에 대해 명시적인 법률적인 지원이 마련돼 더욱 활발한 파병 활동이 필요해 보인다.

세계일보 2013. 12. 6

Focus 해외파병은 국가안보의 초석

■ '아덴만 여명작전'으로 구출된 석해균 전 삼호주얼리호 선장(왼쪽부터)과 당시 해군작전사령관이었던 황기철 해군 참모총장, 석 전 선장을 치료했던 이국종 아주대 의대 교수가 작전 성공 3주년인 21일 부산작전기지내 전적비 앞에서 활짝 웃고 있다. 연합뉴스 2014. 1. 21

한국군은 1993년 소말리아 상록수부대 파병을 시작으로 전 세계의 분쟁지역에서 평화와 재건, 군과 민간인과 협력해 수행하는 민사(民事)작전 등 활발한 활동을 펼치고 있다. 또 한국군의 우수성, 기강, 현지 활동 등 운용 측면에서 최고 수준의 역량을 보여주고 있어 유엔과 국제사회로부터 큰 찬사를 받고 있다.

특히 6·25전쟁 당시 한국에 5만 달러의 물자지원을 제공했던 레바논에서 동명부대가 활동하고 있다. 2007년 7월 파병됨에 따라 한국군 최장기 파병기록을 세우고 있다. 동명부대는 한국에서 8000㎞ 떨어진 이역만리 땅에서 현지인들로부터 '신이 주신 선물'이라는 칭송을 받으면서, 지역 재건과 민사작전 수행 등 주어진 임무를 충실히 수행하고 있다.

필자는 2012년 정부합동평가단원으로 아프가니스탄, 아랍에미리트연합(UAE), 바레인 등을 파병부대의 현지 활동과 정세파악을 위해 방문했다. 한국군은 특유의 성실성과 친화력으로 현지 문화를 존중하면서 활발한 민사활동을 전개, 국가 위상과 한국 붐을 일으키는 주역으로 자리 잡고 있었다. 아프가니스탄에서는 '희망의 전도사'로 불리는 오쉬노부대가 지방재건지원팀(PRT)의 보건진료와 학교 건립 활동 등을 경호하고 지역 안정화에 힘쓰고 있었다.

아랍에미리트(UAE)의 아크부대는 UAE 특전부대의 교육훈련을 지원하고, 연합연습 등의 임무를 수행하고 있었다. UAE군의 정예화 및 작전수행능력 향상을 이끌었다. 더불어 사막 및 고온의 환경에서 한국군의 전투수행 능력도 높아졌다. 당시 UAE 총참모부는 한국군을 미국・영국・프랑스・호주보다 더 신뢰, '한 팀'(One Team)으로 간주했다. 심지어 '아덴만의 영웅'인 청해부대는 소말리아 해역과 주변에서 선박의 안전한 항해를 위해 연합해군과 지속적인 활동을 전개, 그 명성이 역시 자자했다.

현지인들이 한국군의 활약에 대한 찬사와 높은 평가에 긍지와 자부심을 느낄 수 있었다. 장병들은 혹독한 사막의 날씨와 테러위험 속에서도 강인한 군인정신으로 국익과 한국군의 국제적 명성을 드높이고 있었다.

한국은 6・25전쟁 당시 유엔으로부터 16개국의 전투병 파병과 5개국의 의료지원, 42개국의 물자지원을 받았다. 현재 전쟁의 폐허 속에서 세계 경제 10위권으로 성장했다. 심지어 세계 각국에 도움을 주는 나라로 변모했다. PKO 활동의 참여는 참다운 군사외교이자 보은외교의 일환인 것이다. 아울러 유사시 국제사회의 군사적 지원을 확보하는 데 큰 도움이 될 것이다. 정부와 군은 더 활발하게 국가적 및 군사적 역량을 발휘해야 하며, 한국군의 선진화와 국제화에 국민의 적극적인 지지와 참여가 필요한 시점이다.

★ '평화와 희망'의 소프트파워 외교

■ NEWSis 2013. 12. 9

그동안 대한민국은 1993년 소말리아에 상록수 공병대대 파병을 시작으로 25개국 30곳이 넘는 분쟁 지역에서 평화유지군과 군 옵서버 요원, 다국적군 등 다양한 방식으로 국제평화 활동을 전개해 왔다. 그리고 현재 17개국에 1200여명이 파병돼 유엔 평화유지 활동과 재건 지원을 하며 국익 증진에 매진하고 있다.

이런 가운데 필자는 2013년 3월 29일 한국군 해외파병 20주년을 맞아 육군특수전사령부 국제평화지원단의 초청으로 안보 강연을 다녀왔다. 이번 안보 강연은 파병 20주년의 의미와 파병 활동의 발자취를 되새겨 보고, 향후 현안 과제를 생각해 보는 유익한 시간이었다. 특히 군인이 아닌 민간 여성 안보 전문가로서 몇 차례 해외파병 부대(자이툰, 오쉬노, 아크와 청해부대)를 다녀온 경험을 전하며 공감대를 형성해 볼 수 있는 자리였다. 강연 대상은 주로 파병을 준비

중이거나 적어도 한 번 이상 해외파병 경험이 있는 장병과 부사관들이었는데, 어느 강연장보다 뜨거운 열기를 느낄 수 있었다. 아마도 파병 대원으로서 가져야 하는 '내가 곧 대한민국의 얼굴이고 브랜드'라는 인식과 '평화와 희망의 씨앗을 심으러 간다'는 책임감이 그들의 가슴 속에 차 있었기 때문이 아닐까 싶다.

인상적이었던 것은 2010년 창설된 국제평화지원단은 유엔에서 요구하는 상시 파견부대 운용체제를 갖추고 국제평화 유지 훈련에 적극 참여하는 것은 물론 세계 최강의 파병 부대를 양성하고 훈련하기 위해 파병역사관, 파병종합 훈련장, 해외파병교육센터 등의 주요 파병시설을 갖추고 있었던 점이다. 해외 파병부대 방문에서 느낀 점은 장병 개개인이 대한민국을 대표하는 자랑스러운 군인으로서 명예와 자긍심을 드높이는 주인공들이라는 점이었다. 열악한 환경 속에서도 민사 작전과 재건 지원에 열정적으로 임해 주고 있었고, 그들이 흘린 땀방울은 파병지역에서 가난과 빈곤을 극복하는 나눔과 희망의 등불이 돼 주었다. 무엇보다도 현지 주민들을 대상으로 한 의료 지원과 교육, 문화증진 활동은 분쟁과 재해로 절망에 빠진 이들에게 다시 일어설 수 있는 힘과 감동을 실어주는 소프트 파워, 즉 상대국 국민에게 직접 다가가는 공공외교(Public Diplomacy)의 핵심으로 작용하고 있었다.

글로벌 시대 해외파병은 평화와 재건 지원이라는 인류 공동의 가치 실현을 통해 소프트 파워를 증진하고 국제적 명분을 가진 군사력을 통해 외교력 강화에 기여하는 것이다. 대한민국의 국제평화유지 활동 참여가 갖는 의미는 군사외교적 측면도 있지만, 과거 원조를 받던 나라에서 주는 나라로 성장한 이후 가져야 하는 의무적 측면도 있기 때문이다. 뿐만 아니라 지구촌 곳곳에서 국지전 분쟁이나 재해

발생이 더 빈번해지고 있기 때문에 군의 해외파병 빈도와 중요성이 점점 더 커지고 있다. 따라서 박근혜 정부와 군은 세계 평화의 수호자로서 해외파병을 좀 더 체계적이고 제도적으로 지원해야 하며, 이를 통해 국가적 및 군사외교적 역량을 발휘해야 한다.

2013년 2월 31일 오랜 내전으로 황폐화된 남수단의 재건과 의료 지원 활동을 위해 또 하나의 팀인 한빛부대 1진이 출발했다. 공병대를 중심으로 의무와 수송 등 280여명으로 구성됐다. 한빛부대! 명칭 그대로 남수단 국민에게 평화와 안정, 희망과 용기를 주는 밝은 빛이 되어 주길 기대해 본다. 서울신문 2013. 4. 8

★ 한중 '이어도 관할권' 협상에 거는 기대

오늘날 사용되는 '공해(high sea)' 개념은 언제부터 국제사회에 공식화됐을까. 이와 관련 네덜란드의 법학자 휴고 그로티우스의 정의가 중요하게 활용되고 있다. 그는 1604년에 '육지로부터 일정한 거리 밖의 바다는 누구에 의해 어떻게든 사용할 수 있다'는 공해개념을 공식화했다. 그런데 과거 해양 국경선이 육지 국경선과 좀 다르게 인식되고 있다. 해양 국경선이 육지 국경선의 분쟁처럼 주변국들과의 협력과 갈등의 요인으로 복잡해지고 있는 것이다.

이런 변화는 탈냉전기 동북아 지역에서 두드러진다. 동북아의 해양은 국익과 안보라는 이중적 측면에서 해양의 '영토화'가 빠르게 진전되고 있다. 해양주권 보호와 이른바 신해양질서가 뚜렷해지면서 국제적 상호관계 증진과 상품·자원수송을 포함해 해군력 증강, 영유권 분쟁, 해양교통로 확보 등으로 육지의 갈등이 해양으로 첨예화될 가능성이 높은 편이다.

특히 배타적 경제수역(EEZ) 경계획정도 예외가 아니다. EEZ는 유엔 해양협약에 의해 1982년 채택됐고, 1994년 발효됐다. 이 협약에 의해 영해가 기존의 12해리(약 22㎞)에서 200해리(약 370km) 범위까지 한 국가의 관리 가능한 해양 영역이 더 확대됐다. 200해리 내에서 연안국의 모든 자원에 대해 독점적 권리를 포함한 '경제주권'이 인정된다. 즉 현재 EEZ 연안국의 권리는 어업 및 해저 광물자원 탐사권, 해양과학 조사, 해양환경 보호에 관한 관할권 등이 포함된다.

예를 들면 한중간 제주도 남쪽 해역에 위치한 이어도는 양국간 EEZ가 겹치는 해역이다. 이어도는 우리 국토의 최남단 마라도로부터 149km, 중국의 최동단 퉁다우로부터 247km로 떨어져 있어 우리 측에 훨씬 더 가깝다. 이어도 해역은 한・난류가 교차하는 황금어장이자 주변에는 천연가스 72억 톤, 원유 1000억 배럴이 매장된 것으로 추정된다.

또 기상과 해양 과학분야에서도 중요하기 때문에 중국과 EEZ 경계획정 협정과는 별도로 이어도 관할권이 우리에게 있다고 선언하고, 2003년 해양과학기지를 세웠다. 그동안 정부는 양국 해안선의 중간선을 EEZ 경계로 하는 '등거리' 원칙을, 반면 중국은 전체 해안선의 길이와 거주민 수 등에 비례해서 경계선 설정을 주장해 왔다. 지난 1996년부터 2009년까지 국장급 회담을 개최해 왔지만, 이런 입장 차이로 타결되지 못했다. 게다가 지난해 11월 중국의 일방적인 '방공식별구역(CADIZ)'에 이어도가 포함됨에 따라 시급한 현안과제로 부상됐다.

이런 가운데 지난달 한중 정상회담 이후 채택한 공동성명에서 "2015년에 해양경계획정 협상을 가동하기로 한다"고 밝혔다. 협상대표의 급도 국장급에서 차관보급 이상으로 격상된다. 여전히 양국간 기존의 입장 차이로 난항도 예상되고, 갈등의 잠재적 요인이 될 수 있다. 하지만 이번 정상회담에서 '성숙된 전략적 동반자 관계'로 격상된 만큼 협상이 합리적인 성과로 이어졌으면 한다. 결과적으로 한중의 외교적 노력이 동북아 신해양질서 구축의 새로운 이정표가 되길 기대해 본다. 국방일보 2014. 8. 1

Focus 방공식별구역과 중러 행상훈련

■ 한겨레 2014. 5. 20

방공식별구역은 영공 외곽에 군사적 목적으로 설정한 임의의 공역으로, 배타적 주권이 행사되는 영공과 달리 국제법적 근거가 불투명하다. 그러나 한국과 일본의 대응 여하에 따라서는 우발적인 무력충돌 가능성도 배제할 수 없다.

중국과 러시아의 해상 군사훈련 구역 일부가 한국방공식별구역(KADIZ)과 중첩됐다.

중국이 한국 및 일본의 방공식별구역과 겹치는 해역에서 처음으로 "중러 양국이 연합으로 일주일 동안 중국 장강 하구 동쪽 해상에서 '해상협력-2014' 군사연습군사훈련을 진행했다. 정부는 중러의 훈련 해역 일부가 한국의 방공식별구역에 포함되지만 국제법적으로는 공해상이기 때문에 훈련 자체를 막기는 어렵다.

중러 연합훈련 해역은 이어도에서 47㎞, 댜오위다오(센카쿠열도)에서 370㎞ 떨어진 곳. 중러 양국은 연합훈련을 주로 서해안에서 했는데, 댜오위다오에서 가까운 동중국해 지역에서 훈련하는 것은 처음이었다. 중러 연합훈련에 중국은 수상함 8척과 잠수함 2척, 고정익 항공기 9대, 헬기 6대를 보냈으며, 러시아는 수상함 6척을 참가시켰다.

제 6 장 동북아시아의 해양갈등과 협력

★ 해양주권 수호와 해양군사력 강화

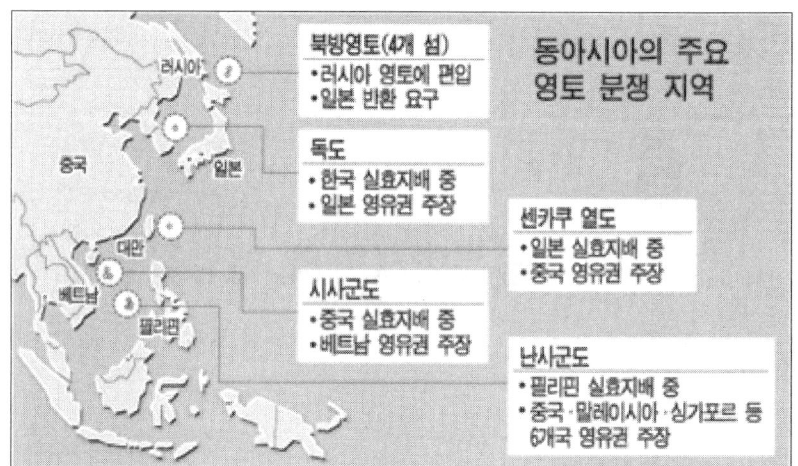

■ 매일경제 2010. 9. 26

중일 양국이 댜오위다오(일본명 센카쿠 열도)의 해상 영유권 분쟁을 놓고 군사적 대립 양상으로 치닫는 등 동북아 지역의 '협력체제'가 도전을 받고 있다. 일본의 분쟁지역 '국유화' 조치에 따른 중국의 강경보복 맞대응은 일본 제품에 대한 불매운동으로까지 이어졌다.

동북아 국가들의 영토를 둘러싼 미묘한 갈등은 정권교체기의 표심을 의식한 '포퓰리즘', 세계적 경제위기로 초래된 실업과 양극화로 인해 팽배해진 사회적 불만을 외부로 돌리는 민족주의까지 득세하면서 '해양세력 쟁탈전'으로 비화하고 있는 추세다. 특히 중일이 분쟁해역 주변에 어선과 군함, 해양 감시선, 순시선을 투입하는 것은 이례적인 일로 해양 주권 강화로 여겨진다. 순시선과 감시선은 각국의 해양경찰을 의미하는데, 자료에 따라 약간의 차이가 있겠지만, 우선

중국은 어업감시선만 1000톤급 이상 9척을 포함해 1300척을 보유하고, 현재 3000톤급 이상 대형선 5척을 건조 중이다. 일본 해상보안청은 순시선(경비선) 121척과 순시정(경비정) 236척, 특수경비 구난정 63척, 기타 경비선 28척 외에 비행기 27대와 헬리콥터 46대도 보유하고 있다. 더욱이 처음으로 2척의 중국 군함이 댜오위다오 서북쪽 80㎞ 해상까지 항해했다. 이는 일본이 40㎜ 기관포를 장착한 1000톤급 순시선 '아소함' 추가 배치와 P3C 정찰기 비행과 자위대 군함 동원 움직임에 대한 중국의 조치로 간주된다.

2012년 일본 방위백서에 따르면, 수적 측면에서 중국의 해군력은 우위를 점한다. 중국은 북해·동해·남해 3개 함대가 구축함 73척, 미사일 초계정 84척, 잠수함 63척을 보유하고 있다. 최근에는 2000명의 승조원 탑승과 항공기 50여 대를 탑재할 능력을 갖춘 첫 항공모함 랴오닝(遼寧) 호가 취역식을 갖고 실전 배치됐다. 반면 일본은 4개 호위대군과 5개 지역 함대, 2개 잠수대군에 구축함 48척, 잠수함 16척을 보유하고 있다. 중국은 일본과 무력 충돌이 발생하면 저장성 닝보에 사령부가 있는 동해 함대, 일본은 나가사키현 사세보가 모항인 제2호위대군이 맞설 것이다. 중국 동해 함대는 3000톤급 이상 구축함이 30여 척이고 일본 제2호위대군의 구축함은 8척으로 수적으로 중국이 우세하다.

현재 중국은 유사시를 대비해 북해 함대 외에 동남아시아 국가들과 맞서는 남해 함대까지 동원하기가 사실상 어렵다. 대신 일본은 히로시마현 구레가 모항인 제4호위대군의 구축함 8척을 비롯해 전체 자위대 함정을 집중적으로 배치할 수 있다. 이른바 일본의 동원능력에 의해 중국의 수적 우위가 쉽게 무력화될 수도 있음을 의미한다. 일본은 방위대강에 '동적 방위력' 개념을 도입해 만일의 사태에 대비하고 있다.

과거에도 이와 유사한 갈등을 놓고 간헐적인 격화와 봉합이 반복됐지만 이번 양상은 사뭇 다르다. 우리는 중일의 지속적인 해양군사력 증강을 예의주시해야 하며, 지정학적 및 군사안보적 측면에서 어떤 대비를 하고 있는지 깊은 성찰이 필요한 시점이다. 군은 그동안의 성과를 토대로 제주 민·군 복합항 건설 추진과 중장기적 차원에서 해양군사력 증강과 영토 수호 및 해양 주권 강화를 위해 만반의 준비태세를 갖춰야 할 것이다. 국방일보 2012. 10. 13

Focus 중국의 랴오닝함

랴오닝함은 2012년 9월 25일 정식 취역한 중국의 첫 항공 모함이다. 중국이 구소련의 바랴크(Varyag, 발틱해의 전사들) 항공모함을 우크라이나로 부터 도입한 이후 2002년부터 다롄 조선소에서 개조 작업을 했다.

■ http://me2.do/F2VRkZfN

중국 항공모함(항모)에는 미 항모의 E-2C 조기경보기보다는 훨씬 탐지거리가 짧지만 조기경보 레이더를 단 특수헬기 탑재, 조기경보 능력을 갖췄다. 1940년대 국민당 정부 해군이 항공모함 건조 계획을 수립한 이후 중국인이 70년 동안 숙원해온 항모를 보유하게 됐다. 아시아의 첫 항모 보유국이 됐다. 중국이 항모 개발 목적은 중동에서 수입되는 원유 수송로의 안전 확보와 해군력 증강의 일부다. 랴오닝호의 실전 배치로 동북아시아의 해군력의 판도에 적지 않은 영향력을 미치고 있다. 예상 작전반경이 500㎞ 이상으로 서해상에 배치되면 우리나라 영공 대부분이 항모 함재기의 작전반경에 들어간다. 중국은 2015년까지 랴오닝호와는 별도로 동급 이상의 핵추진 항공모함 2척을 자체 건조한다는 계획이다.

- 기준배수량 : 4만 8,000~5만 5,000t급
- 길이 : 304.5m
- 최고속도 : 32노트(시속 약 59㎞)
- 연속항해 가능거리 : 7,130㎞(최고속도 시)
- 함재기 : 자체 개발한 전투기 젠-15 전투기 46대, 경보기 4대, 헬리콥터 6~18대 탑재 가능

★ 독도지킴이와 해양안보의 새로운 양상

소중한 우리 땅 독도를 처음 방문했다. 2013년 10월 22일 국방부 정책자문위원 등 50여명을 실은 두 대의 시누크 헬기가 동해를 향해 날았다. 필자의 눈앞에 펼쳐진 '동도와 서도'를 아우르는 독도는 늠름한 모습 그 자체였다. 오랫동안 갈망해 왔기에 독도의 땅을 내딛는 그 가슴 벅찬 순간을 영원히 잊을 수 없을 것 같다.

독도 곳곳이 보랏빛 해국이며 아름다운 들꽃들이 지천이었다. 경상북도 울릉군 울릉읍 독도리 동도는 남쪽 비탈을 제외하곤 60도가 넘는 벼랑과 가파른 경사인데 북쪽에서 바라보면 한반도의 형상과 닮았다고 해서 붙여진 '한반도 바위'가 있다. 독도의 국적이 어디인지 분명하게 보여 주는 자연의 상징물인 것이다. 독립문의 형상과 닮은 '독립문 바위'는 신비로웠고 커다란 봉우리 서도에 우뚝 선 '탐건봉'은 아름다운 조각상처럼 보였다.

잘 알려진 대로 1년 중 독도 방문이 가능한 날은 40일 정도다. 파도 사정에 따라 선착장 접안이 어려우면 해상에서 독도를 마주해야 하는데, 접안을 해도 20분 남짓 머물 수 있다. 그럼에도 불구하고 최근 독도를 찾는 관광객은 증가 추세다. 내국인 방문 30만 시대가 열린 것이다. 이곳엔 방문객들을 반갑게 맞이해 주는 '독도경비대'가 있다. 이들은 불철주야 거친 파도를 견디며 독도의 첨병 역할을 수행하고 있다. 이들의 노고와 열정에 다시 한 번 감사를 보낸다.

일본은 2005년부터 매년 2월 22일을 '다케시마의 날'로 정하고 대대적인 행사를 진행한다. 2013년 10월 고위 관리가 처음으로 참석했다. 현역 국회의원도 역대 최다인 21명이 포함됐다. 또 일본은 '다케시마에 관한 동영상'이라는 일본어판을 외무성 홈페이지와 유튜브에 올렸고, 이어 또 다른 2분 정도의 영문판 홍보 동영상도 게재했다. 일본은 독도 영유권 주장과 영토 분쟁화 시도 등 부당한 주장을 멈추지 않고 있고, 체계적으로 홍보하며 지원 예산을 증액하고 있다. 그런데 독도의 주권을 훼손하는 일본의 이런 시도에 우리의 대처가 다소 소극적이고 조용한 것은 아니었는지. 이젠 역사적으로, 국제법적으로 명백한 우리 고유의 땅 독도에 대한 실효적 지배를 더 강화해야 한다.

마침 2013년 10월 25일은 2010년 한국교총이 선포한 독도의 날이었다. 1900년 10월 25일 대한제국 고종 황제가 칙령 41호로 제정해 울릉군의 관할 구역에 석도(지금의 독도)를 포함한 날을 기념하는 것이다. 비록 민간 차원에서 제정한 날이지만 점점 많은 국민들이 독도의 날에 관심을 갖고 행사에 참여하고 있어 다행스럽다. 또 이날 육·해·공군과 경찰이 대규모 합동 '독도방어훈련'을 실시했는데, 일본에 대한 강력한 경고 메시지이자 영토 수호의지를 국내외에 천명한 것이다.

최근 독도를 포함해 탈냉전기 이후 동북아 역내 국가들 간의 도서 영유권 분쟁과 배타적경제수역(EEZ) 획정을 둘러싼 해양 갈등과 이해관계가 증폭되고 있다. 게다가 중일의 영유권 분쟁은 군사적 긴장을 고조시키고 있고, 최근 북극해에 대한 미러의 해군력 증강을 포함해 세계적으로 경쟁이 치열해지고 있다. 계속되는 선박 피랍과 테러, 해적활동, 마약과 불법난민 같은 전통적·비전통적인 해양안보를 위협하는 요인들이 곳곳에 산재한다. 글로벌 시대 해양을 둘러싼 이른바 '신냉전 체제'에 철저하게 대비해야 한다. 해군력의 중요성은 아무리 강조해도 지나치지 않다. 서울신문 2013. 11. 4

Focus 독도(Dokdo)의 날 : 매년 10월 25일

■ www.weeklypeople.net.view.do?seq=4770

1881년 '독도'로 명명됐다. 고종황제가 1900년 10월 25일 대한제국칙령 제41호에 독도를 울릉도의 부속 섬으로 명시한 것을 기념하고, 일본의 영유권 야욕으로부터 독도 수호 의지 표명 및 대내외적으로 독도가 대한민국 영토임을 널리 알리고 강력한 독도수호 의지를 세계 각국에 드러내기 위한 것이다.

2000년부터 민간단체인 '독도수호대'가 독도의 날을 지정하고 2005년부터 국가기념일 제정을 위해 서명운동을 시작했다. 2008년 8월 27일 독도의 날 제정을 위한 법안이 국회에 제출됐다. 드디어 2010년 한국교원단체총연합회(한국교총)은 16개 시・도 교총, 우리역사

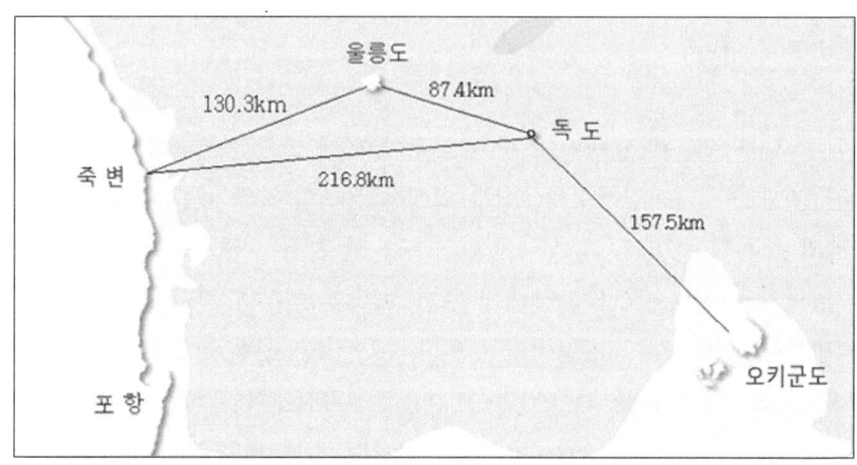

■ http://blog.daum.net/hellopolicy/6984005

교육연구회, 한국청소년연맹, 독도학회와 공동 주체로 경술국치 100주년을 맞아 10월 25일을 독도의 날로 선포했다.

- 독도의 면적: 187,453㎡
- 동도 : 73,297㎡, 높이 98.6m, 둘레 2.8km
- 서도 : 88,740㎡, 높이 168.5m, 둘레 2.6km
- 기타 부속도서(89개) : 25,517㎡

★ 연평도의 '평화공원'을 둘러보면서

필자는 국방부의 정책자문위원 안보현장 방문 일환으로 2012년 11월 14일 서해 5도 중 하나인 연평도를 방문했다. 국방부 관계자와 자문위원들로 구성된 20여 명의 일행은 한강 주변에서 CH-47 시누크 헬기를 타고 도착했다. 북한의 연평도 포격도발 2주기를 맞고 있지만 곳곳엔 그날의 흔적을 쉽게 찾아볼 수 있었다. 무성했던 소나무 숲이 민둥산으로 변했고, 복구 중인 건물들, 평온한 이 섬에 무슨 일이 있었는지 한눈에 들어왔다.

먼저 우리는 해병대 연평부대를 방문했다. 군의 안보태세와 전력증강, 대민지원 활동, 병영시설 확충, 전투기지 방어력 보강 등 서북도서 요새화와 서북도서사령부 창설에 대해 설명을 들었다. 망향전망대 견학과 OP 방문에서 다소 바람은 불었지만 맑은 날씨 덕분에 북한의 갈도와 석도 등을 지척에서 볼 수 있었다. 필자는 이른바 실향민 2세대로서 감회가 남달랐다. 저 멀리 어릴 적부터 아버님께서 들려주시던 그리운 고향인 해주를 바라보면서 가슴 뭉클해졌다. 평화통일과 '평화의 섬' 연평도를 염원해 보기도 했다.

이어 제2 연평해전과 연평도 포격도발로 희생된 장병의 얼굴을 동판으로 새겨 놓은 평화공원으로 발걸음을 옮겼다. 순간 가슴이 뭉클해졌다. 고 서정우 하사와 문광욱 일병의 희생정신을 기념하기 위한 위령탑이 세워지고 있었다. 특히 고 서 하사의 얼굴을 보면서 아들이 무척 보고 싶고 그립지만, 포격 소리에도 용감하게 대처하고 희생했던 아들이었기에 울고 싶지만 울지 않는다, 그런데 오늘은 울고 싶다고 고백했던 서 하사 어머님의 '엄마는 울지 않는다'는 시 구절이 생각이 났다.

계속해서 북한의 포격 지점과 K-9 자주포 시설을 둘러봤다. 곳곳에 북한의 무차별 공격 흔적이 생생했다. 2010년 11월 23일 북한의 공격에 대해 즉각적인 대응사격은 해병대의 강인한 정신력과 뛰어난 전투대비태세였다. 그들은 포탄이 날아오고 동료가 피를 흘리는 상황에서도 조국을 지키기 위해 자신들의 몸을 아끼지 않았다. 우리는 평화를 지키기 위해 헌신하고 희생한 장병의 넋을 위로하고 그들의 죽음과 희생이 헛되지 않도록 살아남은 자들의 의무를 기억해야 한다. 이 시점에서 '기억의 공동체'의 의미와 중요성을 다시 한 번 강조해 보고 싶다.

마지막으로 우리는 포격 민가와 주변 안보기념관 공사현장을 찾았다. 24일 개관을 앞두고 있는데, 승전을 기념하고 장병 정신교육과 국민 안보의식 고취에 많은 기여를 할 것이다. 요즘 북한은 대선을 앞둔 우리를 향해 연이은 북방한계선(NLL) 침범과 김정은을 포함한 고위급 장성들의 연평도 주변 섬 방문, 병력 증강도 서슴지 않고 있다. 우리는 NLL 5도를 비롯해 전방과 GOP 등 추위에도 불철주야 북한의 무력도발에 맞서 군 복무에 여념이 없는 장병의 노고에 감사해야 한다. 무엇보다 연평도 포격도발 2주기를 맞아 "비겁한 평화는 전쟁을 부른다"는 점을 가슴속 깊이 되새겨 보고, 국민 모두 국가안보의 중요성을 재차 인식하는 계기가 됐으면 한다.

국방일보 2012. 11. 23

Focus 해양주권 강화와 서해 북방한계선(NLL)

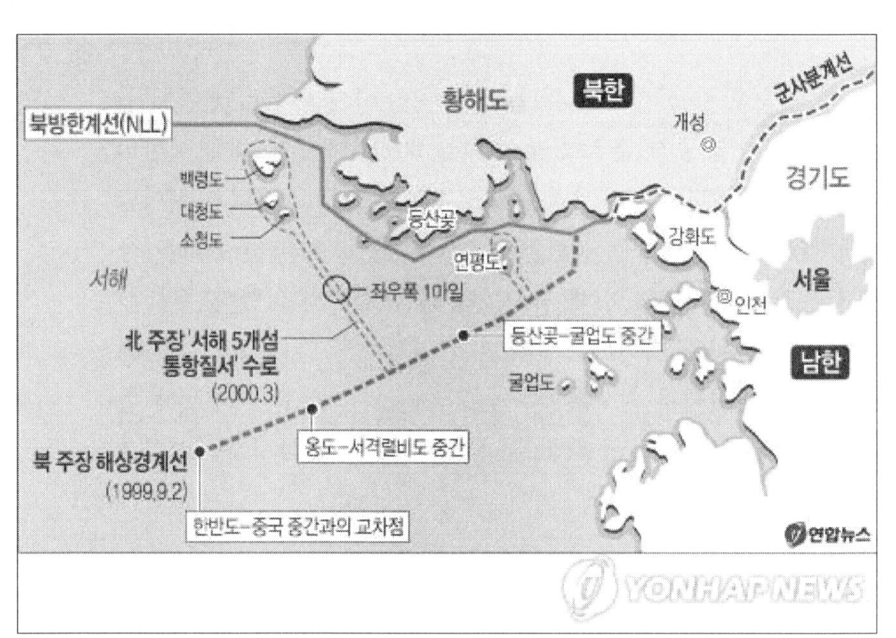

■ 연합뉴스 2013. 6. 24

탈냉전기 동북아시아는 해양을 둘러싼 갈등이 심화되고 있는 지역으로 부상했다. 북한의 지속적인 북방한계선(NLL) 도발, 독도와 이어도를 둘러싼 주변국과의 갈등, 중일의 댜오위다오(일본명 센카쿠 열도) 해상 영유권 분쟁 등이 갈수록 가열되고 있다. 2012년 9월 말 중국은 2000여명의 승조원 탑승과 항공기 50여대 탑재 능력을 갖춘 첫 항공모함 '랴오닝함'의 활동을 개시했다. 또 일본은 4개 호위대군과 5개 지역 함대, 2개 잠수대군에 구축함 48척, 잠수함 16척 등을 보유하고 있다.

연평도는 서해 5도 중 하나로 NLL로부터 1.5㎞, 가장 가까운 북한 땅인 석도까지는 3㎞ 떨어진 서해 최전방 지역이다. 2010년 11월 북한은 NLL 이남 우리 수역에서 군이 통상적으로 수행해온 사격훈련을 핑계로 무차별적 포격을 가했다. 당시 민간인과 장병들이 사망했다.

북한은 왜 NLL을 호시탐탐 침범하고 있는가. NLL은 1953년 7월 27일 정전협정 당시 유엔군이 한반도 주변의 모든 바다와 섬을 장악하고 있던 상황에서 8월 30일 주한 유엔군사령관이었던 클라크 대장이 해상에서 남북한 무력충돌을 방지하기 위해 설정한 해상경계선이다. 그런데 북한은 1973년 이후 NLL 지역에서 무력도발을 본격적으로 감행하기 시작했고, 침범한 횟수는 무려 577회에 달한다. 북한은 1999년 9월 '조선 서해해상 군사분계선'을 일방적으로 선언했다. 1990년대 이후 북한은 1999년과 2002년 연평해전, 2009년 대청해전, 2010년 천안함 피격사건과 연평도 포격도발 등 계속해서 'NLL 무력화'를 시도하고 있다. 최근 북한은 어선을 가장해 NLL을 자주 침범하고 있는데, 군사적으로 NLL을 무력화시킴으로써 전략적 우위를 확보하고 대선 정국이라는 우리의 정치적 현실을 감안해 남남 갈등을 유발하고 있는 것이다.

정부는 중일의 이런 해양패권 움직임을 예의주시하고 NLL 수호에 만반의 대비태세를 갖추고 있다. 군은 해양영토 수호와 해양주권을 지키기 위해 제주 민군복합항 건설을 비롯하여, 해상전력 증강과 정원 개선을 적극 추진 중이다. 해군은 2020년까지 1000t 이상의 함정을 현행 37척에서 55척으로 늘릴 계획이며, 세종대왕급 이지스함을 6척으로 늘리고, 2023년부터 이지스함 수준의 구역 대공방어와 대잠·대함전을 수행할 수 있는 한국형 차기구축함 도입을 제시했다.

NLL은 핵개발과 국가안보를 위협하고 있는 북한과 정치적으로 타협할 수 있는 곳이 결코 아니다. NLL은 한반도 평화를 유지하고 국민의 생명과 안전을 지킬 수 있는 선이다. 그동안 수많은 장병들이 고귀한 생명을 바쳐 지켜 온 실질적인 남북 해상분계선임을 잊지 말아야 한다. NLL은 온 국민이 합심하여 지켜내야 하는 해양영토다.

★ 남중국해(South China Sea) 해양영유권 분쟁의 양상

■ 서울경제 2014. 5. 11

2013년 새해부터 남중국해의 분쟁 도서를 둘러싸고 갈등이 고조되고 있다. 현재 중국, 대만, 베트남, 말레이시아, 필리핀 및 브루나이 등 6개국이 주요 분쟁 당사국들이다. 특히 중국의 공세적인 남중국해의 영유권 주장으로 필리핀과 베트남 등이 강하게 반발하고 있다.

남중국해(230만㎢) 지역에는 남사(Spratlys), 서사(Paracels), 중사(Macclesfield Bank), 동사(Pratas)의 4개 군도와 280여 개의 섬과 암초 등이 포함된다. 중국은 이 지역을 하이난성 관할 해역에 포함시켰다. 이 중 남사군도의 해역이 가장 넓고, 영유권 분쟁이 복잡한 지역이다. 남사군도(약 73만㎢)는 남중국해의 남단에 위치한 해역으로 약 100여개의 소도, 사주, 환초, 암초로 구성된다. 분쟁지역인 남사군도는 풍부한 어족자원의 보고이자 석유 및 가스 등 천연자원의 매장지다. 또 주변국들의 선박 항해에 필수적인 항로이자 세계적으로 가장 중요한 해상교통로(SLOC)가 통과하는 지역이다.

이처럼 남사군도는 분쟁당사국 뿐만 아니라 한국의 해양안보와 전략적·경제적·지역적으로 매우 중요한 곳이다. 한국의 원유 수입과 교역량의 99% 이상이 통과하며 걸프만, 말라카 해협, 동중국해로 이어지는 해로의 중간지점에 위치하기 때문에 국가안보와 전략적 차원에서 중요한 지역이다.

중국의 공세와 격화되는 반중정서

이처럼 남사군도 분쟁은 한국과 주변 국가들의 국익과 안보에 지대한 영향을 미칠 수 있는 사안으로 다자간 평화적 해결 모색이 매우 중요하다. 하지만 현실은 녹록지 않다. 1970년대 이전 이 지역의 영유권 주장은 제기되지 않았다. 즉 중국은 1974년 1월 당시 패망 직전이었던 월남정권의 관할 하에 있던 서사군도의 일부 도서를 점령하면서 서사군도의 전 도서에 대한 실질적 점유를 시작했다. 그 후 1992년 2월 중국의 남중국해를 포함하는 영해법을 공포했고, 중국과 베트남 등의 외국석유회사와의 탐사계약 체결 등 자국의 영유권 주장을 강화하기 위한 조처와 공동개발과 같은 평화적 해결노력도 병행되기도 했다.

2012년 말 중국은 외국 선박이 하이난성 관할 해역에 무단 진입할 경우 승선 및 조사, 억류, 축출, 정선, 항로변경, 회항 등의 조치를 취할 수 있도록 하는 조치를 취했다. 또 중국은 남중국해를 자국 영토로 표기한 새 여권을 발급하는 등의 조치로 주변국들의 반발을 샀다. 계속해서 2013년 1월 초 예전 지도와 전혀 다르게 중국 국가측량지리정보국이 2013년 판 '중화인민공화국전도'와 '중국지형'인 새 지도에서 남중국해 지역과 필리핀명 스카보러섬 등 130여 곳을 자국 영토로 표시했다. 중국은 이들 지역을 본토와 같은 축척을 적용해 표시했고, 남중국해 섬들의 지리적 위치를 자세히 표시했다. 심지어 새 지도에서 일본과 분쟁지역인 센카쿠열도(중국명 댜오위다오)를 확대해 자국에 속하는 지역으로 표시했다. 이렇게 분쟁지역을 중국령으로 표시함으로써 영향력을 확대하려는 의도를 잘 드러낸 셈이다.

한편 베트남은 2012년 6월 스프래틀리 군도(중국명 난사군도)와 파라셀 제도(중국명 서사군도 · 베트남명 호앙사)의 남중국해 일부 도서를 자국령으로 선포하는 해양법을 통과시켰다. 이어 2013년 1월 1일부터 새 해양법이 정식 발효됐다. 베트남은 중국과의 분쟁 도서를 자국령으로 선포했다. 베트남의 이런 해양법조치에 대해 중국은 무효를 선언했으며 여타 국가들의 영유권 주장에 대해 '불법'임을 명백히 했다. 또 파라셀제도의 석유시추 문제를 놓고 충돌한 중국과 베트남 간 분쟁이 중국과 아세안의 지역갈등으로 확대될 조짐을 보였다.

2012년 12월 말 필리핀은 중국과의 영유권 분쟁지역인 스프래틀리 군도에 800명의 해군을 추가 파견하고 새 본부도 설치했다. 필리핀 정부는 이번 병력 증강에 대해 섬을 지키기 위한 방어 수단이라고 선언했다. 스프래틀리 군도 관할 주둔군의 수장인 후안초 사반 중장은 "우리의 섬을 확실히 수호할 것이고 이 지역에서 우발적 충돌이 일어나 지역 문제로 악화되는 것을 원치 않는다"고 강조했다. 필리핀 정부는 배치된 병력을 관리 및 감독을 위해 여단 본부을 남중국해 주변에 배치했고, 군대가 비록 분쟁 섬에 주둔하지는 않지만 주로 순찰하는 임무를 맡게 된다는 점도 덧 붙였다.

'남중국해 당사국 행동선언문'

동시에 분쟁 당사국들은 자국의 영유권 주장 강화와 평화적 해결 방안을 추진하고 있다. 아세안 회원국 중 남중국해 영유권을 놓고 중국과 대립하고 있는 베트남, 필리핀, 말레이시아, 브루나이 등은 갈등이 더 악화하는 것을 막기 위해 구속력 있는 행동강령 제정을 추진해 왔다. 중국은 개별 국가와의 분쟁이 아세안으로 비화하는 것을 경계하고 있다. 우선 아세안(동남아시아국가연합, ASEAN) 10개

회원국과 중국은 2002년 11월 프놈펜에서 정상회담을 개최했다. 이 회의에서 분쟁 당사국들이 남중국해 분쟁 방지에 합의함으로써 분쟁을 평화적으로 처리하고 평화와 안정을 위협하는 행위를 하지 않는다는 포괄적 선언에 합의했다. 당시 중국은 아세안정상회담에 앞서 남중국해에서의 긴장고조를 방지하기 위한 '남중국해 당사국 행동선언문' 초안에 합의했다. 이 행동선언문 초안에 아세안 회원국과 중국이 남중국해에서 당사국간에 긴장을 고조시키거나 상황을 복잡하게 하는 것을 스스로 자제할 것을 규정했다. 행동선언문은 정상회담이 개막되는 11월 4일 정식 발표되었지만 초안에는 구체적인 분쟁지역이 명시되어 않았다.

2013년 아세안정상회담 의장국인 보르네오 섬 북서부의 이슬람 석유 부국인 브루나이는 남중국해 영유권 분쟁 해결을 위한 구속력 있는 '행동강령 채택'을 최우선 과제로 간주한다. 브루나이는 올해 아세안 순회 의장국으로 오는 4월과 10월 정상회담을 개최한다. 남중국해 영유권 분쟁을 지역안보의 가장 중요한 위협으로 간주하고 중국 등 당사국과 평화적 해결을 모색 중이다.

그러나 중국은 이런 남중국해 행동강령 채택보다는 당사국끼리 개별 협상을 통해 해결할 문제로 간주한다. 결국 오랫동안 중국은 아세안 차원의 논의에 반대해 왔다. 특히 중국은 남사군도에 대해 역사적으로 자국의 고유영토이며 영토주권에 대한 타협 불허 원칙을 고수하는 단호한 입장을 취하고 있는 것이다. 아울러 중국은 해양영토 주권 강화, 해군력 증강 등을 통해 점진적으로 자국 점령도서의 수를 증가시키고 있다. 그렇다고 현재 분쟁 당사국들의 군사적 충돌로 이어질 가능성은 높지 않지만, 평화적 해결 역시 어려운 실정이다.

정경뉴스 2013년 2월

★ 러일 남쿠릴 4도 갈등의 양상과 이해관계

■ 한국일보 2013. 4. 30

쿠릴열도는 일본 홋카이도와 러시아 캄차카반도 사이, 오호츠크해와 태평양의 56개의 크고 작은 섬들로 구성된 지역이다. 이 중 러일 영토분쟁인 남쿠릴 4도(일본명 북방영토, 에토로후, 구나시리, 시코탄, 하보마이 군도)는 홋카이도에서 불과 56km 떨어져 있고, 현재 러시아가 이른바 '실효적' 지배를 하고 있고, 일본이 줄곧 자국의 영유권을 주장하고 있는 곳이다.

원래 이곳에는 15세기부터 아이누족으로 불리는 원주민이 거주했다. 그런데 1855년 러일은 '시모다' 조약을 통해, 사할린을 공동으로 관리하고, 대신 일본은 남쿠릴 4도를 자국 영토로 귀속시켰다. 1875년 양국은 상트페테르부르크조약을 통해 사할린은 러시아의 영토로, 쿠릴열도 지역은 일본의 영토로 확정했다. 러일 전쟁(1904- 1905년)을 통해 일본은 사할린과 쿠릴열도 지역을 점령하게 되었다. 그 후 2차 세계대전 중 미중영소 연합국은 1943년 12월 1일 카이로 선언을 통해 패전국 일본의 영토 골격을 밝히고, 1945년 2월 11일 얄타 협정에서 소련의 쿠릴열도 확보를 명기했다. 소련은 1945년 7월 26일 포츠담 선언을 통해 재확인했다. 1945년 9월 2일 일본이 무조건 항복으로 포츠담 선언을 받아들임으로써 쿠릴열도는 소련 영토로 병합되었고, 러시아는 이를 승계했다.

소련은 1951년 샌프란시스코 강화조약을 통해 이 지역을 자국 영토로 편입시켰지만, 일본은 쿠릴열도를 내주는 대신 자국에 가장 가까운 '시코탄과 하보마이 군도'(10여개의 작은 섬)는 홋카이도의 일부이며 쿠릴열도가 아니라고 주장했다. 소련은 1956년 양국의 평화조약 체결을 조건으로 시코탄과 하보마이 군도의 일본 반환을 제안했다. 그러나 일본은 이를 수용하지 않았다. 1980년 중반 고르바초프가 집권하면서 양국간 영토협상과 경제협력 모색이 집중적으로 논의되었다. 탈냉전기 양국은 수차례 방문과 정상회담을 통해 평화적 영토분쟁 해결을 시도했지만, 뚜렷한 진전 없이 '정치적 선언'으로 끝났다. 2001년 푸틴 대통령의 집권초기 역시 2도 반환 조건으로 일본의 경제적 투자를 기대했다. 그러나 고이즈미 총리는 강경노선으로 선회했고, 그는 "4개 섬 일본 귀속을 명문화할 것"을 집요하게 요구했다.

푸틴의 후계자였던 메드베데프 대통령은 역사상 처음으로 분쟁지역을 방문한 정치지도자로 부상했다. 2010년 11월 그는 일본의 강한 반발에도 불구하고 구나시리섬을 전격 방문했고, 주민들에게 경제지원과 개발을 약속했다. 러시아는 쿠릴열도 주변에 미사일 방어시스템 연대 배치와 구나시리와 에토로후섬에 군 주둔지를 추가로 건설하기로 했다. 또 2007년부터 낙후된 이 지역의 사회간접자본(SOC)을 확충하는 '쿠릴열도 사회경제 발전계획'을 시행 중이다. 러시아 정부는 2015년까지 도로와 공항, 항구 건설 및 정비에 310억 루블(약 1조 1000억 원)이 투자하기로 했다.

2012년 9월 초 블라디보스토크에서 열린 APEC 정상회담에서, 푸틴은 "일본은 아태지역에서 우리의 핵심 파트너"라며 "과거로부터 물려받은 모든 문제를 종결짓고 싶다"라고 말했다. 그는 일본의 대러 투자와 합작기업 설립 문제 등을 논의했고, 블라디보스트크의 일본의 '마즈다'와 러시아 자동차 업체 '솔레르스' 합작 자동차 조립 공장 설립을 언급했다. 독도에 대한 일본의 영유권 주장이 심화되고, 중일 영유권 분쟁 양상이 격화되고 있는 가운데, 푸틴은 일본에게 유연한 입장과 새로운 관계를 모색했다. 그런데 일본은 방위백서를 통해 쿠릴열도를 자국의 '고유영토'라는 강경주장에 대해 대응하기 위해 러시아는 태평양함대 전함 2척을 쿠릴열도에 파견했다. 2012년 8월 25일부터 9월 17일까지 이 전함들은 쿠릴열도 주변을 돌면서 2차 세계대전 당시 일본군과의 전투에서 숨진 소련군 희생장병들을 추모하기 위한 행사였다.

이처럼 남쿠릴 4도를 둘러싼 영토갈등은 여전히 재현되고 있다. 일본은 역사적으로 고유영토론에 근거해 일괄반환을 주장하고 있고, 러시아는 합법적으로 귀속된 자국영토임을 주장하고 있다. 지난 60여 년간 평행선을 이어온 영토분쟁 해결의 급진전은 불확실해 보인다. 경제적·군사안보적 요충지이자 최근 거세지고 있는 '영토 민족주의' 등의 걸림돌을 푸틴은 과연 어떻게 극복할 것인가. 추이를 지켜봐야 할 것이다. 통일한국 2012년 10월

★ 비행정보구역과 일치해 분쟁 소지 적어

정부가 2013년 12월 8일 제주도 남단의 이어도까지 확대한 새로운 한국방공식별구역(KADIZ)을 선포한 것은 대외적으로 우리의 영토와 영해에 대한 수호 의지를 명확히 밝히고, 대내적으로는 영토와 영공에 대한 관심을 환기시켰다는 점에서 의미가 크다. 방공식별구역(Air Defense Identification Zone)이란 영공과는 별개 개념으로, 한 국가의 영토와 영공 방어를 위해 정해 놓은 공중구역이다.

어찌 보면 중국이 2013년 11월 22일 동중국해 상공에 중국방공식별구역(CADIZ)을 일방적으로 선포한 행동은 우리 국민들에게 영토와 영공의 중요성을 인식하고 관심을 갖게 하는 데 좋은 기회가 됐다. 해군의 이어도 인근 초계활동은 당연한 자위권 발동 중국이 선포한 방공식별구역에는 이어도와 제주도 서남쪽 영공까지 포함되어 있다. 우리의 기존 방공식별구역은 1951년 미국에 의해 설정됐다. 이어도가 제외되었지만 설정 당시에도 이어도는 대한민국 영토로 인정받았고, 지금 이어도 인근 해역은 우리의 배타적경제수역(EEZ)에 포함되어 있다. 중국은 선포 전 우리와의 사전 협의나 통보가 전혀 없었다. 또 향후 서해와 남해 등으로 확대할 방침을 시사한 점 등에서 우리나라를 비롯한 주변국들의 우려를 고조시켰다. 더욱이 우리나라와 중국은 외교적으로 전략적 동반자관계이고, 양국 국방부 간에 핫라인이 설치되어 있어 언제든 대화가 가능하다.

그런데도 일방적인 선포에 나선 것은 일본을 의식했기 때문으로 보인다. 그동안 동중국해에서 중국과 '기싸움'을 벌여온 일본은 더욱 민감하게 반응했다. 중국과 영토 분쟁이 빚어지고 있는 센카쿠열도

(중국명 댜오위다오) 영공이 포함되어 있기 때문이다. 이번에 우리나라가 설정한 KADIZ는 민간 항공기에 대한 관제를 위해 국제민간항공기구(ICAO)가 만든 우리의 비행정보구역(FIR)과 일치하기 때문에 우리의 KADIZ 확대 설정은 국제적 분쟁 소지가 적은 것이다. 그런 점에서 중국의 선포에 대한 정부의 맞대응은 아주 시의 적절해 보인다. 중국을 비롯한 관련국들에 충분히 사전 설명을 했고, 중첩 부분에 대해 계속 대화하겠다는 입장을 거듭 밝혔다. 우리의 방공식별구역 선포는 동북아의 새로운 갈등 요소가 아니다.

우리 해군의 이어도 인근 초계활동 강화에 대해 일부에서는 갈등 고조 요소로 우려하는 시선도 있지만 이는 영해에 대한 당연한 자위권 발동으로 간주된다. 방공식별구역 선포로 인해 현실적으로 가장 중요한 것은 민간항공기 통과 시발생할 수 있는 우발적 사고 예방이다. 오히려 이러한 사고 예방은 한중일 3국이 대화에 나설 수 있는 계기가 되어 줄 것이다. 사실 우리의 방공식별구역 확대 조치에 대한 중국의 유감 표시는 방공식별구역 자체가 아니라 그 아래의 배타적경제수역이 겹치는 부분, 바로 이어도 때문이다. 이번 사안의 이면에는 배타적경제수역이라는 다른 사안이 잠복되어 있다.

방공식별구역 확대를 계기로 한중일 3국은 협상과 소통을 더 해야 할 것이다. 지금까지의 선포는 서로 입장을 알린 것이기에, 지금부터는 국가간 분쟁이 되지 않도록 대화에 나서야 한다. 우리 정부는 앞으로도 우리의 방공식별구역 확대 개편이 비행구역과 일치한다는 점을 중국에 다시 강조할 필요가 있다. 일본에 대해서도 마찬가지다. 우리 정부가 조율능력을 배가해 노력한다면, 이번 사안은 끊어진 중일 대화를 트고 한중일 3국을 하나로 이어줄 수 있는 '동북아 협력 증진과 소통'의 열쇠가 될 수 있다고 본다. 위클리공감 2013. 12. 16

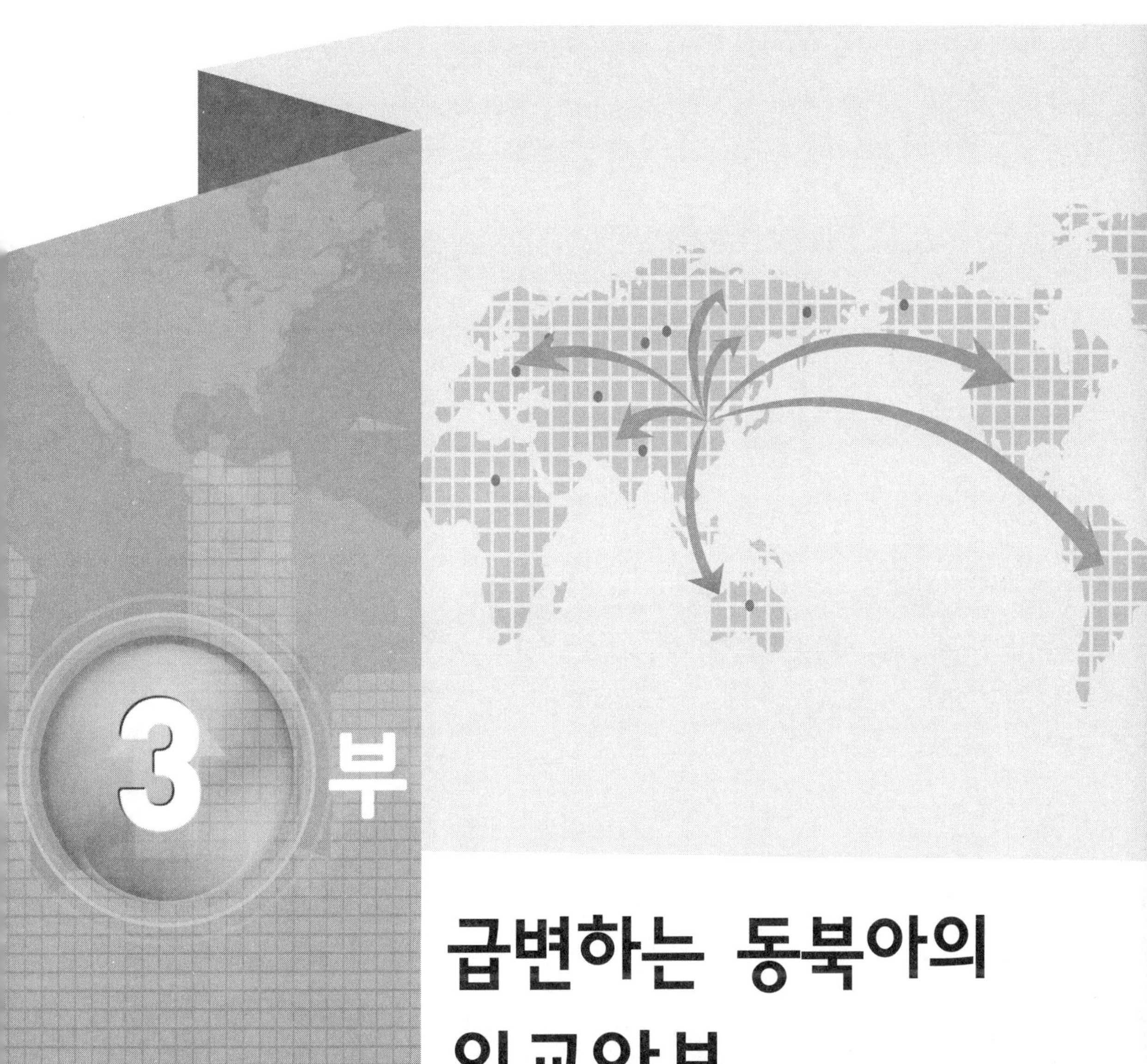

3부 급변하는 동북아의 외교안보

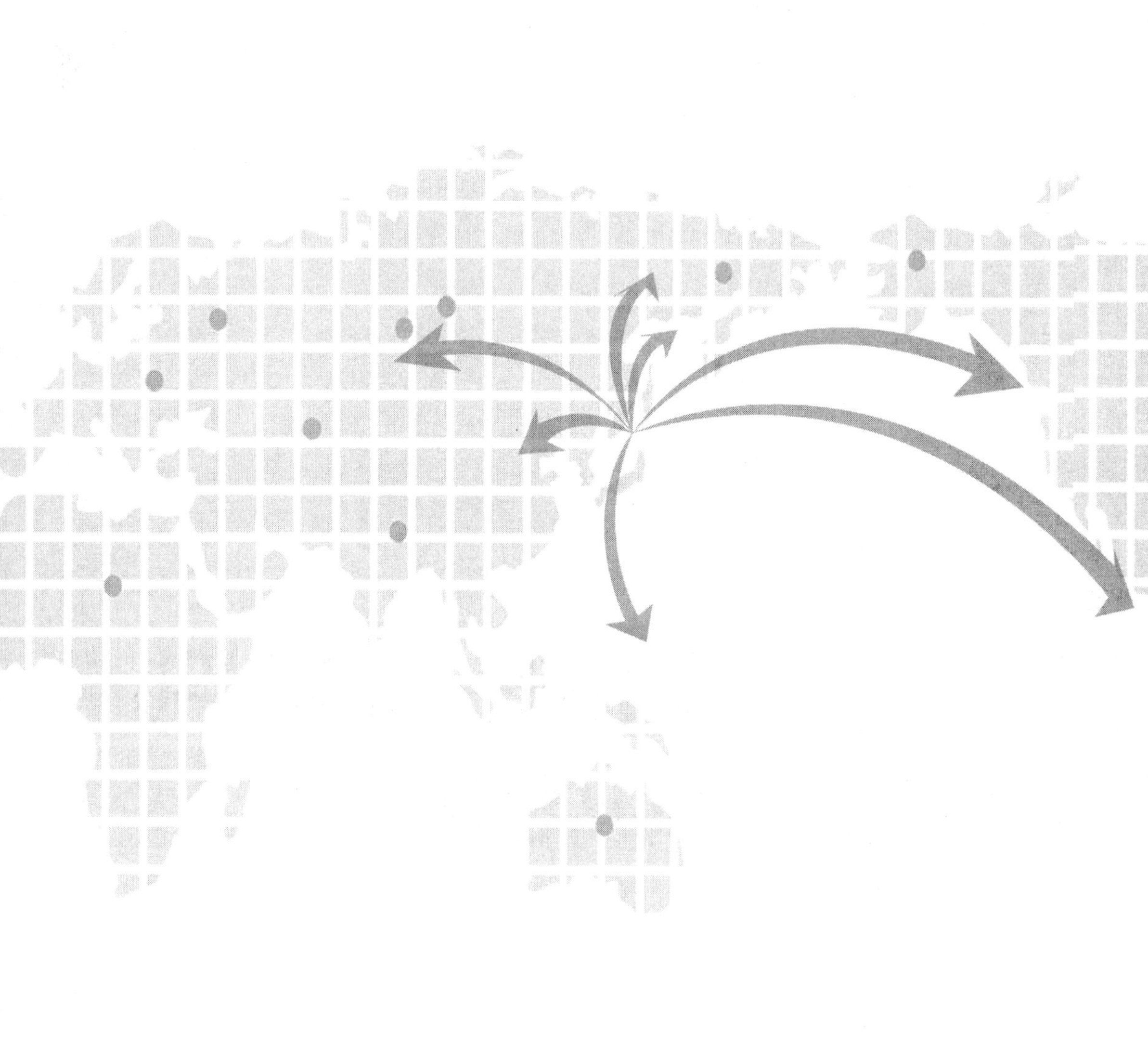

제 7 장

전략적 한미동맹 구축 방안

★ 글로벌 시대 '격동의 동북아,' 한국의 전략적 선택

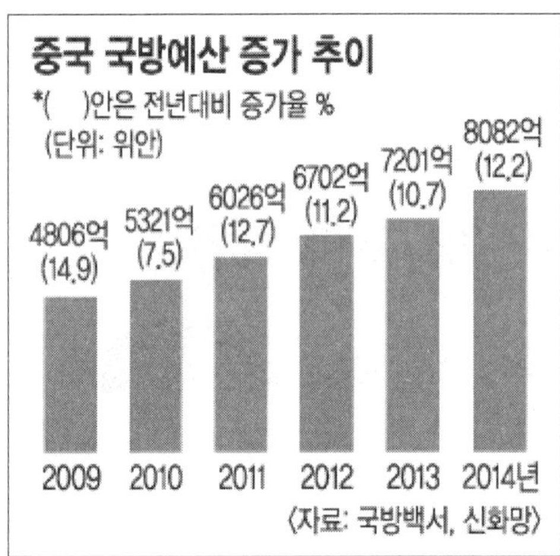

▪ 국민일보 2014. 3. 6

동북아 정세가 요동치고 있다. 미중의 G2시대 개막이후 미일의 군사안보 협력 강화, 중국의 신형대국관계론 구현을 위한 핵심이익 강조와 중일 센카쿠열도(중국명 댜오위다오)를 중심으로 불거지고 있는 영유권 갈등, 중국의 일방적인 '방공식별구역' 선포로 한중일 방공식별구역 문제가 새로운 요소로 부상했다.

일본의 위안부 문제와 과거사 부정에 따른 한일 관계 정색과 러시아 군사력 증강과 아태지역에 대한 에너지자원을 중심으로 한 경제적 영향력 확대 등도 지속되고 있다. 특히 북한은 김정은 정권은 '핵과 경제' 병진노선을 고수한 채 장성택과 그의 측근들의 숙청에 따른 체제변화와 추가 도발 가능성도 제기됐다.

동북아의 신패권과 경쟁 양상

2008년 금융위기 이후 연간 1조 달러 이상 재정적자 등 미국경제의 하락으로 2012년 1월 5일 미국 국방부는「미국의 글로벌 리더십을 유지하기 위한 방안: 21세기 미국국방의 우선순위」라는 새 국방전략지침을 감행했다. 이에 따라 미국은 향후 10년간 1조 달러의 국방예산 감축과 국방정책의 중심은 아태지역으로 이전 중이다. 2020년까지 태평양 60, 대서양 40의 비율로 미 해군력을 재배치한다는 계획을 수립했다. 오바마 2기 정부는 '아시아 회귀' (Pivot-to-Asia 또는 Prebalancing)의 지속적인 추진을 통해 한국과 일본과의 동맹을 굳건히 구축하면서 중국을 견제 중이다.

일본의 아베정권은 아베노믹스로 불리는 경제정책으로 국내외 경제침체를 극복하고, 우경화 노선 고수와 집단적 자위권 행사를 중심으로 미일 방위지침을 개정 중이다. 집단적 자위권은 다음과 같은 네 가지 유형을 담고 있다. "미국으로 향하는 탄도미사일 요격, 공해상에서 미국 함선 보호, 유엔 평화유지활동(PKO) 등에서 행동을 같이하는 타국 군대에 대한 경호, PKO 타국 군대의 후방 지원 등의 상화에서 집단적 자위권 행사"가 포함된다. 이를 통해 아베정권은 '정상국가(보통국가)'의 정당성 확보를 더 강력하게 추진 중이다. 평화헌법 개정 역시 일본 우파 정치인들을 중심으로 미일 동맹 틀 속에서 치밀한 외교 전략이 추진되고 있다. 또 일본은 독도에 대한 영유권 주장과 군비증강을 확대하는 '신방위대강'을 발표했다.

아울러 동북아에서 주도권을 확보하려는 중국과 이를 저지하려는 미국과의 패권경쟁은 지속되고 있는 것이다. 중국의 부상은 이런 양상의 핵심 축으로 부상했다. 중국은 세계 2위 경제·군사대국이자 13억 인구와 내수시장 성장 등 소위 '중화민족의 부흥' 달성을 위해 매진 중이다. 게다가 중국은 국력에 걸맞은 대외정책을 적극 추진을 위해 최근 미국판 NSC와 같은 국가안전위원회를 창설했다. 시진핑 국가주석이 의장을 맡고 외교부와 군, 국가안전부, 공안 등 관련 기관을 체계적 통합을 통해 국가안보 이슈의 종합적 관리에 주력 중이다. 이에 일본도 국가안보 이슈를 종합적으로 처리하는 사령탑인 일본판 국가안전위원회(NSC)를 창설했다. 경제 회복과 국제위상 제고를 위해 보통 국가화 추진과 아시아에서 일본 역할 확대라는 미일의 이해가 일치하면서 중국을 공동으로 견제하는 전략이 추진되고 있다.

이처럼 글로벌 시대 동북아 지역은 냉전시기의 패권 경쟁과는 다른 새로운 패권경쟁 양상이 강하게 드러나고 있기 때문에 한국의 전략적 선택은 더 중요해지고 있다. '한반도 신뢰프로세스' 구현과 동북아협력 구상을 실현하기 위해 동북아 주변 4강과의 소통과 협력의 비전을 구사해야 한다. 무엇보다도 다각적이고 균형적인 외교가 필요한 시점이다. 정치・군사분야에서는 굳건한 한미동맹을 구축하고 한반도와 동북아 그리고 글로벌 이슈에 대해 미국과 협력을 강화하면서 동시에 경제통상분야는 중국과의 협력도 추진해야 한다. 향후 한국은 미중 경쟁 혹은 갈등 추세가 강화될 때 양자택일을 강요받을 가능성이 높게 제기될 수도 있다. 그러나 한미동맹과 한중 관계를 병렬관계로 접근해서는 안 된다. 지난 60여년을 유지해온 한미동맹은 한중 관계에 의해 부정적인 영향을 받거나 악화되는 그런 유형의 동맹이 아닌 것이다. 요동치는 동북아 정세 하에서 한미 양국의 안보협력의 전략적 목표를 재확인하고 강화되어야 한다.

안보와 경제의 '투 트랙' 전략적 선택

급변하는 북한 정세에 대해 더 예의주시해야 한다. 북한의 갑작스런 장성택 처형과 측근들의 실각 그리고 김정은 정권의 군사적 도발 위협이 지속되고 있는 불안적인 동북아 안보 현실과 격동의 새로운 패권 갈등이 내재한 동북아에서 한국은 한미동맹을 기본 축으로 미중 갈등의 최소화하기 위해 전략 환경 조성에 주력하고, 점진적으로 남북 관계 개선과 한일 관계 복원 등을 고려해야 한다. 한미 양국이 논의 중인 전작권 전환 연기, 방위비분담금 협상, 원자력협정 개정, 주한미

군재배치 추진 등 주요 현안 과제를 잘 추진해야한다. 또 한반도의 평화와 번영 및 나아가 평화적 통일이라는 국가 목표 달성을 위해 남북한 관계 개선을 위해 교류의 활성화, 개성공단을 중심으로 한 남북경협 확대와 진정성 있는 6자회담 개최를 통한 북핵문제 해결이 시급하다. 이를 위해 미중의 강대국간 갈등이 초래하는 부정적 영향을 최소화해야 하기 위해 한미일 전략적 소통을 활용하면서 중국과 러시아와의 전략적 동반자 관계를 잘 유지하는 대외정책이 매우 중요하다. 무엇보다도 그동안 소통이 부재한 갈수록 악화되고 있는 일본과의 대화와 협력이 중요한데 현 단계에서는 쉽지 않다. 우선적으로 정부는 동북아와 한반도 평화와 안보정세의 핵심적인 역할을 수행하는 일본의 전략적 가치를 어떻게 인정할 것인가를 진지하게 고민해야 한다. 아울러 일본의 군사대국화를 통한 보통국가론 지향을 어떻게 인식할 것인가도 중요하다. 정부는 아베정권의 과거사와 위안부 부정과 독도에 대한 영유권 주장은 절대로 수용할 수 없기 때문에 한일 관계 개선을 위해 일본의 과거사에 대한 전향적이고 책임 있는 반성을 전제로 하면서 일본과의 대화를 지향하고 건설적이며 전략적 가치를 어떻게 수용할 것인가를 검토해봐야 한다.

이처럼 글로벌 시대 동북아지역에서의 미중의 강대국들의 주도권 경쟁은 안보분야와 경제영역에서 다양하게 동시에 이루어지고 있기 때문에 중견국(Middle Power) 으로서 한국은 한반도 평화와 번영을 위해 국익과 경제통상을 동시에 고려하는 전략이 요구된다. 즉 국가안보와 경제 이익 증진이라는 '투 트랙' 전략으로 튼튼한 안보 구축을 기반으로 경제영토 확장 측면에서 현재 논의 중인 미국과 일본 등 12개국이 참여하고 있는 환태평양경제동반자협정(TPP) 가입 추진과 중국과 아세안이 포함된 역내포괄적경제동반자협정(RCEP)을 통해 우리의 역할을 더 확대해야 할 것이다. 정경뉴스 2014년 1월

역내포괄적경제동반자협정(RCEP: Regional Comprehensive Economic Partnership)

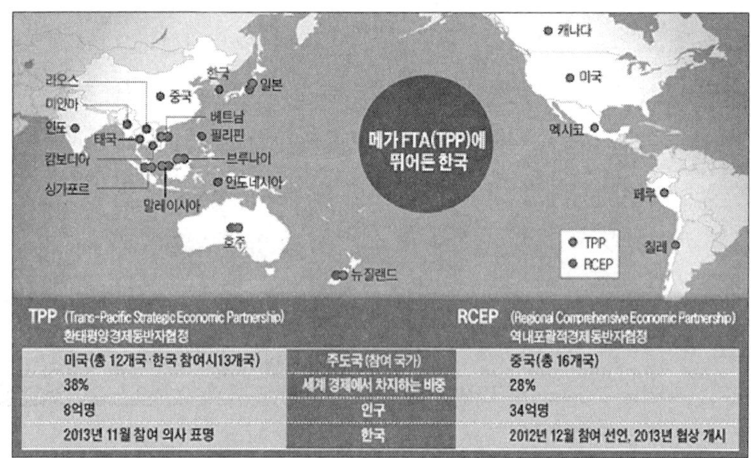

TPP (Trans-Pacific Strategic Economic Partnership) 환태평양경제동반자협정		RCEP (Regional Comprehensive Economic Partnership) 역내포괄적경제동반자협정
미국(총 12개국·한국 참여시13개국)	주도국(참여 국가)	중국(총 16개국)
38%	세계 경제에서 차지하는 비중	28%
8억명	인구	34억명
2013년 11월 참여 의사 표명	한국	2012년 12월 참여 선언, 2013년 협상 개시

■ chosun.com 2013.11.30

아태지역을 하나의 자유무역지대로 통합하는 '아세안+6' 자유무역협정(FTA)으로 2015년 타결을 목표로 협상 진행 중이다. 동남 아시아국가연합(ASEAN) 10개국과 한중일 3개국, 호주, 뉴질랜드, 인도 등 총 16개국의 관세장벽 철폐를 목표로 하는 일종의 FTA)이다.

RCEP가 체결되면 역내 인구 34억 명, 무역규모 10조 1310억 달러(약 1경 1043조 원), 명목 국내총생산(GDP) 19조 7640만 달러에 이르는 자유무역지대가 성립된다. 이는 명목GDP 기준으로 북미자유무역협정(NAFTA, 18조 달러)과 유럽연합(EU, 17조 6000억 달러)을 능가하는 세계 최대 규모의 경제블록이다.

한국은 RCEP가 체결되면 수출시장을 크게 확대할 수 있어 경제성장에 도움이 될 것으로 간주하고 있다. 대외경제정책연구원(KIEP)은 RCEP 체결 이후 10년간 우리 경제가 약 194억 달러(20조 원)의 경제적 이득을 얻을 것으로 추산했다. 하지만 RCEP 협상이 16개국 정상이 목표로 세운 2015년에 타결될 수 있을지는 불투명하다.

★ 강화된 한미동맹과 미사일지침 개정의 시사점

2012년 10월 초 북한 전역을 타격할 수 있는 새로운 미사일지침이 공식 발표되었다. 우리 군의 오랜 숙원사업이 달성된 셈이다. 한미 양국은 2001년 합의된 미사일 지침을 11년 만에 개정했다. 개정안의 핵심 내용은 탄도미사일 최대 사거리를 현재의 300㎞에서 800㎞로 늘리고, 무인항공기(UAV)의 탑재 탄두중량이 2500㎏으로 확대된 것이다. 탄도미사일 사거리 800㎞는 포항 등 우리나라 남부지역에서 발사해도 함경북도 등 북한 전 지역에 대해 타격이 가능한 수준을 의미한다.

한미 새미사일 지침의 개정

그동안 한국은 '사거리 300㎞와 탄두 중량 500㎏ 이하'로 제한된 미사일 지침의 개정에 대한 필요성을 제기해왔다. 개정 움직임이 본격화된 것은 2009년 4월 북한이 장거리 로켓 시험발사 이후였다. 그리고 본격적인 협상에 착수한 것은 2010년 천안함 피격사건과 연평도 포격도발 사건 이후인 2010년 말이었다. 당시 군의 정밀타격 능력이 더욱 절실해졌기 때문에 본격적으로 협상이 시작된 지 2년 만에 미사일 지침을 개정하게 됐다.

국방부에 따르면, 이번 개정에 사거리와 탄두 무게를 반비례해 적용하는 '트레이드 오프(trade-off)' 개념이 적용됐다. 사거리를 줄이면 탄두 중량을 늘리는 개념인데, 대북 군사 작전에서 중량 제한도 해제된 것이다. 즉 800㎞~550㎞까지는 적용하지 않고 550㎞ 이하에서만 적용하는 방안 등이 논의됐다. 우리에게 가장 필요한 550㎞ 정도에서 탄두 중량을 늘릴 수 있도록 되었는데, 이 정도 거리면 우리나라의 중부지역에서도 탄두중량 1000㎏ 이상의 미사일로 북한 전 지역에 대한 타격이 가능해 진 것이다.

더욱이 미래전의 핵심인 무인 항공기의 경우 항속거리 300㎞ 이상에서 탑재 중량을 500㎏에서 2500㎏으로 확대함으로써 고고도 무인정찰기인 한국형 글로벌호크의 개발도 가능해졌다. 무인항공기(UAV)의 경우 기존과 동일하게 사거리 300㎞ 범위 내에서는 탑재중량에 제한이 없고, 탑재중량이 500㎏을 초과하지 않는 한 사거리에 제한을 두지 않기로 했다. 지침의 기준을 넘어서는 미사일이나 UAV의 경우 연구개발을 할 수 있게 함으로써 기술 개발에 대한 제한이 없게 됐다.

한편 동북아시아 주변국의 미사일 사정거리와 그에 따른 미사일 보유 현황을 간략하게 살펴보면 다음과 같다. 우선, 중국과 러시아는 1만 5000㎞에 이르는 ICBM으로 다탄두 기술까지 보유하고 있다. 다탄두는 미사일의 발사체에 탑재된 탄두가 5~10개로 분리돼 목표를 타격할 수 있다. 북한은 구소련으로부터 지상무유도 로켓계열의 단거리 유도무기를 도입해 전력화했다. 북한은 중국과 미사일 공동 프로제트에 참여했으며 스커드-B의 모방생산 등으로 자체생산 능력을 확보했다. 북한은 사거리 300㎞와 500㎞인 스커드-B와 스커드-C 미사일과 사거리 1300㎞의 노동미사일과 사거리 3000km인 중거리 미사일 등을 개발해 실전배치 중이다.

새미사일 개정의 의미와 과제

이번 개정은 이와 같은 주변국의 미사일 보유 현황과 변화하는 한반도 안보환경을 고려해 심각한 수준에 놓인 남북 간 미사일 전력 불균형을 더 이상 방치해선 안 된다는 인식에서 기인했다. 미사일 개정을 통해 우리 군은 세계 최고 수준인 무인정찰기인 글로벌 호크를 넘어서는 무인기를 보유해 '정찰과 공격이' 동시에 가능해졌다. 또 중량 2250㎏에 버금가는 세계 최고수준의 무인정찰기인 글로벌 호크 도입은 예정대로 추진된다.

계속해서 2012년 10월 24일부터 미국 워싱턴에서 한미 국방부 장관이 공동 주관하는 한미 안보협의회의(SCM)에서도 미사일 개정 지침에 대한 논의가 이어졌다. 벌써 44회를 맞은 SCM은 1968년 1·21사태와 푸에블로호 납북사건 등으로 안보협의의 필요성이 대두되면서 시작되었다. 1971년 제4차 회의 때부터 명칭이 SCM으로 개칭되었고, 양국의 서울과 워싱턴에서 번갈아가면서 개최되고 있다. 이번 회의를 통해 한미 국방장관은 양국의 안보문제 전반에 관한 정책협의, 동북아시아와 한반도의 군사적 위협평가와 공동대책수립, 긴밀한 군사협력을 위한 의사조정과 전달, 한미 연합방위력의 효율적 건설과 운영방법 등 15개 항의 공동성명을 채택했다.

특히 북한의 대량살상무기 위협에 대한 억제방안에 초점이 맞추어져 있다. 이로써 양국은 북한의 핵과 대량살상무기 위협을 구체적인 유형별로 나눠서 대응할 수 있는 이른바 '맞춤형 억제전략'을 2014년까지 수립하기로 합의했다. SCM에서 북한의 위협을 세분화해서 방안을 마련하기는 처음으로 공동국지도발 대비계획을 2013년 1월까지 완성하기로 했다. 북한 위협에 대비한 한미 양국의 전방위 동맹 체제가 구축하게 된 것이다.

그밖에 2013년으로 예정된 정전 및 한미동맹 60주년 기념사업 추진, 2015년 12월로 예정된 전시작전통제권(전작권) 전환 및 주한미군 평택기지이전 추진, 지난 SCM에서 합의되었던 우주 및 사이버 협력, 지역 및 범세계적 안보협력과 관련된 사안 등도 논의됐다. 한미 양국이 진행하고 있는 확장억제수단 운용연습(TTX)을 실질적으로 실행해봄으로써 구체적 운용수단을 본격화 해나가는 계획과 방안을 계속해서 모색해나가기로 했다.

아울러 한미 양국은 미사일지침 개정에 따른 후속조치를 계속해서 논의해야 한다. 미사일 방어체계와 북한 미사일 위치에 대한 감시는 한미 연합정보자산의 공유가 중요한 사항이기 때문이다. 또 미사일 공격을 위해 관련된 감시정찰 능력이나 지휘통제능력 등을 갖추어져야 하기 때문에 한미 연합정보자산에 대한 협력이 논의되어야 한다.

동시에 미사일 사거리 연장에 따른 미사일의 개발과 시험 등 우리 정부에게 주어진 과제도 만만치 않다. 당장 미사일이 배치되는 것은 아니다. 국방부에 따르면, 기술은 어느 정도 확보돼 있지만 미사일을 개발해서 시험을 거쳐 실전에 배치하는 데는 시간과 예산확보가 중요하다. 미사일 개발 및 실전 배치에 따른 예산반영을 위해 국방부와 기획재정부 등 관련 부처간 적극적인 협조가 필요하다.

무엇보다도 정부는 굳건한 한미동맹을 토대로 북한의 도발위협을 효과적으로 대응할 수 있는 계기를 마련하는 성과를 달성했다. 향후 정부는 대북 억제 수단 확보와 미사일 기술을 한 단계 끌어올리기 위해 미국과 긴밀한 협의와 부처간 협력과 예산확보 그리고 국민적 공감대 형성에도 최선을 다해야 할 것이다. 정경뉴스 2012년 11월

★ 포괄적 한미동맹과 '윈윈' 파트너십 구축을 위하여

글로벌 시대 주요 국가들의 정상외교는 점점 더 빈번해지고 중요해지고 있다. 한국도 예외가 아니다. '새 시대'라는 코드명 하에 박근혜 대통령의 첫 정상외교 무대는 집권 2기를 맞고 있는 버락 오바마 미국 대통령의 방문으로 시작됐다.

양국 정상의 첫 정상회담은 많은 부분에서 '통'했고 좋은 성과를 달성했다. 이른바 '21세기 포괄적 동맹관계'를 위해 발전방안이 제시됐다. 군사 분야를 넘어 비군사 분야까지 포함하는 협력을 강화하기로 했다. 우선 뜻 깊은 '한미동맹 60주년 기념 공동선언'을 채택했다. 이 선언에는 지난 60여 년간 한미동맹의 발전 및 경과 평가, 아·태지역 평화와 번영의 핵심축으로서 한미동맹과 미국의 확고한 방위공약을 재확인하고, 한미 자유무역협정(FTA)의 충실한 이행 등 경제협력 강화가 포함됐다. 아울러 한반도 평화와 안정 및 평화통일을 위한 노력과 북핵 등 북한 문제에 대한 공동대처 강조와 글로벌 협력의 지속과 양국 국민의 교류협력 강화 등이 담겼다. 즉 2009년 발표된 '동맹 미래비전'을 뛰어넘어 양국의 미래발전 방향을 설정했다는 점에서 중요한 의미를 내포한다.

둘째, '한반도 신뢰 프로세스'에 대한 지지를 확인했다. 한반도 신뢰 프로세스의 대전제는 비핵화 추구와 북한의 변화를 전제로 남북한의 신뢰를 구축해 경제공동체까지 구성하겠다는 것이다. 두 정상은 북한의 핵 포기를 위한 공조와 협력 강화에 주력하기로 했는데, 특히 오바마 대통령은 '억지와 대화'를 양축으로 하는 우리 정부의 대북 기조를 지지했다. 다시 한 번 양국은 북핵 불용을 재확인하고 북한 문제 전반에 대한 굳건한 공조체제를 유지하기로 했다. 또 한반도 신뢰 프로세스가 무조건적인 대북 화해정책이 아니고, '잘못된 행동에는 보상이 없다'는 점을 미국과 국제사회에 분명히 하는 계기가 됐다.

셋째, '서울프로세스'에 대한 양국의 공감대도 형성됐다. 서울프로세스는 동북아지역의 다자간 협력 구상이자 대화 협의체를 의미한다. 이를 통해 한국을 비롯한 미중러일 등 6자회담 당사국이 기후변화, 대테러와 원자력 안전 등 비정치적 분야에서 서로 신뢰를 쌓은 후 정치 및 안보 분야까지 협력 영역을 넓혀가자는 것이다. 궁극적으로 북한을 서울프로세스에 자발적으로 참여시켜 개방을 유도한다는 것에도 의견을 같이했다.

그 밖에 양국은 한미 간 셰일가스 기술 정보 교류를 포함한 '미래 신성장동력 창출을 위한 협력'과 한미 대학생 연수취업(WEST) 프로그램 5년 연장 등 '국민 체감형 편익창출'에 기여하고, 기후변화 및 개발협력 등 '글로벌 파트너십 강화' 등에서 구체적인 성과사업을 추진하기로 했다. 앞으로 이런 과제를 달성하기 위해 두 정상은 '윈윈'을 이끌 수 있는 파트너십 구축에 주력해야 한다.

무엇보다 한국의 첫 여성 대통령으로서 '상생의 리더십' 면모를 국제사회에 잘 보여준 성공적인 회담이었다. 한복을 곱게 차려 입고 재외동포 간담회에 참석했던 모습도 아주 인상적이었다. 주변국과 전 세계를 향해 박근혜 정부의 '안보와 경제의 세일즈 외교'가 본격적으로 가동되길 기대해 본다. 국방일보 2013. 5. 9

Focus 알링턴국립묘지(Arlington National Cemetery)

■ 연합뉴스 2014. 4. 27

미국 버지니아주(州)에 있는 국립묘지다. 면적은 약 445ha(약 135만평)으로서 한국의 동작동국립묘지(43만평)에 비하여 3배 이상 넓다. 수도 워싱턴과 마주보고 있다. 1864년 설립됐다. 매장자 수는 약 16만 정도다. 반달 모양의 대리석으로 된 무명용사의 묘를 포함해 국가를 위해 전사한 사람들의 무덤이다. 꺼지지 않는 영원한 불꽃이 계속 타오르는 모습을 볼 수 있다.

■ 정책브리핑 2013. 5. 7

2014년 7월 26일(현지시간) 한국전 정전 61주년을 기념하는 공식 행사가 알링턴 국립묘지 원형극장에서 열렸다. 한민구 국방장관은 서면으로 보낸 기념축사에서 "어떤 이는 한국전쟁을 '잊혀진 전쟁'이라고 말하지만 국민들은 참전용사 여러분들의 용기 있는 행동과 영웅적인 희생을 한시도 잊은 적이 없다"며 "60여년전 용감하고 정의로운 청년들은 들어보지도 못한 나라에서 만나본 적도 없는 사람들을 위해 목숨을 걸고 싸웠다"고 밝혔다.

Focus 박근혜대통령의 미의회 연설내용

■ 뉴시스 2013. 5. 9

Speaker Boehner, Vice President Biden, distinguished members of the House and the Senate, ladies and gentlemen, I am privileged to stand in this chamber—this hallowed ground of freedom and democracy—to speak about our friendship and our future together.

After I arrived in Washington the day before yesterday, I went to the Korean War Memorial near the banks of the Potomac. I read the words etched in granite:"Our nation honors her sons and daughters, who answered the call to defend a country they never knew and a people they never met." Time and again, I am moved when I read those familiar words. Let me express—on behalf of the people of the Republic of Korea—our profound gratitude to America's veterans. Their blood, sweat and tears helped safeguard freedom and democracy.

I also offer my heartfelt appreciation to four men in particular. They served in that war and now serve in this chamber. Their names are Congressmen John Conyers, Charles Rangel, Sam Johnson and Howard Coble.

Gentlemen, my country thanks you. When the guns fell silent in the summer of 1953, Koreans were surviving on 67 dollars a year. Six decades later, Korea is one of the top five car producers and the eighth-largest trading nation. Some call this the "Miracle on the Han River." But for those of us in Korea, it was anything but a miracle. And it wasn't just built from within. Koreans worked tirelessly in the mines of Germany, in the jungles of Vietnam, and in the deserts of the Middle East. These are the people—the proud Korean people—I am so honored to serve as President.

They are the ones that made Korea what it is today. Together, we will write a sequel to that story: "A Second Miracle on the Han River." This time, it will be written with a revived economy, with a people that are happy, with a flourishing culture, and on a pathway to a reunified Peninsula. These are the four tenets that guide my government. We also know that we didn't come this far on our own. Along our journey we have been aided by great friends and among them, the United States is second to none. America, I thank you for your friendship. If the past is anything to go by, our new journey will also be filled with excitement. This year, we honor the 60th anniversary of our alliance.

And today, I would like to acknowledge one iconic family that captures those 60 years. It is the family of Lieutenant Colonel David Morgan. Colonel Morgan's grandfather, the late Warren Morgan, fought in the

Korean War. The senior Morgan was a commander in the U.S. Naval Reserve. His father, John Morgan, also served in the Korean War. He was a battery commander of the 213th Field Artillery. Colonel Morgan himself has served two tours in Korea in 1992 and 2005. The Morgan family is a living testimony to our 60 years together—three generations of Americans helping to safeguard Korea.

As President of a grateful nation, I salute the Morgan family and the commitment and friendship of the American people. Looking forward, our precious alliance is setting its sights on a better world—a brighter future. Bound by trust, guided by shared values, we are cooperating across and beyond our own boundaries. Korea has stood by the United States in Iraq and Afghanistan. Together, we supported peace-building and reconstruction in those nations. Following the Washington conference in 2010, Seoul hosted the 2nd Nuclear Security Summit last year. There we reaffirmed our commitment to the vision of "a world without nuclear weapons."

"A world without nuclear weapons"—President Obama's vision—must start on the Korean Peninsula. For the Peninsula is home to the only divided nation-state and directly faces the threat of nuclear weapons. It is an ideal test-bed for a future free of nuclear arms. If we can pull it off on the Korean Peninsula, then we can pull it off anywhere else. Korea has been pursuing the peaceful use of nuclear energy. It is also firmly committed to the principle of non-proliferation. Korea and the United States are partnering to build reactors in third countries. In this regard, we need a modernized, mutually beneficial successor to our existing civil nuclear agreement. Such an accord will bring huge benefits to related industries in both our countries.

Our partnership also extends to development assistance. The United States and Korea send the largest numbers of aid volunteers abroad. We will work side by side to help lower-income countries. In 2011, our aid agencies signed a document that facilitates these efforts. And Korea's aid agency will soon be signing another with the US Peace Corps. In March of last year, the Korea-US Free Trade Agreement went into effect. The agreement adds an economic pillar to our alliance. It has moved us closer to a comprehensive strategic alliance. We can do even more. If the bill on visa quotas for Korean professionals is passed in this Congress, both our economies will benefit, for it would help create many more jobs. It would show our people what the FTA can do for them. I ask Congress for its understanding—for its support. Our FTA also connects East Asia and North America and provides a key platform for building a common Asia-Pacific market. The agreement also helps underpin Washington's rebalancing toward the region. Collectively, these developments paint a forward-leaning alliance. They point to a 21st century partnership that is both comprehensive and strategic.

Ladies and gentlemen, That is our present, the foundation on which we stand. I now wish to share my vision of "our future together"—a future that we will build together as partners. Following our meeting yesterday, President Obama and I adopted a Joint Declaration. Building on the extraordinary accomplishments of the last sixty years, we determined to embark on another shared journey toward peace on the Korean Peninsula, toward cooperation in Northeast Asia, and finally toward prosperity around the world. It is my hope that as we make this journey, our partnership will be guided by a three-part vision.

The first is to lay the groundwork for enduring peace on the Korean Peninsula and over time for reunification. That future, I know, feels distant today. North Korea continues to issue threats and provocations firing long-range missiles, staging nuclear tests that undermine peace on the Peninsula and far beyond it. The Korean government is reacting resolutely, but calmly. We are maintaining the highest level of readiness. We are strengthening our cooperation with the US and other international partners. Korea's economy and financial markets remain stable. Companies—both domestic and foreign—see this, and are expanding their investments. Korea's economic fundamentals are strong. Its government is equal to the task. And it is backed by the might of our alliance. So long as this continues you may rest assured: no North Korean provocation can succeed.

I will remain steadfast in pushing forward a process of trust-building on the Korean Peninsula. I am confident that trust is the path to peace—the path to a Korea that is whole again. The Republic of Korea will never accept a nuclear-armed North Korea. Pyongyang's provocations will be met decisively. At the same time, I will not link humanitarian aid provided to the North Korean people, such as infants and young children, to the political situation. And with the trust that gradually builds up, through exchange, through cooperation, we will cement the grounds for durable peace and —eventually— peaceful reunification.

But as we say in Korea, it takes two hands to clap. Trust is not something that can be imposed on another. The pattern is all too familiar—and badly misguided. North Korea provokes a crisis. The international community imposes a certain period of sanctions. Later, it tries to patch things up by offering concessions and rewards. Meanwhile, Pyongyang uses that time to advance its nuclear capabilities. And uncertainty prevails. It is time to put an end to this vicious cycle. Pyongyang is pursuing two goals at once, a nuclear arsenal and economic development. We know these are incompatible. You cannot have your cake and eat it, too. The leadership in Pyongyang must make no mistake. Security does not come from nuclear weapons. Security comes when the lives of its people are improved. It comes when people are free to pursue their happiness.

North Korea must make the right choice. It must walk the path to becoming a responsible member in the community of nations. In order to induce North Korea to make that choice, the international community must speak with one voice. Its message must be clear and consistent. Only then will we see real progress in inter-Korean relations. Only then will lasting peace be brought to the Korean Peninsula and Northeast Asia. 60 years ago, a stretch of earth bisecting the Korean Peninsula was cleared of arms. Today, that demilitarized zone drawn to prevent armed collision is the most militarized place on the planet. And the standoff around the DMZ has the potential to endanger global peace.

We must defuse that danger. Not just South and North Korea. The world must also get involved. The demilitarized zone must live up to its name, a zone that strengthens the peace not undermines it. It is with this vision in mind that I hope to work toward an international park inside the DMZ. It will be a park that sends a message of peace to all of humanity. This could be pursued in parallel with my Trust-building Process. There, I believe we can start to grow peace—

to grow trust. It would be a zone of peace bringing together not just Koreans separated by a military line, but also the citizens of the world. I call on America and the global community to join us in seeking the promise of a new day.

Honorable members of Congress, The second leg of our journey extends beyond the Korean Peninsula to all of Northeast Asia where we must build a mechanism of peace and cooperation. Sadly, today the nations of this region fail to fulfill all that we can achieve collectively. That potential is tremendous. The region's economies are gaining ever greater clout and becoming more and more interlinked. Yet, differences stemming from history are widening. It has been said that those who are blind to the past cannot see the future. This is obviously a problem for the here and now. But the larger issue is about tomorrow. For where there is failure to acknowledge honestly what happened yesterday, there can be no tomorrow. Asia suffers from what I call "Asia's paradox," the disconnect between growing economic interdependence on the one hand, and backward political, security cooperation on the other. How we manage this paradox—this will determine the shape of a new order in Asia.

Together, we must meet these challenges. And so I propose an initiative for peace and cooperation in Northeast Asia. We cannot afford to put off a multilateral dialogue process in Northeast Asia. Together, the United States and other Northeast Asian partners could start with softer issues. These include environmental issues and disaster relief. They include nuclear safety and counter-terrorism. Trust will be built through this process. And that trust will propel us to expand the horizons of our cooperation. The initiative will serve the cause of peace and development in the region. But it will be firmly rooted in the Korea-US alliance. In this sense, it could reinforce President Obama's strategy of rebalancing towards the Asia-Pacific.

Of course, North Korea could also be invited to join.If we start where our interests overlap, then later on it will be easier to find common ground on the larger challenges—easier to find solutions to our mutual benefit. I firmly believe that Korea and the United States will work hand in hand as we shape an emerging process for cooperation in the region. The third and final leg of our journey extends even farther beyond the Peninsula—beyond Northeast Asia to the rest of the world. It is to contribute to happiness—the happiness of Koreans on both halves of the Peninsula—the happiness of all humanity. This is a vision I also advanced at my inauguration. The "Pursuit of Happiness" is enshrined in the American Declaration of Independence. It also occupies a special place in the Korean Constitution. I have long believed that our alliance should aim far — that it should ultimately seek a happier world.

Guided by this spirit, we stood side by side in the frontiers of peace and freedom. Infused by this spirit, we are expanding cooperation on global issues like counter-terrorism, nuclear non-proliferation and the global financial crisis. Our efforts will not stop there. Together, we will help spread the universal values of freedom, human rights and the rule of law. We will march together to take on global challenges —from fighting poverty to tackling climate change and other environmental issues.

Members of the House and the Senate, Our journey since the Korean War has been led by a specific mission to respond to threats and provocations from the North and to defend freedom and peace on the Korean Peninsula. Today, our alliance is called upon to go beyond that—beyond just the defense of freedom and peace. We are called upon to step forward on a new journey—a journey toward a Korea that is at peace, that is happy, and that is made whole. Our economic partnership must also aim higher and reach further into the future. President Obama has outlined the Startup America Initiative. Together with my strategy for a creative economy, we can advance toward a common goal—to help channel the innovative ideas, the passion, and the drive of our youths towards a brighter future. Koreans and Americans are partnering in new ways whether at world-tours of Korean pop-stars for Hollywood films or at reconstruction sites in the Middle East. Together, we can envision a future that is richer, that is safer, and that is happier. Our chorus of freedom and peace, of future and hope, has not ceased to resonate over the last 60 years and will not cease to go on. Thank you very much.

박근혜 대통령 미국 상하원 합동 연설문 전문

존경하는 베이너 하원의장님, 바이든 부통령님, 상하원 의원 여러분, 그리고 내외 귀빈 여러분, 자유와 민주주의를 상징하는 미국 의회 의사당에서 한국과 미국의 우정과 미래에 대해 연설할 수 있는 기회를 갖게 되어 매우 기쁘게 생각합니다. 그제 저는 워싱턴에 도착해서 포토맥 강변에 조성된 한국전쟁 기념공원을 찾았습니다."알지도 못하는 나라, 만나보지도 못한 사람들을 지켜야 한다는 국가의 부름에 응한 미국의 아들과 딸들에게 미국은 경의를 표한다." 한국전 참전기념비에 새겨진 이 비문은 매번 방문할 때마다 깊은 감명을 줍니다.

자유와 민주주의라는 인류 보편의 가치를 수호하기 위해 피와 땀과 눈물을 바친 참전용사들에게 대한민국 국민을 대신해서 깊이 감사드립니다. 이 자리에 함께하고 계신 참전용사 네 분, 존 코니어스 의원님, 찰스 랑겔 의원님, 샘 존슨 의원님, 하워드 코블 의원님께도 진심으로 감사의 말씀을 드립니다.

1953년 6.25전쟁의 총성이 멈추었을 당시 1인당 국민소득 67불의 세계 최빈국이었던 한국은 이제 세계 5위의 자동차 생산국이자 무역규모 세계 8위의 국가로 성장했습니다.

세계인들은 이런 대한민국의 역사를 '한강의 기적'이라고 부르고 있습니다. 그러나 대한민국 국민들은 이것을 기적이라고 생각하지 않습니다. 그런 성취의 역사를 만들기 위해 한국인들은 독일의 광산에서, 월남의 정글에서, 열사의 중동 사막에서 많은 땀을 흘려야 했고, 혼신의 힘을 다했습니다. 저는 오늘의 대한민국을 만든 대한민국 국민들이 존경스럽고, 그 국민들의 대통령이 된 것에 자부심을 느끼고 있습니다. 그리고 자랑스런 한국 국민들과 함께 경제부흥과 국민행복, 문화융성, 평화통일 기반구축이라는 4대 국정기조를 통해 또 다른 '제 2의 한강의 기적'을 이룰 것입니다.

우리가 여기까지 올 수 있도록 도운 좋은 친구들이 있었습니다. 특히 미국은 가장 가깝고 좋은 친구였습니다. 저는 미국의 우정에 깊이 감사하며, 이렇게 소중한 역사를 공유해 온 한국과 미국이 앞으로 만들어 갈 새로운 역사가 기대됩니다. 그 토대가 되어온 한미 동맹이 올해로 60주년이 되었습니다. 오늘 저는 여러분에게 한미 동맹의 60년을 웅변하는 한 가족을 소개해 드리고자 합니다. 데이비드 모건 중령과 아버지 존 모건씨입니다. 모건 중령의 할아버지 고 워렌 모건씨는 6.25 전쟁에 참전해 해군 예비군 지휘관으로 활약했습니다. 아버지 존 모건씨는 미 213 야전포병대대 포병중대장으로 6.25 전쟁에 참전했습니다, 모건 중령도 1992년과 2005년 두 번에 걸쳐 주한미군에서 근무하였습니다. 3대가 함께 한국의 안보를 지켜낸 모건가족은 한미 동맹 60년의 산증인입니다. 저는 대한민국 대통령으로서 모건 가족을 비롯한 미국인들의 헌신과 우정에 깊은 감사의 박수를 드립니다.

이제 우리의 소중한 한미 동맹은 보다 밝은 세계, 보다 나은 미래를 향해 나아가고 있습니다. 공동의 가치와 신뢰를 바탕으로 지구촌 곳곳에서 협력의 벽돌을 쌓아 가고 있습니다. 이라크에서 그리고 아프가니스탄에서 한국은 미국과 함께 평화정착과 재건의 임무를 수행해 왔습니다. 2010년 미국에 이어 2012년 서울에서 제2차 핵안보 정상회의를 개최하여 '핵무기 없는 세상'을 구현하려는 의지와 비전을 확인했습니다. 오바마 대통령의 '핵무기 없는 세상'의 비전은 한반도에서부터 시작되어야 할 것입니다. 세계 유일의 분단국가이고, 핵무기의 직접적인 위협 속에 놓여 있는 한반도야말로 핵무기 없는 세상을 만드는 시범지역이 될 수 있고, 여기서 성공한다면, 핵무기 없는 세상을 만들 수 있을 것입니다. 한국은 확고한 비확산 원칙 하에 원자력의 평화적 이용을 추구하고 있습니다. 한국과 미국은 세계 원자력 시장에 공동진출하고 있고 앞으로 선진적이고 호혜적으로 한미 원자력협정이 개정된다면 양국의 원자력 산업에 큰 도움이 될 것입니다. 우리의 이러한 파트너십은 개발협력분야에까지 확대되어 나가고 있습니다. 봉사단 규모에서 세계 1·2위인 미국과 한국이 어깨를 나란히 하면서 개발도상국의 발전을 돕기 위해 노력해 나갈 것입니다.

2011년 KOICA와 USAID가 협력 MOU를 체결한데 이어, Peace Corps와 KOICA가 협력 MOU를 체결하게 될 것입니다. 작년 3월에 발효된 한미 FTA는 한미 동맹을 경제를 포함한 포괄적 전략동맹으로 발전시키는 계기가 되었습니다. 이에 더하여, 현재 미 의회에 계류 중인 한국에 대한 전문직 비자 쿼터 관련 법안이 통과되면 양국의 일자리 창출에도 크게 기여하게 되고, FTA로 인해 양국 국민들이 실질적인 혜택을 입는다는 것을 체감하는 좋은 계기가 될 것입니다. 미 의회의 적극적인 관심과 지원을 당부드립니다. 또한, 한미 FTA는 동아시아와 북미를 연결하는 가교로서 아시아 태평양이 하나의 시장으로 발전해 나갈 수 있는 중요한 기회를 제공하고 있으며, 미국의 아시아 재균형 정책의 중요한 축이 되고 있습니다. 이처럼 한미 동맹은 21세기 포괄적 전략동맹으로 진화하고 있습니다. 존경하는 상하원 의원 여러분, 그리고 내외 귀빈 여러분, 이제 저는 한국과 미국이 만들어 나아갈 우리의 미래(Our Future Together)에 대해 이야기하고자 합니다. 저는 어제 오바마 대통령과 정상회담을 갖고, 한미동맹 60주년 기념 공동선언을 채택하였습니다. 지난 60년간 이룩한 위대한 성과를 바탕으로 한반도의 평화와 동북아의 협력, 나아가 지구촌의 번영을 위해 함께 노력할 것을 선언하였습니다. 저는 한국과 미국이 함께 만들어갔으면 하는 3가지의 비전과 목표를 가지고 있습니다.

그 첫째는, 한반도의 평화와 통일기반을 구축하는 것입니다. 지금 북한은 장거리 미사일 발사와 핵실험 등 지속적인 도발 위협으로 한반도와 세계 평화를 흔들고 있습니다. 한국 정부는 강력한 안보태세를 유지하고, 미국을 비롯한 국제사회와의 굳건한 공조를 강화하면서 차분하게 대응을 하고 있습니다.

한국 경제와 금융시장도 안정을 유지하고 있고, 국내외 기업들도 투자확대 계획을 잇달아 발표하고 있습니다. 굳건한 한미 동맹을 토대로, 한국 경제의 튼튼한 펀더멘탈과 한국 정부의 위기관리 역량이 지속되는 한 북한의 도발은 절대로 성공할 수 없을 것입니다. 저는 한반도에 평화를 정착시키고, 평화통일의 기반을 구축하기 위해 한반도 신뢰프로세스를 견지해 나갈 것입니다. 한반도 신뢰프로세스는 북한의 핵은 절대 용납할 수 없고, 북한의 도발에는 단호하게 대응하되, 영유아 등 북한주민에 대한 인도적 지원은 정치상황과 관련 없이 해나가는 것입니다.

그리고 남북한간의 점진적인 교류와 협력을 통해 신뢰를 축적해 감으로써 지속가능한 평화를 만들어 나가고, 평화통일의 기반을 구축하는 것입니다. 그러나, 한국 속담에 손뼉도 마주 쳐야 소리가 난다는 말처럼, 신뢰구축은 어느 한 쪽의 노력만으로는 이루어질 수 없습니다. 그동안은 북한이 도발로 위기를 조성하면, 일정기간 제재를 하다가 적당히 타협해서 보상을 해주는 잘못된 관행이 반복되어 왔습니다. 그러는 사이에 북한의 핵개발 능력은 더욱 고도화되고, 불확실성이 계속되어 왔습니다. 이제 그런 악순환의 고리를 끊어야 합니다. 지금 북한은 핵보유와 경제발전의 동시 달성이라는 실현 불가능한 목표를 세웠습니다. 그러나 You cannot have your cake and eat it, too. 북한 지도부는 확실히 깨달아야 합니다. 국가의 안전을 보장하는 것은 핵무기가 아니라 바로 국민 삶의 증진과 국민의 행복인 것입니다.

북한은 국제사회의 책임있는 일원이 되는 방향으로 올바른 선택을 해야 합니다. 그리고 북한이 스스로 그런 선택을 하도록 국제사회는 하나의 목소리로, 분명하고 일관된 메시지를 보내야 합니다. 그래야만 남북관계도 실질적으로 발전할 수 있고, 한반도와 동북아의 항구적인 평화가 구축될 수 있을 것입니다. 60년전, 남북한 간의 군사충돌을 막기 위해 설치된 “비무장지대(DMZ)”는 현재 세계에서 가장 중무장된 지역이 되었습니다. 한반도에서 비무장지대를 사이에 둔 대치는 이제 세계평화에 큰 위협이 되고 있습니다. 이 위협은 남북한만이 아니라, 세계와 함께 풀어야 하고, 이제 DMZ는 세계평화에 기여하는 '진정한' 비무장 지대가 되어야 한다고 생각합니다. 저는 한반도 신뢰프로세스를 유지해 나가면서 DMZ 내에 세계평화공원을 만들고 싶습니다. 그곳에서 평화와 신뢰가 자라나는 계기가 되었으면 합니다. 군사분계선으로 갈라져있는 한국인들만이 아니라 세계인들이 평화의 공간에서 함께 만나게 되길 희망합니다. 그 날을 위해 미국과 세계가 우리와 함께 나서주길 바랍니다.

존경하는 상하원 의원 여러분, 한미 동맹이 나아갈 두 번째 여정은 동북아 지역에 평화 협력 체제를 구축하는 길입니다. 오늘까지도 동북아 지역은 협력의 잠재력을 극대화시키지 못하고 있습니다. 역내 국가의 경제적 역량과 상호의존은 하루가 다르게 증대하고 있으나, 과거사로부터 비롯된 갈등은 더욱 심화되고 있습니다. 역사에 눈을 감는 자는 미래를 보지 못한다고 했습니다. 역사에 대한 올바른 인식을 갖지 못하는 것은 오늘의 문제이기도 하지만, 더 큰 문제는 내일이 없다는 것입니다. 미래 아시아에서의 새로운 질서는 역내 국가간 경제적 상호의존의 증대에도 불구하고, 정치·안보협력은 뒤처져 있는 소위 '아시아 패러독스' 현상을 우리가 어떻게 관리하느냐에 따라 결정될 것입니다.

저는 이러한 도전들을 극복하기 위한 비전으로 동북아 평화 협력 구상을 추진하고자 합니다. 미국을 포함한 동북아 국가들이 환경, 재난구조, 원자력안전, 테러 대응 등 연성 이슈부터 대화와 협력을 통해 신뢰를 쌓고, 점차 다른 분야까지 협력의 범위를 넓혀가는 동북아 다자간 대화 프로세스를 시작할 때가 되었습니다. 이러한 구상은 한미 동맹을 바탕으로 이 지역의 평화와 공동발전에 기여할 수 있다는 점에서, 오바마 대통령의 아시아 재균형 정책과도 시너지 효과를 가져 올 것입니다. 여기에는 북한도 참여할 수 있을 것입니다. 이처럼 공동의 이익이 될 수 있는 부분부터 함께 노력해 나가면, 나중에 더 큰 문제와 갈등들도 호혜적 입장에서 풀어갈 수 있을 것입니다.

저는 동북아 지역에서의 새로운 협력 프로세스를 만들어 나가는 데 한미 양국이 함께 할 것으로 굳게 믿습니다.

한미 동맹이 나아갈 세 번째 여정은 지구촌의 이웃들이 평화와 번영을 누릴 수 있도록 하는데 기여하는 것입니다. 저는 취임사에서 한국 국민, 한반도, 나아가 지구촌의 행복실현을 국정비전으로 제시하였습니다. 미국 독립선언서에 새겨진 행복추구권은 대한민국 헌법에도 명시되어 있습니다. 저는 오랫동안 한미동맹의 궁극적인 목표는 전 인류의 행복에 기여하는데 있어야 한다고 믿어왔습니다. 한미 양국은 이러한 정신 아래 평화와 자유 수호의 현장에서 함께 하고 있습니다. 테러대응, 핵 비확산, 국제금융위기와 같은 글로벌 이슈에서도 양국의 공조는 더욱 확대되고 있습니다. 이에 그치지 않고 한미 양국이 앞으로도 자유, 인권, 법치 등 인류의 보편적 가치를 확산하고, 빈곤 퇴치, 기후변화, 환경 등 글로벌 이슈에 공동대처하는 데 있어서도 계속해서 함께 해 나갈 것입니다.

존경하는 상하원 의원 여러분 그리고 내외 귀빈 여러분, 한국과 미국은 한국전 이후 북한의 위협과 도발에 대응하면서 한반도에서 자유와 평화를 수호하기 위해 함께 노력해 왔습니다. 이제 한미동맹은 한반도에서의 자유와 평화 수호에서 한 걸음 더 나아가 남북한 모두가 평화롭고 행복한 통일 한국을 향한 여정을 함께 나설 때가 되었습니다. 한국과 미국의 경제협력도 이제는 한 단계 더 높고, 미래지향적인 단계로 나가야 합니다. 오바마 대통령께서 제시한 Startup America Initiative, 대한민국의 창조경제 국정전략은 한국과 미국의 젊은이들이 새로운 아이디어, 뜨거운 열정과 도전으로 밝은 미래를 개척해 갈 디딤돌이 될 것입니다. 지금도 한미 양국은 K-POP 가수의 월드투어에서, 할리우드 영화에서, 중동의 재건현장에서 함께 뛰고 있습니다.

한국과 미국이 함께 하는 미래는 삶을 더 풍요롭게, 지구를 더 안전하게, 인류를 더 행복하게 만들 것이라고 확신합니다. 한미 양국과 지구촌의 자유와 평화, 미래와 희망을 향한 우정의 합창은 지난 60년간 쉼 없이 울려 퍼졌고, 앞으로도 멈추지 않을 것입니다. 감사합니다.

★ 상생의 주한미군 '헤드스타트' 프로그램

필자는 2009년부터 가을부터 2013년 말까지 이른 아침 국방FM 시사안보 프로그램(국방광장) 진행을 위해 국군방송으로 출근했다. 이때 용산고 옆 미군기지 주변을 지나는데, 조깅을 하는 미군 장병들과 자주 마주치게 됐다. 미군 대열에는 한국군인 카투사 장병들도 있었다. 한미 장병들의 경쾌한 움직임과 부지런함에 특별한 기운을 얻곤 했다.

2013년은 정전협정 60주년이자 한미동맹 체결 60주년이 된다. 필자가 근무하고 있는 평택대학교에는 2003년 12월 부설기관으로 설립된 주한미군연구센터가 있다. 2013년 3월 초 이 센터에서 주관한 '한미동맹 60주년 공연'이 본교 90주년 기념관에서 열렸다. 주변 캠프험프리(미 육군)와 오산공군기지(미 공군)의 주한미군 장병과 가족들, 육해공군과 해병대 장병들이 한데 어울려 열광하는 모습이 꽤나 인상적이었다. 평택대 학생들과 시민들, 직접 공연에 참여했던 국방부 홍보지원대 소속 연예 병사와 가수들도 한미 장병들의 혼연 일체된 모습에 감동을 받았다고 했다.

2007년 7월 중순 본교는 주한미군에서 시상하는 '좋은 이웃상'(Good Neighbor)을 수상했다. 이 상은 한미 간 우호증진과 동맹관계 강화에 기여한 한국인이나 한국인 단체에 주어지는데, 이미 2004년 평택대 조기흥 총장도 수상한 적이 있다. 평택대에서는 주한미군의 좋은 이웃 단체로서 매년 미국학 축제를 열어 학생들과 미군 장병들에게 다양한 문화 교류와 활동의 기회를 제공하고 있고, 한미동맹의 적극 후원자 역할도 하고 있다. 주한미군 평택지역 이전에 따른 지역사회

발전과 국제화에 기여할 수 있는 산·학·관·민의 '협력적 거버넌스' 구축을 위해 활발한 문화 교류와 정기적인 안보학술 세미나도 열고 있다.

센터에서는 2006년 1월부터 한미 양국의 '같이 갑니다'(Go Together)의 일환으로 주한미군 대상 '헤드스타트'(Head Start) 프로그램을 운영 중이다. 주 3일에 걸친 교육프로그램으로 미군 장병들의 근무에 필요한 한국의 정치, 사회, 역사와 예절을 포함해 한국어 교육 강좌와 문화탐방 활동 등이 진행된다. 몇 년간 한국 정치·사회분야 강의를 맡기도 했는데, 미군 장병들을 이해할 수 있는 참으로 보람된 시간이었다. 이런 교육과 적응 프로그램을 통해 매년 수천 명의 미군 장병들은 한국의 현실을 이해하고 낯선 땅에서 적응하는 방법을 배우고 있다.

결국 미군 장병들의 빠른 적응은 한미연합 군사력 향상으로도 이어지고 있는 것이다. 덕분에 최근 평택과 인근 지역에서는 미군에 의한 범죄나 불상사가 거의 발생하지 않고 있는데, 물론 여기엔 경기도와 평택시의 아낌없는 재정적 지원과 성원이 큰 보탬이 된다.

사실상 1987년부터 논의되어온 주한미군 통폐합과 평택기지 이전 사업은 한미 양국의 협상과 협력을 통해 마무리 단계에 직면해 있다. 양국은 한반도 안보 상황과 세계정세를 반영하고, 굳건한 동맹의 재정립과 주한미군의 효율적인 운영 등을 고려해 이전 사업을 진행해 왔다. 오는 2015년부터 용산미군 기지와 동두천, 의정부의 미2사단이 평택기지로 이전하게 된다.

2013년 5월 8일 미국 워싱턴에서 개최된 박근혜 대통령과 오바마 대통령의 첫 정상회담에서 재확인되었듯이, 글로벌 시대 한미동맹은 포괄적 신뢰동맹으로 발전하고 있다. 앞으로 한반도와 동북아 평화안보의 허브로서 주한미군 평택기지의 역할도 기대해 본다.

서울신문 2013. 5. 13

제 8 장

일본의 보통국가화와 안보문제

★ 일본 정치인들의 망언과 국수주의를 경계하며

■ 서울신문 2014. 8. 5

2013년 영국정부가 식민지배 당시의 가혹 행위에 대해 처음으로 배상을 결정했다. 독일의 과거사 반성과 사죄에 이어 영국도 같은 대열에 합류한 것이다. 참으로 고무적인 일이 아닌 가. 영국은 세계 곳곳에 많은 식민지를 건설했던 나라였다. 그 중 케냐 식민통치 당시 독립투쟁에 가담했다가 고문당한 케냐인들에게 손해배상을 하기로 했다.

기나긴 소송을 통해 배상을 받게 되는 케냐인들은 1950년대 케냐 독립투쟁단체에 소속돼 있던 3명이다. 이들은 성폭행, 물고문, 구타 등의 고문을 받은 것으로 알려졌다. 영국은 왜 이런 배상을 결정했을까. 흥미로운 것은 영국 내부의 양심적인 세력들의 도움이 있었기 때문에 가능했다. 그동안 영국은 일본처럼 식민통치 손해배상에 미온적이었다. 영국 외교부는 법정에서 식민지 시절 케냐인을 고문한 사실을 시인했고 손해배상 청구를 할 수 있는 시한이 종료됐다고 주장해왔다. 그러나 2009년부터 영국 역사학자들이 케냐인들의 입장에 서면서 식민지배 관련 문건을 샅샅이 찾아내기 시작했다. 그 결과 8000여건에 이르는 문건을 찾아냄으로써 식민통치의 야만성이 잘 드러났다. 코너에 몰린 영국정부는 배상금 합의에 동의했다. 영국

정부에 대해 다른 비슷한 식민지 피해 소송과 보상으로 이어질 것 같다.

아베총리와 우익정치인들의 망언 파문 양상

그런데 일본정부는 어떠한가. 가혹했던 식민지 통치에 대한 제대로 된 반성과 배상은커녕 도가 지나칠 정도로 아베총리를 중심으로 우익정치인들의 '망언과 평화헌법 개정' 등을 노골적으로 드러내고 있다. 일부 우익정치인들의 야스쿠니신사 참배는 물론이고 아베총리는 식민지 '침략의 정의에 이견'과 고노담화 부인에 이어 '96번 등번호'를 달고 프로야구 시구식에 나섰다. 아베의 이런 도출 행동은 자민당이 개정중인 헌법 96조 개헌안 발의를 연상시키는 일종의 정치적 쇼였다. 이 조항에 따르면 중의원과 참의원의 3분의 2 이상이 찬성해야 개헌안을 발의할 수 있다. 그는 3분의 2가 아닌 절반만 찬성하면 가능하도록 개정을 시도 중이다.

이번엔 마루타 부대를 연상시키는 '731이 선명하게 찍힌 전투훈련기'에 올라탄 아베사진이 공개됐다. 이젠 숫자 도발까지 서슴지 않고 있다. 악몽의 731 숫자는 제2차 세계대전 때 생체실험부대로 악명이 높았던 731부대를 연상시킨다. 이곳에서 인간을 통나무라는 뜻의 '마루타'로 부르며 한국과 중국 등 전쟁포로들에게 페스트균을 비롯한 세균병기나 독가스를 투입하는 인체실험이 자행되었다. 당시 희생된 사람은 민간인과 군인을 합해 1만 명에 달하는 것으로 추정된다. 심지어 아베는 미국 언론과의 인터뷰에서 야스쿠니신사를 '미국의 알링턴 국립묘지'에 비유하는 발언까지 했다. 야스쿠니 신사 참배를 멈추지 않겠다는 의도인 셈이다.

일본은 국방비 증액 방안도 논의 중이다. 향후 5년간 방위비 증액을 7월 참의원 선거 공약에 포함하려는 의도로 파악된다. 자민당은 "북한의 무력도발, 센카쿠열도(중국명 댜오위다오) 관련 중국과의 갈등 등 동북아 안보환경이 악화됐기" 때문에 국방비 증액이 필요하단다. 이번 방위비 증액 방안은 상당히 이례적이다. 일본은 2003년부터 2012년까지 10년 연속 방위비를 삭감했고 2013년 한 차례 방위비를 증액했기 때문이다.

고위 정치인들의 반성 없는 공격적인 과거사 부정과 망언 파문은 계속되고 있다. 특히 하시모토 도루 일본 유신회 공동대표 겸 오사카시장의 망언은 비이성적이고 야만성을 그대로 드러냈다. 그는 올해 44살의 젊은 정치인이자 TV에 출연해 인기를 얻어 지난 2011년 오사카 시장에 당선됐다. 그는 지난 5월 초 일본군 위안부에 대해 "(전쟁 당시에) 필요했다는 것은 누구라도 알 수 있는 일"이라며 위안부 제도 그 자체를 두둔하는 발언을 했다. 일본의 위안부 제도는 정당한 것이며 "왜 일본의 위안부제도만 문제가 되느냐, 당시는 세계 각국이 (위안부 제도를) 갖고 있었다며 2차 세계대전 때 세계 각국이 모두 강간 국가"라고 주장했다. 또한 "폭행, 협박을 해서 납치한 사실은 입증되지 않았다"고 위안부 강제동원을 부인까지 했다. 그는 주일미군에게 '성매매 업소를 이용하라'고 제안도 했다.

극우적 성향을 멈추고 미래지향적 협력관계 모색할 시기

이렇게 총리부터 극우정치인들의 '망언경쟁'은 국내외에서 유려와 비난의 목소리도 제기되고 있다. 일본우리정부와 미국과 중국 등 전세계적인 비난이 연일 쏟아지고 있다. 특히 미국은 강력하면서도 단호한 일침을 가했다. 일본 총리와 정치인들의 이런 행동에 미국정부와 의회 합동으로 예외적으로 강도 높은 맹비난과 강한 불쾌감을 드러냈다. 일본의 이런 망언은 동아시아에서 갈등을 증폭시키고, 결과적으로 미국의 국익에도 도움이 되지 않다는 분명한 입장을 피력했다. 에드 로이스 미 하원 외교위원장은 하시모토 시장의 발언을 공개적으로 반박했고, 일본의 국수주의 부상을 매우 우려했다. 그는 "과거사 문제에 대해 협력하고, 누구든 위안부의 존재를 정당화하거나 부인하려는 시도는 역사를 부정하려는 것이고, 관련 문서와 생존자 증언 등 위안부에 대한 끔찍한 증거는 매우 많다," 게다가 "위안부는 한국과 중국, 대만, 필리핀 여성 20만 명에 대해 일본정부가 후원한 성적 만행 프로그램이었다"고 비난했다. 또 젠 사키 국무부 대변인은 "일본군 위안부는 전시에 여성을 성적인 목적으로 인신매매한 중대한 인권 침해"라고 강력하게 밝혔다. 지난 2007년 미 하원의 위안부 결의안 채택을 주도했던 마이크 혼다(민주)와 스티브 이스라엘(민주) 하원의원도 하시모토 시장의 발언을 강력하게 비판했다.

자민당은 2013년 7월 참의원 선거를 앞두고 주변국은 전혀 고려하지 않은 채 망언 발언, 역사부정 등을 이어갔다. 거의 집권층은 통제 불능 상황과 같다. 일본은 주변국들과 위안부 할머니들에게 사죄하고 반인륜적 행동과 인권 침해를 멈춰야 한다. 자국의 국익만 고려하지 말고 글로벌 시대 국제사회의 평화와 발전에 기여하는 선진국다운 모습을 보여야 한다. 과거사를 부정하고 역사왜곡에 급급한 국가는 외교적으로 고립될 수밖에 없음을 제대로 인식해야 할 것이다. 정경뉴스 2013년 6월

★ 일본의 아베총리, 독일의 교훈을 본받아야 한다

2013년 8월 15일 광복절 날 아베 신조 일본 총리는 야스쿠니 신사참배는 강행하지 않았지만, 각료들만 참석하는 간접 참배 형식을 취했다. 그는 '전국추몰자추도식' 행사에서 "역사에 겸허하고 배워야 할 교훈은 깊이 가슴에 새기겠다"고 말했다. 그러나 1994년 무라야마 총리 이후 역대 총리들이 표명해온 '가해와 반성'에 대해 전혀 언급하지 않았다. 게다가 매년 총리의 추도식사에 들어 있던 '부전(不戰) 맹세' 문구도 없었다.

일본 우익정치인들 망언의 '진의'

2013년 초부터 아베 총리를 중심으로 하시모토 오사카 시장과 이시하라 등 우익정치인들의 망언은 진행형 있다. 일본의 제국주의 침략과 여성 인권유린을 부인하고 있는데, 동년 5월 중순 하시모토는 당시 일본군대에 위안부가 꼭 필요했다는 어이없는 만행을 이어갔다. 아베 총리 역시 A급 전범이 합사된 야스쿠니 신사 참배가 미국 알링턴 국립묘지 참배와 같다는 극단적인 발언으로 그 파장은 더 커졌다. 이어 7월 말 아소 다로 부총리는 급기야 '독일 나치식 개헌' 발언과 동아시아컵 축구 한일전에서 "역사를 잊은 민족에게 미래는 없다"는 한국 응원단 플래카드에 대해 시모무라 문부과학상은 "그 나라의 민도(民度)가 문제될 수 있다"는 발언까지 일삼았다. 8월 초 아베는 '개헌은 나의 신조'라며 평화헌법 수정을 더 강력하게 표명했다. 일본의 "우경화와 군국주의 부활의 실체적 진실을 확인"할 수 있는 대목이고, "아베 내각의 심각한 역사인식의 오류와 반평화적인 도발의지"를 재차 확인할 수 있는 것이다.

이런 일본의 우경화 행보에 대해 한국과 중국, 주변국들의 반발로 이어졌고, 메르켈 총리와 독일 언론은 전쟁 패전일을 맞은 일본이 "여전히 과거사를 반성하지 않음으로써 역사의 굴레에서 벗어나지 못하고 있다"는 강도 높은 비판을 했다. 특히 독일 일간지인 타게스 슈피겔은 '일본, 역사에 사로잡히다'라는 기사를 통해 아베 총리의 과거사에 대한 무책임한 태도가 일본의 침략 피해국인 한국과 중국 등 주변국으로부터 비판을 자초했고, 아베 정권이 들어서면서 일본의 우경화가 더욱 심해졌다고 비판했다.

독일의 철저한 과거사 반성, 적극적인 사죄와 보상

한편 독일의 과거사 반성은 어떠한가. 독일정부는 왜곡 없는 역사교육을 통해 과거 히틀러의 만행을 상세하게 가르치고 있다. 독일에는 클레트 출판사, 코넬젠 출판사, 유럽교과 출판사 등 48개 출판사의 역사교과서가 있다. 이들 역사교과서의 공통점은 히틀러 정권을 있는 그대로 상세히 기록하는 점과 독일의 각 교육청은 일선 학교의 역사교육을 지도하기 위해 졸업시험에 나치 정권 관련 문제를 상당히 많이 출제하는 것으로 알려져 있다. 예를 들면 나치주의의 핵심 사상인 민족사회주의 이데올로기, 반유대주의, 전체주의 국가, 제2차 세계대전을 비롯한 각종 저항운동 등을 심도 있게 다룬다. 독일의 역사 교과서는 그 자체가 과거사 반성임을 잘 알 수 있다. 심지어 그 당시 사진자료들을 통해 나치 정권의 잔혹한 행위들을 생생하게 보여준다. 강의실 교육 외에 학생들은 의무적으로 나치 정신수용소를 방문하는 참여교육도 실시한다.

아울러 독일 정치인들은 과거역사에 대한 반성과 피해보상으로 사죄의 뜻을 표명하고 있다. 잘 알려진 대로 1972년 빌리 브란트 총리가 폴란드의 무명용사 묘역에서 무릎을 꿇고 사죄를 했고, 독일의 아우슈비츠로 불리는 다하우박물관도 개관했다. 나치 시대의 참상을 잘 드러내고 있는 뮌헨에 위치한 이곳엔 다양한 자료와 역사적 비극을 재현하고 있다. 1998년 홀로코스트 피해 보상금으로 12억 달러 제공을 시작으로 최근 메르켈 총리는 유대인 후손들에게도 피해보상을 추가로 명했다. 반세기도 더 지난 오늘날에도 독일 정부는 히틀러의 만행으로부터 피해를 입은 유대인들을 대상으로 보상을 꾸준히 전개하고 있다. 또 독일은 주변 국가들에 대해서도 보상정책을 시행해왔다. 외국인 학생들에게도 자국민에 준하는 장학금 혜택과 외국 노동자에 대한 차별 없는 임금 및 복지 혜택 등을 펼치고 있다. 아마도 유럽연합 (EU)를 실질적으로 주도하고 있는 국가다운 면모가 아닐까 싶다. 유럽의 평화와 '통 큰 정치' 즉 국제사회에서 소통과 통합의 정치와 국제관계가 무엇인지를 제대로 보여주고 있는 것이다.

그러나 일본은 과거사 반성 대신 역사왜곡과 터무니없는 독도 영유권 주장, 일본군 위안부 할머니들에 대한 보상없다로 일관하고 있다. 독일과 일본은 제2차 세계대전에서 패전국이다. 패전이후일본은 주변국과 국제사회에 대한 사죄와 반성은커녕 우경화 발언과 평화헌법 개정, 위협적인 군비증강 등을 통해 과거의 군국주의를 고수하는 '소국 정치'의 면모를 역력히 드러낸다.

요동치는 동북아 정세

동북아시아 국제관계의 갈등의 중심에 일본이 있다. 그 파장은 너무 크다. 한미일 공조가 약화되고 있다. 지난해 무산됐던 한일 정보

보호협정은 상당기간 어렵게 됐다. 그리고 매년 5월쯤 열리는 한중일 정상회의가 아베 총리의 우경화 발언으로 무기한 연기됐다. 결국 일본 정부의 전향적인 태도와 입장 변화가 없다면 한중일 정상회의 연내 개최도 상당히 어렵다. 오히려 일본과 중국의 해양 영토영유권 지역인 다오위다오(일본명 센카쿠 열도)에서의 양국간 군사적 무력 시위가 잦아지고 있고, 자칫 해상에서 양국의 군사적인 충돌까지 우려된다.

EU처럼 주변국들과의 경제적 상호의존 증진과 사회문화의 교류 증대이 동북아시아 공동체의 밑거름이 될 것으로 알려진 기능주의적 접근은 점점 더 기대하기 어려워지고 있다. 한중일 지도자들과 정치인들의 불신과 갈등만 고조되고, 국민들간 배타적 민족주의가 더 심화되고 있는 형국이다. 게다가 일본은 내치의 경제적 사회적 불안을 외부의 적을 통해 해결해보려는 무모한 신국가주의를 내세우고 있다. 특히 해양 영토영유권 분쟁과 과거사 부정과 역사 왜곡문제는 적절한 매개체로 악용되고 있는 것이다.

독일은 오늘날까지 과거 히틀러 침략의 실상을 그대로 교육하고 자신들의 부끄러운 과거사에 대한 철저한 반성과 유대인과 피해자들에 대한 지속적인 보상을 멈추지 않고 있다. 이를 통해 독일은 상호신뢰구축을 통해 새로운 진정한 리더 국가로서의 면모를 역력히 보여주고 있다. 뿐만 아니라 세계 평화와 오늘날 EU와 같은 경제공동체 형성, 북대서양조약기구(NATO)와 같은 다자군사안보 동맹과 심지어 유럽의 정치통합까지 주도하고 있는 원동력임을 일본은 반드시 직시해야 할 것이다. 정경뉴스 2013년 9월

Focus 일본군 위안부

■ 아시아경제 2014. 8. 14

■ woman.seoul.go.kr/archives/26681

일본은 1931년 만주사변과 1937년 중일전쟁에 직면했고, 전쟁이 장기화되면서 증가하는 주민 강간과 성병을 막고, 일본군의 사기를 진작한다는 명목하에 '군위안부' 제도를 만들었다. 일본군은 군위안소를 1932년경부터 만들기 시작했고, 본격적으로 설치한 것은 중일전쟁이 일어난 1937년 말부터였다. 일본은 위안소의 설치 목적, 관리감독, 위안부 동원에 대한 명확한 원칙하에 체계적으로 실행했다.

많은 여성들이 1930년대부터 1945년 일본이 패망하기까지 강제로 전선으로 끌려가 일본 군인들의 성노예로 인권을 유린당했다. 전후에도 육체적·정신적 고통으로 고통스러운 생활을 하고 있다. 한국, 일본, 중국, 필리핀, 인도네시아 등에서 강제로 동원됐다. 일본의 식민지였던 우리나라 여성들이 가장 많았다. 동원된 숫자는 적게는 5만 명에서 많게는 수십만으로 추정된다. 대부분 여성들의 나이는 10대 초반부터 40대까지 광범위했다. 가난한 집안의 여성들이 식당종업원, 간호사, 여공 모집 등 취업사기에 속아 끌려갔다. 유괴나 강제 연행 형식으로 끌려간 경우도 많았다.

일본군이 직접 나서거나 군의 협조 하에 민간인이 동원을 담당했다. 여성들은 하루에 평균 10명 내외에서 30명 이상의 군인을 상대로 성행위를 강요당했다. 군인들은 요금을 지불했다고 하지만 지불한 요금은 위안부에게 전달되지 않은 경우가 더 많았다. 무료로 운영된 위안소도 있었다. 여성들이 도망가지 못하도록 외출도 엄격히 제한됐다.

많은 여성들이 질병에 시달렸다. 각국 피해자들과 민간단체와 정부, UN 등 국제기구가 일본에 진상규명과 정당한 배상을 요구하고 있다. 피해 여성들과 각국 정부, 국제 사회가 한 목소리로 일본 정부의 범죄 사실 인정과 진상규명, 정당한 배상과 사죄를 촉구하고 있지만 일본 정부는 이를 수용하지 않고 있다.

일본 정부는 1990년까지는 민간 업자의 소행이었다며 일본군의 관여를 전면 부정하는 태도로 일관했다. 1992년 1월 일본 방위청 방위연구소 도서관에서 발견된 위안소 관련 자료가 공개되자 일본군의 관여와 동원의 강제성을 부분적으로 인정했다. 그러나 한국인 피해자 보상 문제는 샌프란시스코 평화조약과 1965년 한일협정으로 끝났다는 입장을 고수 중이다. 1995년 7월 일본 정부는 '여성을 위한 아시아 평화 국민기금'을 설립했다. 이 기금은 일본 정부가 법적인 책임은 회피하면서 도의적인 책임만 지겠다는 취지로 설립한 것이다. 이에 대해 피해 여성들과 시민단체에서는 강력히 반대하고 있다.

최초로 일본군 위안부 피해를 공식적으로 고발했던 한국 피해자 고 김학순 할머니의 공개증언일인 8월 14일을 <세계 일본군 '위안부' 기림일>로 선포했다. 2014년 8월 14일 여성가족부에 따르면 지난 8일 경북의 박ㅇㅇ(92) 할머니가 '위안부' 피해자임이 확인됐다. 정부 등록 '위안부' 피해자는 238명, 생존자는 55명으로 늘었다.

박 할머니가 피해자 신고를 한 것은 2013년 10월로 여성가족부는 10명으로 구성된 심의위원회를 통한 인터뷰 등 조사활동을 실시해 박 할머니를 '위안부' 피해자로 최종 등록했다. 박 할머니는 피해자 등록 시 일시에 지급되는 특별지원금 4300만원과 매달 101만 2000원의 생활안정자금을 지급받는다. 연간 1230만원 한도 내에서 간병비도 지원 받는다.고령인 박 할머니는 현재 요양병원에서 생활하고 있다. 92세 박 할머니의 추가 등록에 따라 평균 연령은 88.3세에 88.4세로 늘었다.

★ 아베 정권의 이중성, '집단적 자위권' 행사 강화

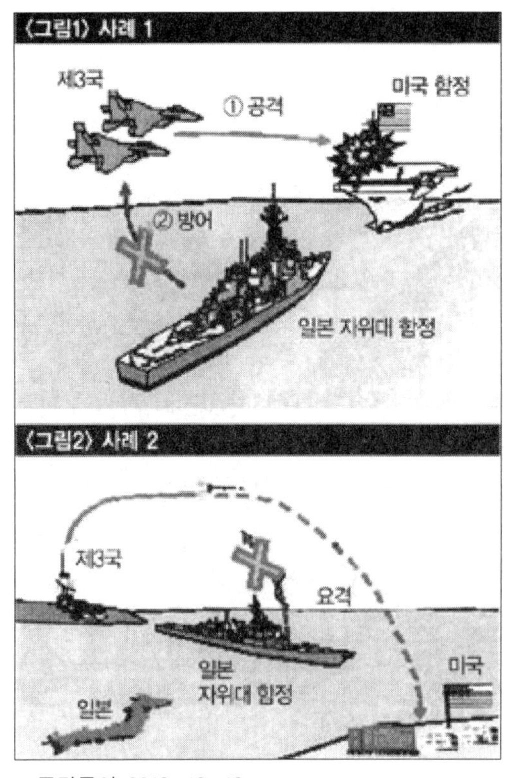

■ 주간동아 2013. 12. 16

일본에서 집단적 자위권 행사 논의가 뜨겁다. 이것은 2006년 9월 아베 신 조 총리가 취임한 이후 급물살을 타기 시작했다. 집단적 자위권은 동맹국이 공격받았을 때 자국이 공격받은 것으로 간주해 반격할 수 있는 권리를 의미한다. 또 일본이 공격받지 않아도 동맹국 등이 공격받았을 경우 일본이 공격을 가한 당국을 향해 반격할 수 있는 권리다. 일본은 교전권을 금지한 '평화헌법' 때문에 집단적 자위권을 보유하고 있지만 행사할 수 없다.

집단적 자위권 지지를 위한 외교적 행보

아베 총리는 집단적 자위권 행사 추진을 위해 2007년 5월 외교·국방 전문가 13명으로 구성된 '안전보장의 법적 기반의 재구축에 관한 간담회'를 출범시켰다. 2008년 6월 이 간담회는 다음과 같은 네 가지 상황에서 집단적 자위권 행사가 필요하다는 견해를 내놓았다. 즉 미국으로 향하는 탄도미사일 요격, 공해상에서 미국 함선 보호, 유엔 평화유지활동(PKO) 등에서 행동을 같이하는 타국 군대에 대한 경호, PKO 타국 군대의 후방 지원 등이 포함됐다. 2012년 12월 아베 총리는 재집권이후 지난 2월 간담회를 재가동했다. 일본은 연내에 발표될 중장기 방위정책인 '신방위대강'과 2014년 말까지 결정될 미일 방위협력지침(가이드라인) 개정안에 집단적 자위권 행사와 관련된 구체적인 내용을 포함시킬 것으로 예상된다. 궁극적으로 아베 총리는 '전쟁 포기, 군대 보유 금지, 교전권 불인정' 등이 명기된 헌법 9조 개정에 목적을 두고 있다. 이를 위해 미리 개헌 요건을 낮추는 헌법 96조의 개정을 추진하고, 집단적 자위권 행사에 대한 헌법 해석을 변경하려는 것이다. 문제는 중국과 한국 등 주변국의 반발에도 불구하고 아베 총리는 집단적 자위권 행사를 적극 추진하고 있다. 미국, 호주, 영국, 필리핀 등 주요국들의 동의를 빠르게 확보했다.

2013년 10월 3일 미국과 일본은 도쿄에서 '미일안전보장협의위원회'를 개최하고, 아베 총리의 집단적 자원권 행사 지지 등이 포함된 방위력 강화 구상이 담긴 공동성명을 발표했다. 놀랍게도 미국이 일본의 집단적 자위권 행사를 지지하고 국방예산 증가를 환영하는 뜻을 대내외에 천명했다. 성명에는 집단적 자위권 행사를 위한 헌법 해석 재검토, 국가안전보장회의 설치, 국가안보전략 수립, 방위 예산 증액 및 신 방위대강 작성 등 아베 총리가 추진하고 있는 안보 강화 방안 내용이 포함됐다. 양국은 미일방위협력지침 개정 작업을 1997년 1차 개정 후 16년 만에 착수해 내년 말까지 마무리하기로 했다.

이어 2013년 10월 9일 아베 총리는 브루나이에서 열린 아세안 정상회의에서 동남아시아 국가를 상대로 집단적 자위권 허용을 위한 설득 작업도 벌였다. 필리핀은 지지 의사를 표명했다. 호주도 일본의 집단적 자위권 행사에 지지 의사를 밝혔다. 줄리 비숍 호주 외무장관은 도쿄에서 "일본 자위대는 이란, 이라크, 동티모르, 남수단 등에서 호주군과 긴밀한 협력과 일본이 집단적 자위권을 행사할 경우 세계 각지의 활동에서 주요한 역할을 할 수 있을 것"이라고 언급했다. 일본과 호주는 자위대와 호주군이 서로 식량, 연료를 제공하는 상호군수지원협정(ACSA)을 체결하는 등 군사 협력을 강화하기로 했다.

이번에는 영국도 일본을 지지했다. 동년 10월 16일 일본 방문에서 윌리엄 헤이그 영국 외무장관은 "아베 신조 총리의 적극적 평화주의에 대해 환영하며 일본이 세계 평화와 안정에 큰 역할을 하기를 바란다"고 말했다. 헤이그 장관은 직접적으로 집단적 자위권이라는 표현을 쓰지 않았지만 대신 적극적 평화주의라는 단어를 사용했다. 이것은 사실상 집단적 자위권에 지지한 것으로 해석된다. 그는 "일본은 전범국가에서 탈피해서 집단적 자위권 행사 등으로 해외에서 군사적 역할을 강화"하고 있다고 언급했다. 게다가 영국과 일본은 '방위협력'을 강화하기로 했다. 양국 외무상은 해양·우주·사이버 공간에서의 방위협력, 중국, 북아프리카, 동남아 관련 정보 교환에 관한 실무자 협의를 조속하게 추진하기로 합의했다.

집단적 자위권에 대한 반대 움직임

최근 아베 총리의 안보자문기구가 집단적 자위권 행사의 범위에 '선박 강제조사'도 포함하는 방안을 추진 중이다. 이는 한반도 주변 해역에서 북한 선박을 강제 조사하겠다는 뜻인데, 향후 한반도 안보에 미치는 영향이 클 것이다. 일본이 집단적 자위권을 행사할 수 있는 사례로 동맹국인 미국 본토를 공격한 국가에 무기를 공급하는 선박에 진입해 검사 및 해당 선박을 일본 항구로 강제 유도하는 방안을 포함시켰다. 또 이 자문기구는 1990년 이라크의 쿠웨이트 침공처럼 국제질서에 영향을 주는 상황이 발생할 경우 유엔 결정에 따라 구성된 다국적군 등을 지원할 수 있도록 하는 방안과 일본 선박이 항해하는 해상교통로가 기뢰로 봉쇄된 경우에, 기뢰를 제거하는 활동도 자위권 행사 사례에 추가했다.

이런 일본 정부의 움직임에 대해 국내외 반대 여론도 거세지고 있다. 일본 내에서 제1야당인 민주당은 아베 총리의 집단적 자위권 행사를 위한 헌법해석 변경에 대해 반대의 뜻을 분명히 표명했다. 2013년 10월 8일 민주당 안보종합조사회장인 기타자와 도시미 전 방위상은 아사히신문과 인터뷰에서 "한 내각의 자의적인 판단으로 헌법해석을 바꾸는 것은 허용하기 어렵다" 따라서 "당내 의견을 수렴할 것"이라고 밝혔다. 또 기타자와 회장은 "집단적 자위권이 용인되면 자국의 방위 이외 군사행동도 할 수 있어 '지구 반대편'까지 갈 수 있다"며 "집단적 자위권이 일단 허용되면 어디까지라도 팽창해 나갈 것"이라고 반대를 의사를 전달했다.

주변국 중국은 일본 정부에 대해 강력하게 반대를 표명하고 있다. 물론 우리도 예외가 아니다. 한국 정부는 일단 일본의 집단적 자위권 논의 동향을 예의주시하면서 일본의 방위정책이나 평화헌법개정과 관련 논의에 우려의 목소리를 피력했다. 아울러 일본 정부에게 책임 있는 국가로서 "과거 역사로부터 기인하는 주변국들의 의구심과 우려를 해소하는 방향"으로 이루어져야 할 것임을 명백히 했다. 무엇보다도 역내평화와 안정에 기여해야 함을 강력하게 촉구했다. 이처럼 일본의 집단적 자위권 강화와 군비 증강에 따른 동북아 안보지형의 빠른 변화와 아베 총리와 우익정치인들의 계속되는 망언, 야스쿠니 신사참배, 독도에 대한 영유권을 주장과 위안부 할머니들에 대한 진정성 있는 '사과와 보상'이 없는 작금의 현실을 우리는 올바르게 직시해야 할 것이다. 정경뉴스 2013년 11월

★ 아베 총리의 '보통국가화' 전략과 우리의 선택

최근 일본의 '집단적 자위권' 행사에 대한 새 해석은 한반도와 동북아시아 지역에서 가장 뜨거운 감자로 부상했다. 영국의 역사학자 아놀드 토인비(Arnold Toynbee)가 "역사는 반복된다"고 말했듯이, 2014년 7월 일본에서는 "54년 전 1960년의 '안보 충돌'이 재현"됐다. 아베 총리는 집단적 자위권 행사를 허용하는 헌법 해석 변경안을 각의(국무회의)에서 결정했다. 각의결정의 제목은 "국가의 존립에 만전을 기하고 국민을 지키기 위한 빈틈없는 안보법제 정비에 대하여"였다.

집단적 자위권의 신무력행사 3조건

각의 처리를 보면 1960년 5월 20일 당시 아베의 외조부이자 정치적 스승인 기시 노부스케(岸信介) 총리가 미일 공동방위를 명문화한 미일 신안보조약' 비준안 강행 처리와 아주 유사했다. 이 두 가지 사례는 여러 가지 공통점을 단적으로 보여준다. 우선 민주주의의 절차를 무시한 채 집권 내각의 일방적인 결정으로 단행, 일본이 전쟁에 개입할 수 있게 된 것과 미일 동맹을 명분으로 일본의 재무장을 추진했던 것과 격렬한 반대 시위를 일으키고 있다는 등은 과거와 현재가 일치하는 것이다. 일본 언론에서 지적했듯이, "집단적 자위권은 기시 전 총리가 남긴 가문의 과업"이라는 점에서 할아버지가 남긴 과오를 아베가 똑같이 반복하고 있는 것이다.

이처럼 아베가 진행했던 집단적 자위권 행사가 직면한 가장 큰 문제는 개헌이 아니라 헌법 해석 변경이라는 절차를 무시한 '편법'이라는 점이다. 일본 내에서도 헌법의 근간을 뒤흔들려는 것이라는 문제의식이 커지고 있다. 현행 일본 헌법에 교전권·전력보유 등을 금지함에 따라 집단적 자위권을 행사하기 위해서는 헌법을 개정해야 한다. 그러나 아베는 중·참의원의 양원에서 3분의 2이상 의원이 찬성해야 발의가 가능한 개헌의 복잡한 절차 대신 집권여당과 내각에서 집단적 자위권 행사를 논의하고 결정했다. 또 일본은 헌법상 원칙적으로 군대를 보유할 수 없다. 일본의 평화 헌법 제9조는 무력행사·군대 보유·교전 등을 금지하고 있기 때문이다. 그러나 일본은 1950년대 중반 이후 헌법 제9조를 '방어' 전쟁이 가능하도록 해석해 '자위대'라는 비공식적 군대를 보유해왔고, 1978년 미일 방위협력을 통해 공식적으로 '개별적 자위권'을 인정받았다. 여기서 말하는 '개별적 자위권'은 공격받았을 경우 '방어'만을 위한 전쟁이 가능하다. 즉 일본은 '공격'을 받아야만 전쟁이 가능했지만, 아베의 '집단적 자위권 행사' 선언으로 이젠 '상황'에 따라 공격받지 않아도 선제적으로 전쟁이 가능하게 된 것이다.

부연하자면 아베는 집단적 자위권 행사를 위해, 일본의 군대 보유와 전쟁을 통한 분쟁 해결을 금지한, 현행 평화헌법 9조의 해석을 변경하겠다는 방침을 공식 표명했다. '방어전쟁만이 가능하다'는 헌법해석을 재해석해서 필요시 공격이 가능하다로 변경했다. 무력행사와 관련한 신무력행사 3요건은 "일본에 대한 무력공격 및 밀접한 관계에 있는 타국에 대한 무력공격으로 일본의 존립이 위협받고 국민의 생명·자유 및 행복추구의 권리가 근저에서 뒤집힐 명백한 위험이 있거나, 일본의 존립을 유지하고 국민을 지키기 위해 다른 적당한 수단이 없을 경우와 최소한도로 필요한 무력행사가 자위조치로서 허용된다"로 구성됐다. 그밖에 아베 내각은 상륙작전용 함정 도입을 고려하는 등 무기 체계를 방어에서 공격으로 전환하고 있으며, 가상의 적을 상정한 다국간 군사훈련에도 참여키로 했다.

군사적 '보통국가화'에 대한 우리의 해석

정부는 주변국들의 반발과 국내적으로 반대에도 불구하고 '집단적 자위권 재해석'이라는 무리수를 자행한 아베의 속내를 잘 파악해야 한다. 그 배경에는 중일간 남중국해 해양갈등과 북한의 미사일과 핵무기 개발 등을 언급하면서, 아베는 "집단적 자위권을 행사하면 억지력이 높아져 일본이 전쟁에 휘말릴 위험이 적어진다"는 주장과 '한정적인 집단적 자위권 행사의 구체적인 사례'로 '한반도 유사시 자국민 보호 및 미군 지원 방안'을 거론했다. 그렇다면 정부는 일본이 주도하고 있는 동북아 지역의 새로운 역학관계의 재편과 관련 어떻게 이해하고 대비를 해야 할 것인가. 일본은 전후체제 탈피를 통해 여타 국가들처럼 전쟁을 수행할 수 있는 군사적 '보통국가화'의 로드맵을 꾸준히 추진 중이다. 현재 미국이 일본의 집단적 자위권 행사를 지지하고 있는데, 그 주된 이유는 자국의 재정적자에 따른 국방예산이 자동 삭감되는 힘의 공백을 동맹국인 일본이 보완해 주길 기대하고 있기 때문이다. 동북아 안보에 대한 미일동맹의 역할 분담과 중국 포위망 내지 견제를 통한 새로운 지역 패권 국가로의 부상에 대해 우리는 전략적 선택을 해야 할 것이다.

전범국가인 일본이 더 이상 전쟁을 할 수 없게 한 것이 전후 국제적 합의였다. 그러나 탈냉전기 일본이 언제든지 전쟁에 개입하거나 전쟁을 할 수 있는 나라가 된다는 것은 지난 60년 동안 지켜온 전후 국제질서의 한 축이 허물어지게 됨을 의미한다. 더욱이 아베 정권은 출범 직후부터 위안부 부정, 역사교과서 왜곡, 고노담화 검증까지 지속적으로 과거사에 대한 반성보다는 부정을 일삼고 왜곡을 자행했다. 과거사에 대한 일본의 철저한 반성이 없는 상황과 과거 일본으로부터 침략을 당했던 한중이 일치되게 일본의 집단적 자위권 행사에 경계하고 우려를 표명하는 것은 지극히 당연한 것이다.

정부는 일본에게 "한반도 안보와 우리의 국익에 영향을 미치는 사항은 우리의 요청 또는 동의가 없는 한 결코 용인될 수 없다"고 다시 한 번 명백히 밝혔다. 그러나 무엇보다도 집단적 자위권 행사의 신 무력행사 3요건의 최우선 대상이 한반도라는 점을 상기해 볼 필요가 있다. 일본과 밀접한 관계에 있는 나라로 동맹국 미국이 상정되고 있지만 미국 본토가 직접 공격받는 경우는 상당히 어렵다. 이런 점에서 한반도에서 군사작전을 펴는 미군이 공격을 받는 경우가 상정된다. 일본은 집단적 자위권 재해석을 통해 한반도에 대한 군사개입의 여건을 달성하겠다는 의도인 것이다.

그동안 집단적 자위권 행사가 금지된다고 간주했던 기존의 헌법해석과 달리 "일본에 대한 무력공격이 발생한 경우뿐만 아니라, 일본과 밀접한 관계에 있는 타국에 대한 무력공격이 발생"한 경우에도 일본이 자위조치로서 무력을 행사하는 것이 헌법상 허용된 것이다. 결론적으로 전범국가로서 일본의 이런 행태는 세계 평화에 위협적인 결정이며, 한국과 주변국들과의 협력과 발전보다는 대립과 갈등을 더욱 더 심화시킬 것이다. 정경뉴스 2014년 8월

Focus 아베의 집단적 자위권 재해석

■ http://blog.daum.net/chamjisa/7167

헌법 제9조의 자위권 행사에 대한 일본 정부의 견해와 실제

보유할 수 있는 자위력

일본이 헌법상 보유할 수 있는 자위력은 자위를 위한 필요 최소한도의 것이어야 한다. 자위를 위한 필요 최소한도 실력의 구체적인 내용은, 그때그때의 국제정세, 군사기술 수준, 기타 제 조건에 의해 변할 수 있는 상대적인 면을 갖고 있으나, 헌법 제9조 2항에 보유를 금하고 있는 '전력'에 해당하는지 아닌지는 일본이 보유하는 전체 실력에 비추어 판단할 문제이다.

자위대가 보유하는 개개의 병기에 관해서는, 이것을 보유함으로써 일본이 보유하는 실력 전체가 이 한도를 넘는지 아닌지에 따라 그 보유 여부가 결정된다. 그러나 개개의 병기 중 성능상 상대국의 국토를 괴멸적으로 파괴시키기 위해서만 사용되는 소위 공격용 무기를 보유하는 것은 자위를 위한 필요 최소한도의 범위를 넘는 것이기 때문에 어떠한 경우에도 허용되지 않는다. 예를 들면 ICBM, 장거리 전략폭격기 또는 공격형 항공모함을 자위대가 보유하는 것은 허용되지 않는다.

자위권 발동의 요건

자위권의 발동은 소위 자위권 발동의 3요건, 즉 ① 일본에 대한 긴급하고 부정한 침해가 있을 때, ② 이 경우에 이것을 배제할 수 있는 다른 적당한 수단이 없을 때, ③ 필요 최소한도의 실력행사에 그칠 것이라는 조건에 해당하는 경우에만 한한다.

자위권을 행사할 수 있는 지리적 범위

일본이 자위권 행사로서 일본을 방위하기 위한 필요 최소한도의 실력을 행사할 수 있는 지리적 범위는, 반드시 일본의 영토, 영해, 영공에 한하는 것은 아니나, 그것이 구체적으로 어디까지인가는 개별 상황에 따라 다르기 때문에 한마디로 말할 수는 없다. 그러나 무력행사를 목적으로 무장한 부대를 타국의 영토, 영해, 영공에 파견하는, 소위 해외파병은 일반적으로 자위를 위한 필요 최소한도를 넘는 것으로 헌법상 허용되지 않는 것으로 여겨진다.

집단자위권

국제법상 국가는 집단적 자위권, 즉 자국과 밀접한 관계에 있는 외국에 대한 무력공격을, 자국이 직접 공격당하지 않았음에도 불구하고 실력으로 저지할 수 있는 권리를 갖는 것으로 되어 있다. 일본이 국제법상 이러한 집단자위권을 갖는 것은 주권국가인 이상 당연하다. 그러나 헌법 제9조에서 허용하고 있는 자위권의 행사는 일본을 방위하기 위한 필요 최소한도의 범위라고 해석할 때, 집단자위권을 행사하는 것은 그 범위를 넘는 것으로 헌법상 허용되지 않는다고 여겨진다.

교전권

헌법 제9조 2항에는 "국가의 교전권은 인정되지 않는다"고 규정되어 있지만, 일본의 자위권 행사에 관해서는 일본을 방위하기 위한 필요 최소한도의 실력을 행사하는 것은 당연하다고 인정하고 있고, 그 행사는 교전권의 행사와는 별개의 것이다.

★ 환태평양 경제동반자협정(TPP)에 대한 일본 참여와 시사점

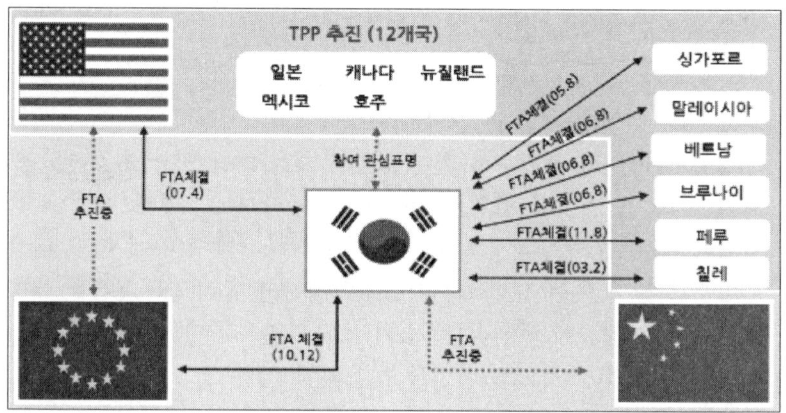

■ 미디어 오늘 2013. 12. 9

2013년 3월 15일 아베 신조 일 본 총리가 다자간 자유무역협정(FTA)인 환태평양경제동반자협정(TPP) 참여를 공식 선언했다. 이날 총리관저에서 아베 총리는 "TPP 교섭 참가를 결단했다"며 "기존 교섭 참가국들에 통보할 것"을 밝혔다. 그동안 일본은 TPP 참여에 소극적이었지만 이제 아베 정부는 관세 전면 철폐를 전제로 경제적 파급효과에 기대하고 있다.

일본의 TPP 참여는 '아베노믹스' 3대 정책으로 분류되는 '경기부양의 재정정책, 양적완화의 통화정책, 신성장전략' 중 성장전략의 중심적 정책과제로 간주된다. 이렇게 TPP가 타결되면 수출시장에서 일본과의 경쟁 품목이 많은 한국에도 적지 않은 타격이 예상된다. 게다가 한중일 FTA 교섭을 진행 중인 한국과 중국은 일본의 이런 움직임을 예의주시하고 있다.

TPP 역할 확대와 일본의 경제적 실익

TPP는 모든 물품의 관세철폐를 원칙으로 아태지역 경제의 통합을 목적으로 양자 간 자유무역협정(FTA)보다 좀 더 범위가 넓은 일종의 다자간 자유무역 협상이다. TPP는 2005년 4개국으로 출범했다. 현재 회원국은 미국, 호주, 캐나다, 멕시코, 베트남, 페루, 말레이시아 등 총 11개국으로 전환되어 확대 교섭에 참여 중이다. 미국은 2008년부터 참여하면서 협상의 주도국이 되었다.

2010년 3월 이후 16차에 걸쳐 협상이 진행되었고, 2013년 5월과 9월 협상을 거쳐 10월 아태경제협력체(APEC) 정상회담까지 타결을 목표로 했다. 협상의 큰 틀, 협상의 주요 목표와 교역규범의 제정 방향 등이 정해진 셈이었다. 참여국 11개국 인구는 6억 5천만여 명 정도로 전 세계 GDP의 3분의 1을 차지한다. 경기침체를 극복하기 위해 버락 오바마 미국 대통령이 2011년부터 우방국들 대상으로 TPP 참가를 적극 권장하고 있다.

이른바 TPP는 '예외 없는 관세철폐'를 목표한다. 다소 공격적인 시장 개방이 추진된다. TPP 교섭 대상은 관세 철폐와 서비스, 투자, 지적재산권 등 21개 분야에서 공통의 규범이 포함된다. 미국이 주도하면서 '중국 견제용 장치'라는 의혹도 제기된다. 개방이 더딘 중국을 배제하기 위해 TPP 교섭에서 의도적으로 '개방 수준'을 FTA 협상보다 높였다는 분석이 제기된다. 게다가 일본의 TPP 교섭 참가로 인해 '중국 견제'는 더 가시화되며, 향후 TPP는 경제 규모 세계 1위와 3위, 교역 규모 세계 2위와 3위 무역국이 하나로 통합하게 된다. 일본의 참여로 TPP 경제권은 미일 양국이 주도하는 경제체제의 아태경제권으로 전환된다는 우려의 제기된다.

일본이 TPP 참여로 얻고자 하는 것은 무엇인가. 아베 총리의 경기부양 정책은 '엔저효과'에 이어 '관세철폐'로 더 탄력을 받을 것으로 전망된다. 미국과 FTA를 통해 투자와 성장, 고용 확충을 촉발시켜, '잃어버린 20년' 경제불황에서 탈피하고자 한다. 안정적인 성장 기반을 구축하겠다는 의도인 것이다. TPP에 참여로 농업 부문 등 취약 부문의 생산이 3조엔 정도 줄어든다는 분석이지만 전반적으로 투자와 소비 및 수출이 크게 증가될 것으로 전망된다.

그러나 일본이 협정에 최종 합류까지는 여전히 난항이 예상된다. 2010년 10월 간 나오토 당시 총리가 "TPP 협상 참여를 검토하겠다"고 말했지만 농업 분야에서 심한 반발에 직면했다. 아베집권 이후 일본 농업 단체들은 TPP에 참가로 값싼 외국 농산물이 유입되면 막대한 피해를 입을 것에 대해 반대를 해왔다.

또 농업단체 관계자 4000여명 등이 도쿄에서 대규모 반대 집회를 열기도 했다. 일본은 쌀, 설탕 등의 농산물에 높은 관세로 보호하고 있는데, 협상 과정에서 이런 농산물 품목에 대해 관세 철폐 유예를 실패한다면 농민들로부터 거센 저항에 직면할 가능성이 높다. 이에 대해 아베 총리는 쌀과 소고기, 유제품, 설탕, 밀 등 5개 주요품목을 관세 철폐 예외 품목으로 만들 것을 약속했다. TPP 참여를 대한 아베 총리의 비전은 "미국과 손잡고 아태 지역의 미래 번영을 이끌 수 있는 새로운 경제권"을 만드는 것이다. 즉 TPP를 통해 "환태평양 경제권 틀 속에서 새로운 글로벌 교역규범과 질서에 일본이 리더십을 발휘하겠다"는 의도로 분석된다.

한국의 TPP 참여와 시사점

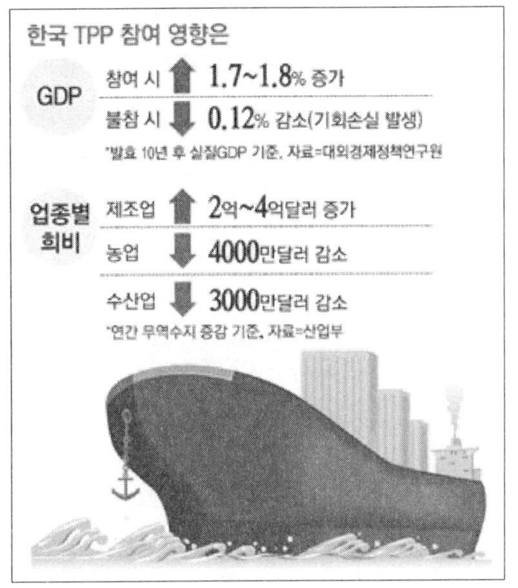

■ MK 뉴스 2014. 7. 2

이와 같이 일본의 적극적인 TPP 교섭 참여가 공식화되면서 우리정부의 움직임도 분주해졌다. 우선 정부의 TPP 참여에 회의적인 의견은 대체로 다음과 같다. 그동안 정부는 양자 협정인 FTA를 통해 경제영토 확장을 꾸준히 추진해왔고, TPP에 참여하는 대부분의 나라와 FTA을 맺고 있기 때문에 TPP가 좀 더 구체화되는 적절한 시기에 참여해도 큰 문제가 없다는 점이다. 또 미국이 중국의 견제로 추진되는 TPP에 우리가 참여하게 되면 현재 추진 중인 한중 FTA 협상에 불리하게 작용할 것이라는 분석도 제기된다. 구체적인 실익 없이 중국과 무역협상에 불리해 질 수 있다는 점이다.

반면 처음부터 참여해야 한다는 목소리도 높았다. 초기에 참여해야 TPP가 구축하게 될 '글로벌 교역규범과 질서'에 기여할 수 있고 우리의 입장이 유리하게 작용될 수 있다는 것이다. 또 TPP 참여가 새로운 시장 확보를 통해 성장과 고용 창출을 도모한다는 것이다. 동시에 한일 양국이 동시에 참여하는 TPP는 양국 간 FTA의 간접적 타결도 의미한다. 정부는 호주, 뉴질랜드 등 TPP 회원국과 FTA를 추진 중인데 이들 국가들과도 타결된다는 것이다.

이처럼 TPP에 참여는 경제적 및 지정학적 실익이 크기 때문에 참여해야 한다는 입장이다. 요약하자면 일본은 경제위기 극복책의 일환으로 TPP 참여를 적극 추진 중이지만, 우리의 TPP 참여는 "서두를 필요가 없다"는 신중론이 제기된다. 그러나 동시에 참여에 대한 논의도 서둘러야 한다는 의견도 제기되는 만큼 글로벌 시대 우리 국익에 미칠 이해득실과 영향력을 합리적으로 잘 따져봐야 할 것이다.

정경뉴스 2013년 4월

제 9 장

미래지향적 동북아와 국제협력

★ 미묘한 북중관계 '영원한 우방국'일까

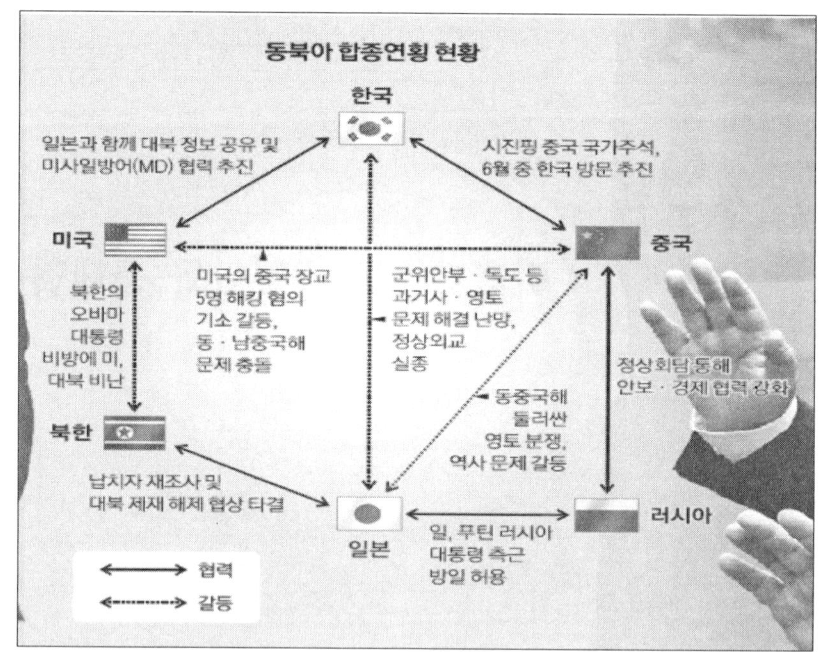

■ 서울신문 2014. 6. 3

냉전시기 한국군의 베트남 전쟁에서 전투병 참전은 1965년 2월 존슨 미국 대통령의 적극적인 군사개입으로 시작됐다. 당시 미국은 '동남아시아 국가들의 공산화 방지' 즉 '도미노 이론'에 입각해 자유민주주의를 수호하고 공산주의 세력 팽창을 저지하기 위해 우방국의 참전을 요청했다.

미국의 외교적 노력과 한국정부의 참전의사에 의해 한국군은 1965년 9월부터 휴전협정이 조인된 1973년 7월까지 해병 청룡부대, 육군 맹호부대와 백마부대가 파병됐다. 이 기간 동안 한국은 약 32만여 명(평균 주둔 약 5만명)의 병력을 파병했지만, 1976년 7월 초 베트남에는 사회주의공화국이 탄생했다. 그 후 1992년 4월 양국은 외교관계를 수립했고, 현재 전략적 협력동반자 관계로 격상됐다. 2013년 9월 초 박근혜 대통령은 베트남 국빈 방문 중에 '세일즈 외교'에 주력했다. 탈냉전기 양국은 과거에 얽매이지 현재와 미래를 위해 다각적 관계 모색과 국익 증진에 주력 중이다.

이렇게 변화된 한국과 베트남의 협력 관계를 보면 19세기 영국 외교사를 주름잡은 파머스턴 경이 남긴 유명한 말이 떠오른다. 그는 "국제정치에는 영원한 우방(友邦)도 없고, 영원한 적(敵)도 없고, 오로지 우리의 국익만 있다"고 했다. 이는 국제관계가 국익을 추구하면서 끊임없이 변화되고 동태적이기 때문일 것이다. 또 허츠(F Hertz) 교수는 국익을 '국가적 번영, 국가안전보장, 국가 위신'의 3대 요소로 규정했는데, 대부분 국가들이 영토보전, 경제번영 등 국익증진에 주력하고, 특정 사안에 대해 협상과 타협의 여지가 거의 없으면, 필요 시 군사적 제재의 사용까지도 가능한 사활적 국익 보전에 주력하고 있기 때문이다. 이와 관련 1970년대 초 '긴장완화'(데탕트)를 개막했던 닉슨 대통령의 중국 방문이 적절한 사례가 아닐까 싶다. 오늘날 미중의 협력과 경쟁 관계는 '차이메리카'(Chimerica)로 불린다.

요즘 전통적인 우방관계를 유지해 오고 있는 북중 간에도 미묘한 변화가 일고 있는 것 같다. 평양소식통에 따르면 장성택 숙청 이후 2인자였던 최룡해와 김정은의 최측근 실세로 부상한 김원홍 보위부장도 얼마 남지 않았다고 한다. 그는 작년 말 "장성택 잔존 세력들을 금년 3월내에 색출 및 처단하라"는 김정은의 지시에 따라 북한산 수산물 가공 등 중국과 합자를 주도한 북측 담당자들을 거의 모두 조사하는 등 장성택의 하부라인까지 숙청을 담당했다. 그러나 김정은은 자신이 기대했던 성과에 미치지 못하자 그에게 갖은 욕설과 질책을 가했다. 북한에서 숙청에 앞장섰던 인물들이 무사한 적이 단 한 번도 없었기 때문인데, 그는 김정은의 다음 숙청 타깃이며 심지어 이판사판이라 판단해서 망명할 수 있다는 소문도 제기된다. 상황이 이렇게 되자 그는 "이젠 우리 공화국도 좀 바뀌어야 해"라고 토로했단다.

과거 김정일은 총으로 위협하는 수준에서 통치를 유지했지만, 김정은은 마음에 안 들면 총으로 숙청하는 공포정치를 통해 기반을 구축 중이다. 중국을 비롯한 국제사회의 경고와 제재에도 불구하고 북한은 핵·미사일 실험과 심지어 소형 무인기 등으로 동북아와 한반도의 안보를 위협하고, 인권탄압과 측근들의 무차별 숙청을 일삼고 있다. 이런 북한에 대해 과연 중국이 언제까지 영원한 우방으로 존재할지 의문이 제기된다. 중국 역시 북한 때문에 자칫 자국의 사활적 국익과 안보를 위협하는 핵심적 국익이 침해를 받는다면, 합리적이고 현실적인 선택을 할 것이다. 서울신문 2014. 4. 14

Focus 긴장완화(Detente)

1970년대 미국과 구소련을 중심으로 한 동서 진영 간의 긴장완화를 말한다. 데탕트는 프랑스말로 완화·휴식을 뜻한다. 제2차 세계대전 이후 미국 중심의 자본주의 진영과 소련 중심의 사회주의 진영을 양극으로 하는 냉전체제가 수립됐지만 1960년대 말부터 변모의 조짐이 보였다. 서독과 일본의 급성장, 제3세계의 대두와 중소분쟁 등으로 국제정치는 이념보다는 국가이익을 우선하게 됐다.

또한 영국, 프랑스, 중국 등 핵무기 보유국의 증가로 국제질서는 양극체제에서 다극체제로 이행되기 시작했다. 1968년 핵확산금지조약(NPT) 조인, 1969년 미국은 '닉슨독트린'을 발표하고, 1970년 전략무기제한협정(SALT) 교섭 등으로 긴장완화 분위기를 조성했다. 1972년 대통령 R.M.닉슨이 모스크바와 베이징을 방문함으로써 미소의 데탕트가 실현됐다.

유럽에서도 1970년 8월 서독-소련의 불가침협정, 1972년 동서독 기본조약, 1973년 동서독 국제연합 동시가입 등으로 화해와 긴장완화의 분위기가 조성됐다. 1975년 7월 헬싱키에서 '유럽안보협력회의 35개국 정상회담'이 개최됨으로써 동서의 데탕트는 최고조에 이르렀다. 그러나 1979년 말 소련의 아프가니스탄 군사개입으로 인하여 데탕트가 깨지고 미소의 대립과 긴장이 다시 격화됐다.

1980년대 중반 이후 소련의 개혁·개방 정책으로 미소 간에 '신데탕트' 국면이 조성됐고, 1990년대 초반 동유럽 사회주의 정권의 붕괴와 소련의 와해 및 동서독 통일로 인하여 미소의 냉전체제가 종식됐다.

★ 유해발굴과 송환의 새로운 '원년'을 기대한다

6·25전쟁 이후 정부와 민간차원에서 다양한 호국보훈 사업이 진행되고 있다. 특히 국방부 유해발굴감식단은 2000년부터 6·25전쟁 당시 전사했지만 이름 모를 전국 산야에 묻힌 13만여 위 호국용사들의 유해를 찾아 국립현충원에 모시는 소중한 사업을 펼치고 있다.

2013년 정전 60주년을 맞아 활발하게 발굴된 유해는 전투지역 전사, 발굴유류품 분석, 유해의 인류학적 분석, 유전자검사 등 기초분석을 통해 국적이 분류된다. 각 지역에서 발굴된 유해 중 유엔군 유해는 미국 포로 및 실종자확인사령부 JPAC(Joint POW/Missing in Action Accounting Command)에 인계된다. 잘 알려진 대로 미군 3명의 유해는 유전자검사를 통해 유가족을 찾아 미국 알링턴 국립묘지와 시립묘지에 안장되기도 했다. 또 유엔군 유해 외에 이른바 '적군(敵軍)묘지'(북한군과 중공군)가 조성됐다.

적군묘지는 남방한계선에서 불과 5㎞ 떨어진 경기도 파주시 적성면 답곡리 산 55일대 5204㎡(1577평) 규모를 차지한다. 제네바 협정 추가 의정서 34조는 "교전 중 사망한 적군 유해를 존중하고 묘지도 관리해야 한다"고 명시돼 있다. 즉 제네바 협정과 인도적인 차원에 따른 것으로 1996년 7월 전국에 산재한 중국군과 북한군 유해 1400여 구가 적군묘지에 안장됐다. 이곳은 1, 2 묘역으로 나눠져 있고, 북한군 유해는 북한의 인수 거부로 인계가 되지 않고 있지만, 중국군 유해 42구는 지난 1981년부터 1989년까지 판문점을 거쳐 북한을 통해 중국에 송환됐다. 1997년 추가로 1구가 송환됐지만 북한의 거부로 인해 중단됐다.

중국정부 역시 꾸준히 해외에 묻힌 11만 5217여 구의 중국군 유해발굴 및 송환사업을 진행 중인데, 대다수인 99%가 한반도에 묻혀 있는 것으로 알려졌다. 일부 중국군 유해가 60여 년 만에 타국 땅에서 고국으로 돌아가게 됐다. 지난해 6월 박근혜 대통령이 중국을 방문했을 때 중국군 유해 송환을 제안했고, 양국은 수차례 실무협의를 통해 최종 송환에 합의했다. 이에 따라 국방부 유해발굴감식단은 지난해 12월 19일 '개토제'를 열었다. 다음날 오전 9시부터 우리 장병들은 1m가량의 땅 속에 묻혀 있던 중국군 유해를 담은 항아리를 꺼냈다. 향후 송환되는 중국군 유해는 360여 구로 수개월이 더 걸린다. 유해 건조가 2~3개월 정도 소요되며, 유해발굴감식단에서 유품은 인장, 만년필, 배지, 지갑, 군장류 등으로 개인별로 보관 중이고, 유해와 유품, 감식 기록지를 묶어 입관됐다.

이번 중국군 유해 송환은 국가안보 차원에서 적지 않은 의미를 담고 있다. 우선, 국가가 위기에 처했을 때 목숨 바쳐 조국을 수호했던 호국용사들에 대한 국민의 관심과 유해발굴의 소중한 가치를 재인식하는 계기가 됐다. 또 한중 수교 22주년을 맞아 양국 관계가 한 단계 더 발전되는 가교(架橋)역할을 할 것이다. 무엇보다도 한반도 평화와 인도주의적 차원에서 북한군 유해송환과 북한 내 생존 국군포로 송환 그리고 판문점에서의 남북한 유해발굴공동사업 등으로 순차적으로 이어지는 새로운 원년이 되길 기대해 본다. 국방일보 2014. 1. 17

Focus 미국의 합동전쟁포로 · 실종자확인사령부(JPAC: The Joint POW/MIA Accounting Command)

■ 주간동아 2012. 7. 16 846호

JPAC은 약 8만3000명에 달하는 미군 전쟁포로와 실종자를 발굴하고 신원을 확인하는 기관이다. "우리는 당신들을 잊지 않겠습니다(You are not forgotten)."JPAC는 세계 최대 규모의 유해 감식 연구센터로 민·군 전문가는 400명에 달한다. JPAC는 세계 각국에 흩어져 있는 미군 유해를 찾아내기 위해 태국, 베트남, 라오스, 유럽, 파푸아뉴기니에 분소를 두고 있다.

■ 연합뉴스. 2009. 5. 19

미국은 6·25전쟁 때 전사한 유해 송환을 전쟁이 끝나자마자 시작했다. 북한은 휴전이 이루어진 뒤 정전협정에 따라 유해를 송환하기 시작했다. 북한은 유엔군사령부 소속 군인들이 비무장지대를 넘어 유해를 회수해 가도록 협조하기도 했다. 북한은 1954년 8월 유엔군 전사자 4023구의 유해를 돌려준 뒤 송환을 중단했다. 이후 유해 송환 협상은 1988년 12월에야 재개됐고 1993년에 '미군 유해에 관한 합의서'가 만들어졌다.

★ 中共軍 유해 송환은 한중 관계 새 이정표

■ 연합뉴스 2013. 12. 19

한국과 중국이 6·25전쟁 중 전사한 중공군 유해 송환에 합의한 것은 국제사회에 안도와 평화의 메시지가 될 소식 이었다. 북한의 제3차 핵실험 강행, 아베 신조 일본 총리의 우경화, 중국의 방공식별구역(ADIZ) 공표 등으로 동북아에 긴장감이 고조된 시기여서 더 그렇다.

우리 정부의 유해 송환 제안은 아·적군 개념을 떠나 타지에 묻힌 유해에 가슴 아파할 유가족에 대한 배려에서 추진한다. 이번 유해 송환은 인도적 차원에서 국제법에 따라 대승적으로 추진하는 사안임에 주목해야 한다. 국제사회는 적군이라도 인도적 차원에서 존중과 배려를 하도록 명문화했다. 1·2차 세계대전 교전국이었던 독일과 프랑스 등도 적군 유해에 대해 예우를 다해 왔다.

한국은 6·25전쟁이 빚어낸 한중 간 적대 관계를 청산하고 높아진 국가 위상을 국제사회에 표방할 필요가 있다. 중공군 유해 송환 제의는 시기적절하며 국제사회가 지향하는 인류애적 예우이자 인도주의 정신을 실현한 좋은 사례다. 더불어 냉전기 전흔을 치유하고 과거에서 탈피해 한반도 평화의 미래지향적 가치를 추구하는 성숙한 한국의 위상을 보여주는 가장 적절한 사례다.

중공군 유해 송환은 향후 양국 관계 발전과 역내 평화·안정의 가교 역할을 할 것이다. 작년 동북아는 정치·경제·역사 등 여러 분야에서 커다란 입장 차를 보이며 갈등 구도와 위험 신호를 나타냈고, 이에 따라 역내(域內) 국가 간 불통 현상이 극도로 팽배했다. 한중 정상 간 유해 송환 합의는 양국 간 소통의 산물이며, 양국 관계를 진정한 '전략적 협력동반자' 관계로 발전시킬 계기가 될 것이다. 과거사 왜곡으로 역내 갈등을 일으키는 일본과 달리, 우리 정부는 유해 송환이란 '지속 가능한' 평화지향적 행동을 실천함으로써 역내 평화와 안정의 이정표를 세워가고 있는 것이다.

우리는 중공군 유해 송환에 머물지 말고 남북 간 유해 송환과 2007년 남북 국방장관 회담 합의 사항인 남북 공동유해발굴사업까지 확대 추진해야 한다. 6·25전쟁 동안 국가를 위해 희생한 국군 유해 송환은 국가의 당연한 의무다. 현재 북한군·중공군 묘지에 매장되어 있는 북한군 유해를 북측에 송환해 6·25전쟁 이후 지난 60여 년간 추운 북녘 땅에서 제대로 눈감을 수 없었던 국군 유해 발굴을 이른 시일 내 재개해야 한다. 조선일보 2014. 3. 13

★ 한러 관계를 한반도 평화로 확산시키려면

블라디미르 푸틴 러시아 대통령의 방한은 단 하루 일정이었지만 두 나라와 동북아시아를 위해 의미 있는 성과를 달성했다. 박근혜 대통령과의 정상회담은 2013년 9월 초 러시아 상트페테르부르크 G20 회의 기간 중 정상회담에 이어 두 번째였다. 이번 회담에서 두 정상은 2개의 협정과 15 개의 양해각서(MOU)를 체결했다.

■ 연합뉴스 2013. 11. 13

두 나라 관계가 한반도와 동북아 평화 번영에 더 긍정적인 역할을 하고 한 단계 더 높은 단계로 가기 위한 과제는 무엇이고, 우리는 무엇을 해야 할까. 우선, 정상외교의 성과를 최대한 살려 전략적 동반자 관계를 강화해 나가야 한다. 정상회담을 통해 형성된 신뢰구축을 기반으로 '소통의 핫라인' 유지와 구축이 절실하다. 한러 안보협력의 격상을 위해 양국 정상의 정례적인 상호방문과 최고위급 및 고위급 정치・안보 대화 등을 포함해 청와대와 외교부 관계자들 간의 교류를 정례화해야 한다. 둘째, 현 정부가 추진 중인 '유라시아 이니셔티브와 러시아의 신동방정책'에 대한 시너지 효과를 이끌어 내야 한다. 이를 통해 남북러 상생의 경협이 구체화될 수 있을 것이다. 2013년 9월 북러 나진-하산 철도 연결(54㎞)의 개・보수에 이어 러시아는 나진항 3호 부두의 현대화를 진행 중이다. 북러는 하산-나진 철도의 러시아 쪽 20㎞ 구간 철로를 전면 보수하고 북한 쪽 두만강역-나진항 30㎞ 구간에는 러시아식 광궤(1520mm)와 북한식 표준궤(1435mm)로 구성된 32km의 복합궤를 깔아 열차가 양국을 오갈 수 있게 했다. 이로써 해운에 의존해온 아태지역 국가들의 유럽 수출 화물을 러시아 시베리아횡단철도(TSR)를 통해 유럽으로 운송할 수 있는 토대가 마련됐다.

한-러 정상 공동성명 주요 내용

- 나진(북한)-하산(러시아) 물류 협력사업에 우리 기업 참여
- 우리나라가 기술을 이전해주는 조건으로 러시아의 LNG 운반선 13척 이상 발주
- 양국 금융기관 공동 투자 융자 플랫폼 구축
- 북극항로 및 항만 개발 협력
- 한반도종단철도(TKR)와 시베리아횡단철도(TSR) 연계사업 논의 위한 철도 교통 협력
- 파이프라인천연가스(PNG) 도입 중장기 협의
- 2020년까지 1조8000억 원 규모의 러시아 태양광 발전소 건설 사업에 우리 기업 진출
- 청와대 국가안보실과 러시아연방 안보회의 간 정례대화 신설
- 양국 군사기술협력 프로그램 조속 추진
- 북한은 핵보유국 지위를 가질 수 없으며 비핵화 분야에서 국제적 의무와 약속 준수해야
- 6자회담 참가국들과 공동으로 회담 재개 여건 조성에 노력
- (일본의) 역사 퇴행적 언동으로 조성된 장애로 동북아 지역 협력 잠재력이 실현되지 못하는 데 대한 우려

시베리아횡단철도(TSR)
중국
블라디보스토크
러시아
하산
나진
북한
한반도종단철도(TKR)
동해
남한
부산
북한
러시아
하산
나진
동해
두만강

나진-하산 물류 프로젝트 개요

- 북한 나진~러시아 하산 지역 54km 구간의 철도 개발
- 나진항 3호 부두 개발·운영
- 나진구 21ha 개발·운영

사업주체

- 러시아가 70%, 북한이 30% 지분을 가진 합작회사 '라손콘트란스'
  -포스코, 현대상선, 코레일로 이뤄진 한국 기업 컨소시엄이 러시아 지분 70%의 절반가량을 인수할 예정. 구체적 인수 규모는 내년 상반기 실사 이후 결정

사업기간 2008년부터 49년간

■ dongA.com 2013. 11. 14

이것은 북러의 대표적인 합작사업인 '나진-하산 프로젝트'의 일부다. 러시아 지분의 70% 중에 포스코 등 우리 기업들이 일부 투자할 예정이다. 나진항을 통한 물류협력 사업으로 동북아와 유럽 시장을 연결하는 동반성장 사업이다. 러시아는 북한에서 나진항을 49년 동안 임대했다. 이 사업이 활성화된다면 북한의 개방에 대한 러시아의 영향력 확대와 함께 남북러 가스관 연결 사업과 러시아 극동의 블라디보스토크를 경유해 시베리아횡단철도를 경유하는 '유라시아 실크로드'가 가시화될 것이다.

셋째, 한반도 신뢰프로세스와 동북아평화협력 구상에 대한 러시아의 절대적 지지와 협력을 얻어내야 한다. 러시아는 북한의 3차 핵실험 이후 더 적극적으로 한반도와 동북아 평화를 위협하는 북한의 핵·미사일 개발 중지와 무력도발에 반대를 표명하고 있다. 이번 공동성명에서의 '평양'의 독자 핵 노선 불용의 언급이라든가 화학무기금지협약(CWC)에 북한의 조속한 가입 촉구 등은 북한에 대해 핵 반대입장 표명과 관련 국제규범의 중요성을 한층 촉구한 것이다. 향후 남북러 경협 확대와 6자회담의 조속한 재개와 그 여건 조성을 위해 러시아의 긍정적인 역할은 점점 더 중요해지고 있다.

마지막으로 푸틴 대통령이 이번 회담에서 '집단적 자위권' 행사 등 군사대국화를 추진 중인 일본에 대해 우리 정부의 대일본 외교정책에 대한 지지와 과거사 반성에 대한 촉구 등은 참으로 고무적이다. 한반도 평화와 동북아 외교안보 현안에 대한 러시아의 적극적인 역할과 지지 표명은 한러 양국의 전략적 협력 동반자 관계'를 한층 격상시키는 계기가 될 것이다. 한반도와 유라시아 협력의 실질적인 성과를 위해 러시아의 '가교역할'과 양국의 인적·문화적 교류 등을 포함한 다층적이고 전방위적인 협력에 관심을 더 기울일 때다. 서울신문 2013. 11. 22

Focus 나진항 개발

■ news.donga.com/BestClick/3/all/20140316/61716182/1

나진항은 북한의 동해 최북단 항만으로 두만강 하구의 중국, 러시아 국경에서 각각 도로와 철도로 50~60㎞ 떨어진 곳이다. 중요한 국제 화물 운송 루트인데 러시아는 2008년 북한으로부터 나진항 3호 부두의 50년 사용권을 확보했다.

러시아는 2012년부터 나진항 3호 부두에 700억 원 규모의 전면 보수 공사를 시작했다. 부두를 콘크리트로 재포장하고 석탄을 싣는 이동식 크레인의 레일과 연료 탱크를 새로 설치했다. 또 대형 선박이 정박할 수 있도록 부두의 수심을 기존 9m에서 12m로 깊게 팠다. 러시아는 부동항인 나진항이 자국의 광산지역과 아시아 항구들을 연결하는 최단 경로로써 석탄 수출에 적합한 곳이다.

■ www.voakorea.com/content/article/1955100.html

장기적으로 한국과 아태지역 국가들의 화물을 TSR을 통해 유럽으로 수출할 때 나진항과 나진-하산 구간 철도를 이용하게 된다. 동해로 직접 통하는 항만이 없는 중국도 나진항에 대한 활용은 중요하다. 2008년 북한으로부터 나진항 1호 부두 사용권을 확보해 동해로 통하는 길을 연 중국은 나진항에서 육로로 50㎞가량 떨어진 자국 국경도시인 지린성 훈춘을 국제적인 물류거점으로 조성하기 위한 인프라 구축에 막대한 예산을 투입했다. 중국은 2012년 훈춘과 나진항을 연결하는 북한 도로 50㎞ 구간에 400억 원가량을 부담해 도로 확장·포장, 교량 건설 등 개·보수를 마쳤다. 비포장과 굴곡이 심해서 화물의 대량 운송이 어려웠던 나진-훈춘 도로의 문제점을 해소했다. 2010년 말 창춘-지린-투먼-훈춘 고속도로의 전 구간을 개통했다. 최근 7조 원을 들여 2015년 말 개통을 목표로 총연장 360㎞의 지린-훈춘 고속철도를 건설 중이다.

나진항 1~3호 부두 중 러시아가 대규모 투자를 진행 중인 3호 부두를 제외한 1~2호 부두는 시설이 노후해 항만 현대화가 시급한 상태다. 한국 기업들은 북러의 나진-하산 프로젝트에 러시아측 지분을 통해 간접 투자하는 형태로 참여하는 방안이 추진되고 있다. 2014년 11월 블라디미르 푸틴 러시아 대통령이 방한했을 때 남북러 3각 경협사업으로 코레일, 포스코, 현대상선이 이 프로젝트에 참여하는 내용의 양해각서(MOU)가 체결됐다. 즉 한국기업 컨소시엄은 북러가 3대 7의 비율로 출자해 설립한 합작회사의 러시아 지분 중 50%를 매입하는 프로젝트 참여 방안이다. 북러 합작 나진항 3호 부두 화물터미널이 2014년 7월 18일 공식 개통했다.

★ 남북러 '윈윈(Win Win) 경협' 확대의 전제조건

현재 개성공단이 재가동 중이지만 여러 가지 난제에 직면해 있다. 일단 '발전적 정상화'까지는 북한의 제도개선에 대한 소극적 태도로 시간이 걸릴 것 같다. 결국 2013년 10월 31일 개성공단에서 열기로 했던 공동 투자설명회가 무산됐다. 개성공단 국제화는 공단의 안정적인 운영을 위해 정부가 가장 공을 들였던 사업이었는데, 북한이 3통(통행과 통신, 통관)문제를 논의하는 위원회 회의를 일방적으로 연기했다. 정부 입장은 3통이 해결되지 않는다면 투자설명회는 의미가 없고 국제화의 본래 취지를 살리기 어렵다는 것이다. 이번 투자설명회의 무산은 북한의 이산가족 상봉행사 무기한 연기와 대남 비난으로 인한 남북 관계 경색도 반영된 것이다.

이런 가운데 최근 북러 경제관계에는 약간 변화가 일고 있다. 2013년 9월 22일 '북한의 나진~러시아의 하산' 철도 구간을 연결하는 개통식이 개최됐다. 지난 5년간 철로 개보수 작업을 마치고 함경북도 '나선 경제무역특구'와 하산을 잇는 철도가 연결됐다. 재개통된 구간은 나진~하산의 본선 52㎞와 나진에서 나진항까지의 지선 2㎞ 등 총 54㎞인데, 양측은 2001년 합의했지만 별 진전이 없었다. 2008년 합작회사 설립 이후 2009년부터 러시아가 90억 루블(약 3000억 원) 규모의 공사비를 전액 부담했다. 러시아는 낡은 철로의 현대화와 폭이 넓은 러시아식 광궤와 한반도식 표준궤를 합친 '복합궤'를 새로 깔았다. 화물열차 시속도 30~40km에서 70km까지 올렸다.

이번 북러 철도연결은 몇 가지 중요한 의미를 내포한다. 우선 새로운 경협 파트너로서의 러시아의 입지가 북한 내에서 강화될 것이다. 러시아의 북한 투자가 점진적으로 증대되고, 철도 및 경제 분야가 탄력을 받을 것이다. 또 러시아는 나진~하산 철도와 TSR 연결을 통해 유럽지역으로의 물류사업 확대를 기대하고 있다. 러시아는 한국과 동북아 국가들의 수출 화물을 나진항으로 유치한다는 계획인데, 이미 2013년 9월 초 박근혜 대통령은 러시아의 상트페테르부르크 G20 정상회의 기간 중 푸틴 대통령과의 정상회담에서 이 철도를 이용하는 물류사업에 관심을 표명하기도 했다.

중장기적으로 남북러 경협사업의 상징인 TKR-TSR 철도연결과 극동지역 지하자원의 해상과 육상 수송을 통해 한러 경제교류도 더 활발해질 것이다. 이와 관련 푸틴 대통령은 2013년 10월 7일 APEC 정상회담에서 "천연가스의 한국 수출을 위해 동해 해저를 관통하는 가스관 건설 방안"에 대해 언급했다. 이렇게 되면 남북 관계 개선의 효과와 우리는 값싼 러시아 가스를 안정적으로 공급받을 수 있을 것이다. 푸틴은 2013년 11월 중순 서울을 방문해서 이런 문제에 대해 박근혜 대통령과 논의할 예정이었다.

이제 선택은 북한에게 달려 있다. 한반도 평화와 남북러 경협 확대를 위해 북한은 북핵 불용의 박근혜 정부의 '한반도 신뢰 프로세스'를 수용해야 한다. 또 북한은 진정성 있는 비핵화 선언을 통해 6자회담 재개에 주력해야 한다. 국방일보 2013. 10. 18

★ 전방위적인 북러 밀월관계, 한반도 안보에 미치는 영향

■ 파이낸셜뉴스 2014. 7. 24

북러 관계가 김정일 사망이후 급진전되고 있다. 러시아의 아시아로의 동진정책과 맞물려서 복합적으로 진척되고 있다. 푸틴 3기 정부 출범이후 러시아의 극동지역 개발 증진을 위해 남북러 경협에 대한 새로운 접근이 다양해지고 있는 것이다.

북한 역시 중국 경제의존도를 줄이기 위해 러시아를 전략적 파트너로서 양국간 철도와 에너지 협력을 추진하는 등 새로운 관계를 모색 중이다. 특히 박근혜 정부 출범이후 '유라시아 이니셔티브'의 추진을 위해 러시아는 가장 중요한 전략적 파트너로 간주되고 있기 때문에 중장기적 차원에서 한반도 안보와 평화정착에도 크게 기여할 것으로 간주된다.

북러 경제협력의 새로운 양상

최근 북러 경제관계에서 가장 큰 성과는 오랜 숙원사업이었던 철도 협력 강화일 것이다. 푸틴 대통령 1기 집권 시기였던 2000년 초반부터 양국의 철도 연결에 대한 논의가 진행됐다. 결국 2013년 9월 중순 러시아의 극동 국경도시 하산역과 북한의 나진항을 연결하는 철도 개통식이 개최됐다. 2008년 합작회사 설립이후 2009년부터 90억 루블(약 3,000억 원) 규모의 공사비를 러시아가 전액 부담하는 것으로 최종 결정됐다. 이에 따라 지난 5년 동안 철로 개보수 작업이 진행되었고, '나선 경제무역특구'와 하산을 잇는 철도가 연결된 것이다.

2013년 동북아 4강 중 가장 먼저 한국을 방문했던 푸틴 대통령은 북한과의 경제협력에도 꾸준히 공을 쏟고 있는 것이다. 나진~하산 철도 연결에 이어 러시아의 투자가 진행 중인 나진항 개발은 남한에도 중요한 경협사안이 된다. 앞서 강조한 대로 러시아는 나진항을 극동지역의 물류기지로 활용하기 위해 적극적으로 투자를 감행하고 있다.

아울러 북러 양국은 채무 탕감이라는 큰 성과를 달성했다. 북러 철도와 나진항 개발 외에 러시아는 북한과 새로운 관계 모색을 위해 긴 세월 걸림돌이었던 북한의 채무를 과감하게 탕감해준 것이다. 사실상 양국은 구소련 붕괴 직후부터 1950년대부터 1970년대까지 북한이 빚진 차관과 채무탕감에 대해 협상을 진행해왔다. 그러나 양국간 이견 때문에 지난 20여 년 동안 협상이 중단된 이후 지난 2011년부터 논의가 재개됐다. 김정일 집권 시기 양국은 꾸준히 정상회담을 통해 채무 탕감 합의를 급진전시켰고 2012년 관련 협정에 서명했다. 그 후 러시아 하원에서 지난 2월 중순 정부가 제출한 협정에 대한 비준 법안을 승인했고, 4월 말 상원도 이를 통과시켰다. 이어 5월 초 푸틴 대통령의 탕감 협정 비준 법안에 최종 서명함으로써 효력을 발휘하게 됐다. 구체적으로 러시아는 북한이 상환해야하는 채무 약 109억 달러(11조 2천억 원) 중 90%인 100억 달러(약 10조 3000억 원)를 탕감해주기로 했다. 나머지 채무 상환금 중 10%의

10억 9000만 달러(1조 1천억 원 가량)는 북한이 향후 20년간 40회로 분할해서 상환해야 한다.

현재 북한에 개설된 대외무역은행 중 러시아 대외경제은행인 브네슈에코놈방크 계좌로 송금해야 한다. 남은 채무는 러시아가 북한의 보건, 교육, 에너지 분야에 재투자 형식으로 규정했다. 이와 관련 세르게이 샤탈로프(Sergey Shatalovo) 러시아 재무차관은, 상환금 중 일부는 "남북러를 연결하는 천연가스 가스관(PNG)이나 철도 연결에 사용될 수 있을 것"임을 밝혔다. 북한을 통과하는 PNG 가스관 연결 사업은 북한이 김정일 사망이후 김정은이 집권하면서 남북관계 악화 등으로 진전되지 못하고 있다.

이 사업을 통해 러시아의 사할린이나 동시베리아 등에서 생산된 러시아산 천연가스를 블라디보스톡을 기점으로 북한을 경유해 남한으로 공급될 예정이다. 현재 남북러 가스관 연결의 가장 큰 걸림돌은 경색된 남북 관계와 북한의 체제불안에 따른 북한 통과구간에 대한 수송의 안전문제와 건설 투자비용, 북한의 임의적 가스 차단이나 절취 혹은 가스관 파괴 가능성 등도 제기된다. PNG 건설이후 공급되는 북한 지역 통과료는 연간 1억4000-5000만 달러로 추정되며, 이런 비용은 침체된 북한 경제회생에 많은 도움이 될 것으로 간주된다. 그러나 김정은 정권의 체제유지 비용이나 군부와 핵무기 개발 전용'으로 이용될 가능성 등 다양한 걸림돌에 직면해 있다.

그럼에도 불구하고 계획대로 진행이 된다면, 사할린에서 블라디보스토크 가스관이 2011년 9월 완공되면서 2017년부터 러시아 가스가 한국으로 유입될 PNG는 블라디보스토크부터 북한 국경선 구간까지 약 150km이고, 북한 구간은 약 740km, 남한 구간 232km로서 총 1,122km로 예상된다. 이 노선은 러시아 블라디보스토크~북한 청진~원산~고산~인천~평택기지로 연결하는 것으로 이중 60%가 북한의 영토를 통과하게 된다. 궁극적으로 러시아의 북한에 대한 과감한 채무 탕감으로 인해 향후 양국의 적극적인 경제협력 사업 추진과 남북러 철도 및 가스관 연결 사업 진전 등 극동 지역을 중심으로 경제 협력이 활성화될 수 있는 계기가 마련된 셈이다. 또 러시아는 북한 내 자국의 영향력을 확대하고 있는 중국을 간접적으로 견제하기 위한 것이고, 북한의 대중 경제의존도를 줄일 수 있는 가능성도 제기된다.

계속해서 러시아 최고위급 인사들이 북한을 방문해서 경제협력 강화와 의지를 피력했다. 2014년 4월 말 유리 트루트네프(Yuri Trutnev) 러시아 부총리 겸 극동연방지구 대통령 전권대표와 로두철 북한 내각 부총리 등 양측 고위인사들이 참석한 가운데 회담이 진행됐다. 이 회담에서 러시아는 북한에 소방차 수십 대 기증과 경제와 철도·운수 분야 협력합의서도 체결했다. 또 다른 성과는 답보상태에 있는 현재의 교역량(1억 달러)을 2020년까지 10배인 10억 달러까지 확대에도 합의했다. 현재 북한은 대외교역에서 유로화를 결제통화로 사용하고 있지만 러시아와의 무역에서는 러시아 화폐인 루블화 대체 방안 등도 논의됐다. 북한은 러시아산 상품 가격 할인과 북한 수출품에 대한 품질심사 기준 완화도 요구했다. 그러나 러시아는 이런 제안을 적극적으로 수용하지 않았다. 러시아 입장은 구소련 시기 북러 협력 방식을 더 이상 용인하지 않을 것임을 명백히 했다. 즉 향후 러시아는 양국의 경제 협력은 자본주의 시장경제 원칙에 따라 발전되어야 할 것을 표명했다. 북한은 추가로 신규 차관도 요청했다. 이와 관련 러시아의 결정과 진행 추이를 지켜봐야할 것이다.

북러 관계 변화가 한반도 안보에 미치는 영향

현재 급진전되고 있는 이런 다층적인 북러 관계 변화가 한반도 안보에 어떤 영향을 미칠 것인가. 미국과 국제사회의 반대와 비난에도 불구하고 크림반도를 무력으로 합병한 러시아는 아시아로의 회귀정책을 과감하게 추진 중이다. 이런 정책은 우호적인 중국과 북한과의 관계를 바탕으로 좀 더 구체화되고 있다. 2013년 5월말 러시아는 중국과 동중국해에서 군사합동 훈련을 실시하는 등 전방위적인 관계를 국제사회에 과시하기도 했다. 구소련 붕괴이후 러시아 대외정책의 기조는 이른바 '탈이념주의, 탈제국주의, 실용주의'로 요약된다. 실용주의에 입각한 대외정책과 정책 수립에 있어서 가장 결정적 요인은 경제 이슈다. 낙후된 러시아 극동지역의 개발과 발전을 위해 남북러 경제협력에 적극적이며 한반도 평화와 안정을 기대한다. 러시아의 대한반도 정책은 장기적 차폐기와 한반도 평화정착을 통해 대북 영향력 확대 등을 목표로 한다. 한러 양국은 시베리아횡단철도(TSR)와 한반도종단철도(TKR) 연계 사업, 동시베리아 석유천연가스의 수출 기지 구축에 주력 중이다. 나아가 북핵 이를 통해 남북의 평화 공존과 북한과의 경제협력 강화를 통해 북한의 전략적 가치를 재인식하고 자국의 영향력을 확대하고자 한다. 경제적 실용주의 원칙에 입각해 러시아는 북한의 새로운 조력자이자 중개자 역할을 점진적으로 확대하고 있는 것이다.

러시아는 북한 내부의 정치적 문제에 간섭 내지 영향력을 행사하는 것 대신에 간접적으로 경제적 실리 추구와 신뢰구축 외교에 치중하고 있다. 러시아는 남북한 공동의 관심사가 되고 있는 경제협력 추진을 위해 협력자 내지 중개자 역할을 최대한 발휘하고 있는 것이다. 더욱이 북한과 국경을 맞대고 있는 러시아로서는 극동지역의 안정과 유사시 또는 북한의 급변사태 발생에 대해서도 대비하지 않을 수 없다. 러시아는 과거 구소련시기 1990년 한소 수교에 의해 북러 관계가 파국에 이르렀던 리스크를 더 이상 원하지 않고 있다. 강조하자면 러시아는 '북핵불용' 원칙을 고수하는 박근혜정부의 한반도 프로세스를 지지하고 동시에 북러 경제협력 증진도보를 통해 한반도 안정과 남북러 경협 확대를 추진 중이다. 이런 러시아의 대한반도 실용주의 외교정책과 전략의 변화를 우리는 예의주시해야 하며, 정부가 추진 중인 '유라시아 이니셔티브'의 구체적인 성과 달성을 위해 한러 양국의 협력이 그 어느 때보다 절실한 시점임을 잊지 말아야 할 것이다. 향후 한국과 러시아와의 상호호혜적인 관계는 남북관계 진전에도 긍정적이고 통일외교 차원에서도 생산적인 결과를 이끌 수 있을 것이다. 월간자유 2014년 7월

★ 지속 가능한 북극지역 '개발과 보호'를 위하여

2013년 풍성한 한가위, 훤하게 뜬 보름달이 유난히 보기 좋았다. 또 북극 탐사 중인 쇄빙선 아라온호에서 보내온 북위 70도의 북극 보름달과 달무리도 아주 인상적이었다. 동년 9월 16일에 한국 선사 최초로 현대글로비스가 러시아 우스트루가항에서 북극항로 화물 수송 시대를 개막했다. 내빙선 '스테나 폴라리스'가 북극해를 통과해 10월 중순 광양만에 도착하게 된다. 참으로 고무적인 일이 아닐 수 없다. 그런데 지금 지구온난화로 북극의 두꺼운 빙하가 빠른 속도로 녹아내리고 있다. 2008년 12월 TV에 방영된 다큐멘터리 '북극의 눈물'에서 북극곰들이 먹이와 살 곳을 찾아 헤매는 모습이 기억에 생생하다. 최근 미국 항공우주국(NASA)은 "북극의 빙하 면적이 1년 전보다 60% 증가했다"고 밝혔다. 과학자들이 "지구 온난화로 북극권 빙하가 모두 사라질 것"이라고 주장한 내용과 다른 것이다. 그러나 온난화의 예측은 여전히 유효하다. 2045년 무렵 여름에는 얼음이 다 녹아 쇄빙선 없이 운항이 가능해질 것이라는 관측도 있다.

북극은 천연가스와 석유, 희토류 등 천연자원의 보고(寶庫)로 러시아, 미국, 캐나다 등 에너지 기업들의 각축장이 됐다. 오랫동안 북극항로 개척과 개발을 주도해온 러시아는 메드베데프 대통령 시기 북극군 창설과 2008년부터 2020년까지 '단계별 북극 개발'을 수립했다. 미국은 2009년 안보와 자원개발 청사진, '북극지역 정책'을 발표했다. 탐사 예산을 40% 증액하기도 했다. 2009년 시작된 북극 해상무역은 항해 일수와 운항 선박이 증가 추세다. 북극항로의 상업적인 이용이 활발해지고 있다. 현재 연중 항해는 7~10월만 가능하다. '신해상 실크로드'로 불리는 북극항로는 부산과 베링해를 경유, 러시아의 무르만스크에서 유럽으로 연결된다. 수에즈를 통과하는 유럽노선보다 7000㎞가 단축되고, 항해 일수도 10일 정도 줄어든다. 향후 글로벌 해운업의 경쟁력 강화와 부산항과 동해지역의 허브항 개발에도 기여할 것이다.

그동안 정부는 1986년 남극조약 서명을 시작으로 세종기지를 세웠고, 노르웨이 스발바르에 '북극다산과학기지'를 건설했다. 이어 2009년 아라온호가 출항했고, 2010년 그린란드와 자원개발과 관련한 4건의 양해각서를 체결하는 한편 2년 뒤 본격적인 개발이 가능해진 '스발바르 조약'에도 가입했다. 박근혜 정부는 140개 국정과제 중 13번째로 '북극항로와 북극해 개발 참여'를 선정했다. 결과적으로 지난 5월 1996년 창설된 북극이사회의 정식 옵서버 자격을 획득했는데, 러시아와 미국 등 8개 북극 연안국들이 정책을 논의하는 국제협력 기구다. 정부는 정기회의 상시 참여와 의사 개진 등 역할이 다양해졌다.

아직 북극항로는 위험하고, 연안국가들 간의 해양영유권을 둘러싼 배타적 경제수역(EEZ) 갈등, 원주민 감소와 환경문제와 제약점을 안고 있지만, 신항로 개발과 함께 기후변화와 인류 발전에 기여할 수 있는 국제협력이 가능한 지역이다. 이미 중일과 유럽연합(EU)은 인력과 예산 확충을 포함해 공세적인 선점전략을 추진 중이다. 정부는 북극의 '개발과 보호' 차원에서 지속 가능한 실질적인 국제협력에 더 주력해야 한다. 북극외교를 주도하는 '북극정책 컨트롤타워' 신설, 예산 확보, 북극연안국들 및 원주민들과의 유대 강화, 환경보호 활동과 북극항로를 주도하는 러시아와의 협력도 더 강화해야 한다. 또 항만과 관광 개발, 북극연구와 학술 지원 확대 그리고 전문가 양성 등 일자리 창출도 기대해 본다. 서울신문 2013. 9. 23

Focus 스테나폴라리스

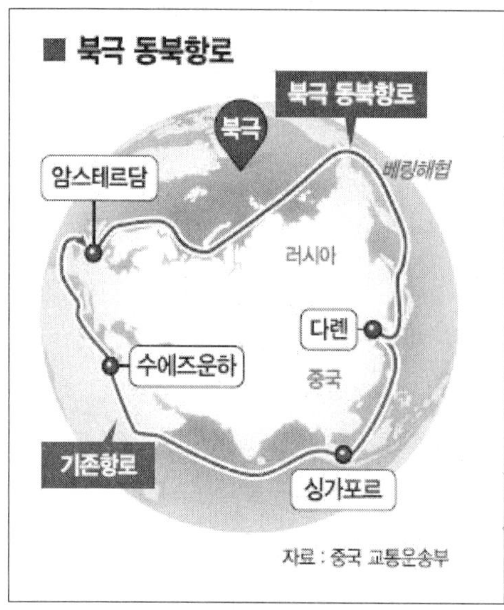

■ 파이낸셜뉴스 201. 7. 30

북극항로를 이용하면 유럽으로 이어진 기존 말라카해협과 수에즈 운하를 통과하는 항로보다 5185.6㎞(2800해리)를 줄일 수 있다. 대략 9일정도 단축된다. 스테나폴라리스호는 현대글로비스가 스웨덴 선사로부터 빌린 내빙 유조선이다. 현대글로비스는 2013년 9월 15일부터 여천NCC㈜가 러시아 노바텍(Novatec)으로부터 수입하는 나프타 3만 7000톤을 러시아 발트해 인근 우스트루가(Ust-Luga)항에서 내빙선에 선적했다. 국내 최초로 북극해를 통과하여 10월 중순경 시범항해를 잘 마치고 국내 광양항 사포 부두에 도착했다. 평균속력은 12노트, 실제 운항거리는 1만 5,790km로 집계됐다. 운항일수는 31일로 아시아에서 유럽으로 가는 노선보다는 6,791km, 시간적으로는 10일정도 단축됐다. 해양수산부 관계자는 "북극항로 개척 사업은 당장의 단기적 수익만으로 따질 사안이 아니며 중장기적 안목으로 투자해야 할 사업"이라고 말했다.

■ vip.mk.co.kr/news/view/21/20/1063417.html

참고문헌

<http://bemil.chosun.com>, p.93

<http://blog.daum.net/hellopolicy/6984005>, p.159

<http://blog.daum.net/kkj484851/14267>, p.122

<http://blog.naver.com/shsrosla/220025994011>, p.27

<http://k.daum.net/qna/openknowledge/view.html?qid=52ECk>, p.78

<http://ko.wikipedia.org/wiki/%EC%84%B8%EC%9B%94%ED%98%B8_%EC%B9%A8%EB%AA%B0_%EC%82%AC%EA%B3%A0>, p.65

<http://terms.naver.com/entry.nhn?docId=1082530&cid=40942&categoryId=31656>, p.235

<http://terms.naver.com/entry.nhn?docId=1114175&cid=40942&categoryId=31931http://terms.naver.com/entry.nhn?docId=2038475&cid=40942&categoryId=31952>, p.57

<http://terms.naver.com/entry.nhn?docId=1176865&cid=40942&categoryId=31661>, p.108

<http://terms.naver.com/entry.nhn?docId=1185693&cid=40942&categoryId=31819>, p.24

<http://terms.naver.com/entry.nhn?docId=1394155&cid=42996&categoryId=42996>, p.225

<http://terms.naver.com/entry.nhn?docId=1716386&cid=43667&categoryId=43667>, p.119

<http://terms.naver.com/entry.nhn?docId=1837115&cid=43667&categoryId=43667>, p.180

<http://terms.naver.com/entry.nhn?docId=1837115&cid=43667&categoryId=43667>, p.35

<http://terms.naver.com/entry.nhn?docId=1965545&cid=43667&categoryId=43667>, p.155

<http://terms.naver.com/entry.nhn?docId=929080&cid=43667&categoryId=43667>, p.159

<http://webzine.nuac.go.kr/tongil/sub.php?number=17>, p.75

<http://www.imaeil.com/sub_news/sub_news_view.php?news_id=15247&yy=2014#ixzz39bGDaAwb>, p.23

<http://www.mofa.go.kr/webmodule/htsboard/template/read/korboardrea

d.jsp?typeID=24&boardid=11695&seqno=6900&c=&t=&pagenum=1&tableName=TYPE_KORBOARD&pc=&dc=&wc=&lu=&vu=&iu=&du=>, p.201

<http://www.onbao.com/news.php?code=cc&m=&mode=view&num=39978>, p.62

<http://www.yonhapnews.co.kr/northkorea/2014/06/13/1801000000AKR20140613060400097.HTML>, p.245

<http://terms.naver.com/entry.nhn?docId=1158470&cid=40942&categoryId=31787>, p.23

<cafe.daum.net/b2345/9toB/356>, p.122

<cafe.daum.net/rokmc253/3sxG/871>, p.135

<http://terms.naver.com/entry.nhn?docId=1122916&cid=40942&categoryId=31931>, p.187

<http://terms.naver.com/entry.nhn?docId=1169246&cid=40942&categoryId=31637;cafe.daum.net/oneto/RNDg/912>, p.215

<http://terms.naver.com/entry.nhn?docId=1524533&cid=44515&categoryId=44516>, p.108

<http://www.cyworld.com/undercoverbrother>, p.93

<http://www.rokmc.mil.kr/>, p.134

<http://www.segye.com/content/html/2012/05/25/20120525022141.html>, p.238

<ssoonkim2012@naver.com>, p.62

<vip.mk.co.kr/news/view/21/20/1063417.html>, p.256

<국방일보 2013. 10. 14>, p.119

<국방일보 2014. 5. 29>, p.35

<노컷뉴스 2014. 7. 29>, p.108

<머니투데이 뉴스 2014. 7. 28>, p.90

<서울신문 2012. 8. 27>, p.144

<서울신문 2012. 11. 5>, p.163

<세계일보 2013. 4. 24>, p.84

<세계일보 2012. 5. 26>, p.238

<스포츠 조선 2014. 2. 6>, p.57

<아시아경제. 2014. 8. 14>, p.215

<연합뉴스 2013. 11. 12>, p.62

<연합뉴스 2014. 2. 10.>, p.23

<연합뉴스 2014. 7. 26>, p.187

<월간자유 2012년 7월>, p.54

<월간자유 2013년 10월>, p.90

<정경뉴스 2013년 8월>, p.126

<정경뉴스 2013년 12월>, p.70
<조선일보 2013. 10. 1>, p.35
<코나스 2013. 12. 2>, p.119
<한겨레 2014. 5. 20>, p.150
<한국경제 2014. 6. 9>, p.24
<한국일보 2013. 8. 11>, p.119

윤 지 원(구 윤영미 · 평택대 교양학부 외교안보전공 교수)

■ 충주 출생으로 충주여고를 졸업하고 이화여대 정치외교학과를 졸업하였다. 애버딘대학교(Aberdeen, 영국)에서 국제관계학 석사와 글라스고대학교(Glasgow, 영국) 정치학 박사를 받았다. 2005년부터 평택대학교 교양학부 외교안보전공 교수로 재직중이고, 현재 평택대 남북한문제연구소 소장을 맡고 있다. 정경뉴스(한국과 세계)와 서울신문(열린세상)에서 컬럼을 집필중이고, 국방부 및 안행부 정책자문위원, 육·해군·해병대 발전자문위원, 한국국제정치학회 총무이사, 한국정치학회 이사 등으로 활동중이다. 그 밖에 국방(FM) 및 국방(TV)와 한국정책방송(KTV)에서 방송진행자(MC), 국방부 합참, 통일부 및 민주 평통자문위원과 고려대 평화연구소 연구교수 등을 역임했다.

■ 주요 저서로 2013년도 대한민국학술원 선정 우수학술도서『글로벌 시대 한국과 국제협력』(두남, 2012),『북극, 한국의 성장공간』(명지, 2014, 공저),『현대 러시아정치와 국제관계』(두남, 2012),『동북아시아의 외교와 안보』(두남, 2011),『21세기 세계정치와 상생의 외교전략』(두남, 2010),『러시아자본주의 혁명』(전략과 문학, 2010, 공역),『현대비교정치론』(명인, 2007, 공역),『중앙아시아의 문명과 반문명』(리북, 2007, 공저),『혁명은 TV로 중계되지 않는다』(산해, 2006, 공역) 등 다수의 공저와 “An Analysis of Strategic Effects of the ROK-US Alliance and Relocation of the USFK: Implementation and Prospects(SSCI)”, “An Analysis of the Multilateral Cooperation and Competition between Russia and China in the Shanghai Cooperation Organization: Issues and Prospects(SSCI)”, “Structural Restritions of Territorial Disputes in Northeast Asia”, “한반도 정전체제와 한미동맹의 역사적 기원과 전망”, “공공외교의 신패러다임에 대한 고찰: 아프가니스탄에서의 지방재건팀(PRT)과 오쉬노부대와의 연계활동을 중심으로”, “주한미군과 평택지역 재배치에 대한 고찰: 협력적 거버넌스 구축과 과제” 등 다수의 논문이 있다.

뉴글로벌 시대 동북아 국제질서와 외교안보

초 판 1쇄 인쇄——2014년 9월 10일
초 판 1쇄 발행——2014년 9월 15일
지은이——윤 지 원
펴낸이——전 두 표
펴낸곳——도서출판 **두남**
서울시 강동구 성내로6길 34-16 두남빌딩
신 고 : 제25100-1988-9호
TEL : 02) 478-2065, 2066, 2067, 2311
FAX : 02) 478-2068
E-mail : dunam1@unitel.co.kr
http://www.dunam.co.kr

정가 18,000원

ISBN 978-89-6414-557-9 93340